中国青年政治学院青年发展研究院文库

中国弱势儿童群体：
问题与对策

Vulnerable Children of China:
Issues and Solution Strategy

卢德平　著

社会科学文献出版社
SOCIAL SCIENCES ACADEMIC PRESS (CHINA)

图书在版编目（CIP）数据

中国弱势儿童群体：问题与对策/卢德平著. —北京：社会
科学文献出版社，2007.11
　（中国青年政治学院青年发展研究院文库）
　ISBN 978 - 7 - 80230 - 852 - 7

　Ⅰ. 中 ... 　Ⅱ. 卢 ... 　Ⅲ. 儿童 - 边缘群体 - 社会问题 -
研究 - 中国 　Ⅳ. D669.5

　中国版本图书馆 CIP 数据核字（2007）第 156872 号

《中国青年政治学院青年发展
研究院文库》总序

褚 平

按照联合国有关青年的年龄界定，世界上 15 ～ 24 岁年龄段的青年总人数达 11 亿，约占世界总人口的 18%。根据联合国发布的《2003 年度世界青年报告》，世界上约有 1.33 亿青年没有起码的读书识字的能力，失业人口总数中有 41% 是青年，有 2.38 亿青年每天的平均生活费用低于 1 美元，全球每天有 6000 ～ 7000 名青年感染艾滋病，许多国家的青年女性仍然面临着各种各样的歧视和暴力，大量青年人卷入战争纷争，有 30 万童子军在世界许多地区作战。

世界范围的青年问题向各国政府和社会提出了严峻的挑战。作为研究青年问题的学术机构，其职能和使命本身就是政府与社会的延伸；作为青年问题的研究人员，其责任和终极的幸福归宿，就在于用科学的研究成果向社会作出关于青年问题的真实、全面、深入、客观的解答，并通过国家层面的政策和行动推动社会的变革和进步。

对于青年范畴的界定，中外各国政府及研究机构所持的标准不同，因此对于青年阶段的划分和青年群体的认知，差异颇大。无论从什么角度对青年范畴进行界定，核心的依据无非两条：一是按照一定的标准，把人的生理、心理的发展过程划分为不同的阶段或时期，青年则属于其中的一个阶段或时期，联合国《到 2000 年及其以后世界青年行动纲领》确定 15 ～ 24 岁为青年阶段，即国际社会对于这一标准达成的共识；二是从社会角色的定位体系或社会化的过程出发，对不同人群进行划分，并根据各类群体相对有别的社会化特性来确定青年这一社会群体范畴。

但是，由于儿童社会化的过程在发展中国家与发达国家、农村与城市、男性与女性中的非同步性，依据这一标准往往会导致对青年阶段的分类和界定出现很大差异。单纯依据前一种标准，由于完全撇开了社会因素，缺乏对人的完整规定，会把青年这一范畴简单化，并导致一种把青年问题看作可以随年龄的增加而自然得到解决的宿命论观点。单纯依据后一种标准，由于完全撇开年龄对个体进步的重要作用，只考虑社会化的程度，会形成大量功能重合的群体划分，把青年问题等同于其他领域的一般性问题，从而无法抓住青年问题的特殊性。只有将两条标准结合起来，以前者作为划分界线，从后者出发分析对象，并考察两者之间的对位和错位规律，才是研究、处理青年问题的一条可行途径。

青年是富有创新意识、行动力强的群体，对社会的整体进步会起重要的推动作用；同时他们又是刚刚脱离依赖他人监护的儿童时期、处于向成人阶段的过渡之中，所谋求的政治、经济、社会、文化角色尚未完全确立的弱势群体，因而需要整个社会给予特别的关注。联合国大会1995年通过的《到2000年及其以后世界青年行动纲领》也对青年群体的这两种矛盾而又共生的特点作出了准确的界定："青年是社会重大变革的推动者、受益者和受害者"；"青年越来越疏离广大社会，而社会却有赖于青年不断注入新的活力"。就青年的第一种特性开展研究，以发挥青年群体的积极作用为目的的榜样或模范人物的个案分析，在今日中国的青年研究领域显然是一个不容回避的课题。就青年的第二种特性加以研究，从调查诸多具体的青年问题入手，逐步积累材料和数据，对青年研究领域的学术进步和政策层面的调整、改革无疑具有学术探索和政治实践两方面的意义。对于青年问题的这两个主要方面的科学分析，将有助于避免在处理青年问题时容易采取的两种极端观点：一是以想象代替现实，夸大青年群体对于社会变革和进步所起的作用的"精英意识"；二是以局部代替整体，把青年群体中的某些问题泛化，并把青年群体的边缘化归结为不可逆转的趋势的"问题意识"。前联合国秘书长安南在2003年8月12日"国际青年日"之际曾言："青年永远不应被当作社会的负担，而应被视为宝贵的财富。"这显示了国际社会对于青年群体所采纳的正确态度。

青年问题的研究，不同于哲学、思想史之类纯知识系统的探讨，其研究对象的直接现实性和社会群体归属的多样化、异质性，必然导致青年研究在学科归属上的复杂性和矛盾性。同时，以当下存在的、在观念和行为上缺乏稳定性的青年为研究对象，本身就决定了青年研究的首要目标是分析和研究青年群体面临的具体现实问题，解剖这一群体独特的亚文化系统，发掘他们与儿童群体和成人群体的衔接点和区别，找出其中的规律性因素，为全球化背景下的青年政策的制定提供可靠、准确的学术支持。与此相比较，"青"字号学科的建设显然是第二位的。西方的修辞学体系可以借助亚里士多德一人的思辨而基本得到确立，要把"青年学"建设成为一门成熟的学科，却是一个漫长和需要不断修正的过程。在这之前，我们首先要做的工作就是在大量实证研究的基础上进行分析和综合。从这一意义上说，青年研究的理论不是任何实证研究的后续或更高层次的创新，而是渗透于实证分析过程之中的各种研究视角、分析方法的同义语。

青年问题方方面面，只要服务于青年，贡献于社会，任何方面的问题都值得认真探讨。从这一意义上讲，青年研究没有学术禁区。但青年在社会化过程中面临的问题有主有次、有缓有急，选择若干领域作为优先研究的对象也是青年研究工作的基本原则。以联合国为代表的国际社会从 1995 年至 2003 年，关于青年问题的优先领域由 10 个扩充至 15 个，反映了各成员国对于青年问题的认识在逐步深化。1995 年联合国大会通过的《到 2000 年及其以后世界青年行动纲领》将"教育、就业、饥饿与贫穷、健康、环境、药物滥用、少年犯罪、闲暇活动、女孩和青年妇女、青年充分和有效地参与社会生活和决策"等 10 个方面确立为优先处理的行动领域。2003 年联合国社会发展委员会又将"全球化、信息和通信技术、艾滋病、防止冲突、代际关系"等 5 个方面确立为各成员国优先应对的行动领域。从国际社会对于青年问题的认识过程看，青年群体所面临的问题既有超越特定历史时期的一面，又有和特定时期或阶段的社会总体格局密切相关的一面。中国的青年研究工作，除了要研究具有中国特色的青年课题之外，也要主动面对全球化的冲击，优先研究国际社会所确立的上述 15 个方面的问题。

全球化背景下的青年政策的制定，离不开对其他各国青年政策、措施的借鉴。同样，处于同一背景下的青年问题的学术研究，也离不开对其他各国相关学术成果的挖掘、整理、引进和借鉴。在融入国际学术主流的过程中，我们的青年研究会在学术范畴、研究方法、成果表述等各个方面得到全面提升。这是一个显而易见却容易被人忽视的问题。

对于青年问题的研究需要研究者具备超然、冷静、客观的心态，惟其如此，才有可能在研究过程中体现出严谨、求实的学术风格，得出客观、科学的学术成果。但青年问题的复杂性和尖锐性又要求每一个研究人员本着对青年群体的人文关怀精神，用热诚的情感和时刻伴随的忧患意识作为研究工作的底色，惟其如此，才有可能全身心地投入青年研究工作，作出权威、高质量的研究成果，服务于青年，贡献于社会。

《中国青年政治学院青年发展研究院文库》的编辑出版，是上述基本思路催化的产物。这套丛书既有青年政策的评估和分析，也有青年亚文化的文本释读，但更多的著述是基于第一手调查数据而形成的专题研究。在研究范围上，立足于中国国情，主要考察国际社会所确立的15个优先行动领域。在研究风格上，既有个案解剖，也有国际比较；既有体系建构，也有调查分析。"文库"的作者以中青年学者为主，老师宿儒不多，故幼稚与不足在所难免。但青年研究领域的诸多迫切问题不容许我们十年磨一剑，搞出一两个完本、足本，藏之名山，传之后人。

大家都来支持我们的青年研究事业吧。是为序。

2004 年 6 月 13 日

目　录

前　言

　　"弱势儿童群体"这一范畴的提出，既有其理论或原则的国际背景，也有以下现实原因，即各国保护儿童权利的事业的发展水平很不平衡，儿童群体内部生存、发展、受保护、社会参与等各项基本权利的实现程度存在着巨大差异。虽然提出了这一范畴，但是，究竟哪些儿童群体存在着弱势特性，判断弱势的标准是什么，提出的标准在不同国家、不同地区以及不同时期是否具有很大的相对性，这些还都是一些问题。同属弱势儿童群体，不同的弱势儿童亚群体之间仍然存在着弱势程度的差异，依据什么标准来确定这些弱势儿童亚群体之间的弱势差别？这一问题比区别弱势儿童群体和非弱势儿童群体的问题更为棘手。同时，对于弱势儿童群体的社会干预牵涉到一个国家的儿童福利政策，相关政策在执行过程中必然会受各国家、各地区的经济发展水平和不同观念的制约。

　　西方关于弱势儿童问题的研究最早的着眼点是孤儿群体，因此在英语文献中 OVC（orphan and vulnerable children）往往成为弱势儿童的代名词。这也反映了西方社会在认识儿童的弱势特性上的基本出发点：作为儿童最直接和最天然的生存和成长的依托，无论在生命和健康方面，还是在情感或社会化能力方面，父母扮演的角色都最为关键。因此父母的丧失或不在场（或因亡故，或因遗弃，或因监护缺位）构成了儿童弱势的最基本要件。当然，导致孤儿群体出现的原因，既有其生物学父母遭受的疾病、灾难等不可抗力的因素，也有社会、伦理、经济、政策等人为因素。对于前一种类型的孤儿等弱势儿童给予社会救助，有不可逾越的天然障碍；而对于后一类孤儿等弱势儿童的拯救和保护，则属于人类社会可以有所作为的领域。随着西方社会少女妈妈、未婚妈妈现象的急剧增加，传统的家庭观遭遇到前所未有的挑战，由单亲家庭结构导致的儿童问题，已经上升为一个严峻的社会问题。对于儿童群体本身给予生活和教育的救助，对于儿童的单亲给予生活资助或就业安排，不仅给政府的福利政策带来新的课题，也使得家庭作为人类社会最基本、最天然的单元的国际社会的传统理念遭遇了一种挑战。弱势儿童问题的复杂性，以及在解决相关问题时牵涉的因素之多，由此可见一斑。

自从联合国于 1989 年通过《儿童权利保护公约》，国际社会关于儿童群体保护的各种进步理念，如儿童利益最大化、儿童优先等，得到了广泛普及，也推动了人类社会基本儿童观的革命性变革。要实现对整个儿童群体的权利保护，弱势儿童群体的保护和支持是其中最重要的指标，也是整个儿童福利事业的难点所在。同时我们也可以看到，随着地区纷争、贫富差距、文化冲突、性别歧视等社会问题在世界上的许多国家和地区愈发突出，弱势儿童群体的形成原因越来越复杂，以家庭结构的完整程度，尤其是以父母监护是否在场为指标的传统的弱势儿童鉴别标准，已经无法涵括当今世界处于多种形态的弱势儿童群体。因战争或纷争导致的人口迁移或难民问题，不仅威胁到许多儿童的基本生存权利，严重影响了其健康和体质的发展，也使得许多流离失所的儿童丧失了受教育的机会，这种情况和上文提及的孤儿群体的弱势特点就有所不同。经济欠发达地区的教育水平普遍低下，许多儿童得不到基本的义务教育，使其发展权无从实现。因经济原因而形成的弱势儿童群体问题有很大的普遍性，也最容易造成弱势儿童鉴定标准的模糊。至于身体残疾或智力发育不全的残疾儿童，尽管在外部形态上具备多种儿童权利得不到有效实现的显著标志，但由于残疾儿童所处的家庭经济条件或文化条件的不同，城市或乡村户籍的差异，其弱势程度也存在着很大差异。

我们还应看到：儿童弱势的表现及判断标准不仅存在国别或区域的差异，而且在同一个国家或同一个地区由于社会、经济、文化发展水平的差异也有所不同。因此它具有动态和发展的特性。中国在最近二十多年的历史性变革中产生了很多非常复杂的社会问题，弱势儿童群体的范围相应地扩大了，对弱势儿童的判断标准也表现出越来越大的相对性和模糊性。城乡差距的拉大，农村人口向城市的大规模迁移，城市就业问题的尖锐化等严峻的社会问题使得越来越多的儿童成为这种社会变革的直接或间接的承受者或受害者。流动儿童、留守儿童等弱势儿童群体的出现就是实现这种社会转型的代价。这些新型弱势儿童群体的产生，使得中国的弱势儿童群体内部的复杂程度和多样性远远超过了西方发达国家，呈现出和世界上许多国家的弱势儿童群体不同的特征。

对于弱势儿童群体的研究不仅要回答上述学术问题，而且在很大程度上将为制定轻重有别、支持有序的儿童福利政策提供重要的参考。这种研究对于像中国这样儿童的绝对数量过大、经济不够发达的发展中国家来说，显得尤为重要。

对上述问题的思考构成了本书写作的出发点。弱势儿童的问题涉及的因素很多，要对弱势儿童群体的界定标准、不同弱势儿童亚群体的内在弱势差别、弱势儿童群体的形成原因、弱势儿童群体的发展轨迹、国家或地区对于弱势儿童群体的支持政策等多方面的问题进行系统的分析和探索，显然超出了作者力所能及的范围。此外，本书主要是笔者近两年所从事的部分研究课题的成果记载，由于研究条件的限制以及研究课题的范围的局限，因此不可能对所有弱势儿童群体进行全面的分析和研究。我们认为，只有在针对不同类型的弱势儿童进行深入研究的基础上，才有可能形成对于整个弱势儿童群体的综合性研究成果。从这一意义上说，本书仅仅是这项庞大工程的第一步，但也是非常重要的一步。

本书第一章、第二章主要探讨中西部农村地区的辍学儿童和东部地区部分城市的流动儿童的社会支持问题，侧重评估儿童参与的实际效果，以及联合国儿童基金会在中国实施的儿童支持项目所取得的成效和面临的挑战。

本书第三章、第四章主要探讨中国社会转型时期形成的一种新型弱势儿童群体——农村留守儿童——所面临的主要问题和挑战。与目前国内发表的许多有关留守儿童问题的研究成果不同，本书的着眼点在于对留守儿童的社会干预和综合支持的可行性途径及政策环境提出系统的建议和对策。

本书第五、第六章主要讨论残疾儿童的特殊教育问题。这个讨论采用中、美、日三国有关残疾青少年的法律和政策的比较视角，目的在于将这一弱势儿童亚群体的问题放在国际社会的理念、政策、行动框架中加以审视，以期揭示这一传统的弱势儿童群体面临的深刻危机。

鉴于我国尚未出台有关儿童福利的专门性法规，而目前学术界对这一问题的关注又较多，笔者将日本《儿童福利法》的主要部分译出作为本书的附录，以供学术界参考。

从课题成果到著作，本书历时近两年。在写作过程中，笔者时时萌生放弃此书的整理，转而对书中的若干主题进行更深层次的探索和研究的想法，尤其是在阅读了不少国外学者的研究成果之后，深感理论建树不足，以此形式呈献给学术界，必将贻笑大方。学校领导陆士桢教授一直鼓励，好友吴鲁平教授一再催促，才使我尽快写完了这本著作。本书出现的不足和错误完全归咎于作者自己。

中西部农村辍学儿童非正规
教育支持项目的
分析与评估[*]

一 研 究 背 景

　　尽管中国过去几十年在基础教育方面取得了很大成就，但东部地区与中西部地区愈益扩大的经济和教育发展水平的差距，严重影响了中国社会的整体发展。为解决贫困或边远地区的基础教育问题，中国政府制定和颁布了数十种政策和法规，其着力点集中在"素质教育"和"双基"（基本普及九年义务教育，基本扫除青壮年文盲）两个方面。最近几年，中国政府推进的"贫困地区发展义务教育国家级计划"，对于提高基础教育的整体水平发挥了巨大的作用。但是在以学校教育为核心的政策框架内，对于中西部地区许多辍学儿童、少年的教育问题尚未给予充分的关注。尽管中西部农村地区儿童辍学的原因多种多样，但是贫困与教育系统的能力建设不足显然是导致这些儿童不能完成义务教育的关键原因。因此对这些儿童实施有效的教育需要采取一种灵活、发展的策略，提供一个包容度更宽的框架，以便深入和有效地解决辍学儿童的教育问题。

---

　　* 本章内容主要来自作者主持的联合国儿童基金会在华五年援助项目（2001～2005）"青少年参与状况评估"课题（FUNDING：EAPRO PBA/SI/2003/0410－04；AGREEMENT NO：SSA/CHN/2004/MAN019）的研究报告。原文系英文，此次收入本书时对报告的部分技术问题进行了调整和处理。课题的研究得到联合国儿童基金会官员雷德博士（Dr. Harold Randall）等人的大力支持，特此致谢。

对于贫困或边远地区辍学儿童的教育，并不单纯是学校教育的补充。这些年龄介于 10 ~ 18 岁的少年儿童正处于由儿童期向青年期的过渡阶段，在此后的人生阶段他们面临的生涯发展挑战，诸如世界观和价值观的形成、为就业和社会参与所要掌握的基本生活技能以及未来的家庭支持负荷等，正伴随其成长转变为现实的压力。与那些接受了正规学校教育、完成了义务教育年限的同龄人相比较，这一儿童群体无论现在还是未来均处于更为弱势的状态。

对辍学儿童和少年提供有质量的教育支持的必要性和紧迫性在国际社会通过的许多正式文件中均有明确的表述。《联合国儿童权利公约》(1989)、《世界全民教育宣言》（1990)、《达喀尔行动框架》（2000)等文件为包括中国在内的世界上的许多国家确立了这一领域的行动指南。联合国儿童基金会在中国实施的"基础教育与儿童早期照顾项目（2001 ~ 2005)"（Programme of Basic Education and Early Childhood Care）应该解读为依据国际公约的基本精神对中国儿童群体提供的具体帮助。作为上一轮试点项目的后续行动，对农村地区辍学儿童实施的"非正规教育项目"（Project of Non-formal Education），则构成上述一揽子项目的子项目，在地理范围上覆盖了 14 个省、46 个县，对于国家儿童政策的调整、青少年的增权、全民儿童权利意识的提高以及社区建设等均发挥了种子基金的孵化功能。"基础教育与儿童早期照顾一揽子项目（2001 ~ 2005)"的实施计划所设定的目标，如"增强辍学儿童和少年，尤其是女童，在实现儿童权利方面的相关知识和技能"，从总体上看已经实现。当然必须指出，整体改善中国农村辍学儿童和少年的教育状况仍然是今后很长一段时间内面临的任务。因此及时总结项目实施的成果、项目实施过程中遇到的困难和挑战，对于相关政策和行动计划的制定，以及下一轮项目所要开展的具体活动，均会提供有价值的参考。

二 评 估 目 标

2001 ~ 2005 年度联合国儿童基金会在华实施的项目，在运行中期大多由儿童基金会系统内部的专家以及从外部聘请的专家进行过总结和评估，但是这些不同的评估报告得出的结论往往由于报告人的评估方法和研究的焦点问题的不同而表现出分歧和差异。与系统性的项目周期评估不同，本评估的基本目标是：评估项目的主要成功之处、项目面临的困难或挑战、项目实施过程中可资借鉴的教训、各子项目之间的关联性，以及相关方法向其他项目推广和适用的可行性，特别侧重项目与青少年的变化着的生活方式的关联以及青少年对相关活动的参与程度。

三　评估策略与方法

为实现上述评估目标，并在指定的两个月的评估期限内完成评估工作，笔者领导的评估组对可行的评估策略、方法及程序进行了认真的分析。

1. 策略

鉴于联合国儿童基金会在这一项目周期内实施的所有项目包括"早期教育与儿童照顾"、"健康与卫生"、"权利保护与社区服务"、"规划、促进、宣传、认知"等四个方面的内容，所以有必要首先深入研究、理清"项目实施计划"（Programme Plans of Operations）框架内的所有项目、子项目之间的内在关联，在此基础上考察项目行动计划体系中部署的关键支持活动，以集中审视这类活动对于促进辍学儿童真正和有效参与项目过程所发挥的作用。田野调查是支撑本报告的结论和建议的重要来源。作为项目文献分析工作的后续行动，对项目点实施的田野调查将从项目积累的文献档案中获得比较和遴选的依据。在具体开展田野调查工作之前，评估组成员之间开展了数轮讨论，并根据讨论的结果开发了用于目标人群——辍学儿童——及其利益关联群体——同伴、父母、村委会基层项目人员等——的调查问卷和访谈提纲。评估活动采取的这一基本策略为在如此短的时间内顺利完成如此大规模的项目评估工作提供了有效的方法保证。

2. 方法

整个评估工作由五个部分构成：与联合国儿童基金会项目官员和项目实施的中方主要合作伙伴进行座谈；查阅并分析儿童基金会和项目合作伙伴提供的各类文件资料；研究中外学术期刊上发表的相关主题的学

术论文；项目评估组成员访问项目点，实施田野调查；评估报告的起草和修改。在整个评估过程中，花费精力较多的是在两个项目点河南汝阳县的两个村庄进行的半结构式访谈和问卷调查。作为研究工作的核心部分，半结构式访谈涉及 32 名辍学少年和 19 名项目相关人员，有关各类访谈对象的详细分布参见表 1 和表 2。访谈框架和提纲与问卷内容高度相关，但其中部分调查项目没有获得调查对象的有效反馈，故在调查报告中未能得到充分反映。

表 1 访谈调查的辍学儿童的结构分布

访谈数量（人）	年龄跨度	性　别		受教育状况		村庄分布	项目所在地
		男（%）	女（%）	小学	初中肄业		
17	14～16	6（35%）	11（65%）	1	16	新建村	河南汝阳县
15	14～16	6（40%）	9（60%）	2	13	城东村	河南汝阳县

表 2 访谈调查的其他利益关联人群的结构分布

访谈数量（人）	人员范畴	机构属性	所　在　地
1	项目官员	联合国儿童基金会	北京
1	项目官员	中国科学技术者协会	北京
1	副主任	省科协	河南省郑州市
1	工作人员	省科协	河南省郑州市
2	主任	县科协	河南汝阳县
1	项目工作人员	县科协	河南汝阳县
1	副主任	县科协	河南栾川县
1	项目工作人员	县科协	河南栾川县
2	主任	县科协	河南宜阳县
2	辍学儿童父母	城东村	河南汝阳县城关乡
1	辍学儿童父母	新建村	河南汝阳县城关乡
1	村干部	城东村	河南汝阳县城关乡
1	学校校长	城东村	河南汝阳县城关乡
1	村干部	新建村	河南汝阳县城关乡
1	学校校长	新建村	河南汝阳县城关乡
1	学校教师	新建村	河南汝阳县城关乡

对联合国儿童基金会五年项目文献资料的分析和研究是评估工作的另一重要方面。此次调阅和分析的文献资料包括联合国儿童基金会围绕该项目形成的所有正式文件、中国科协和地方科协（中方项目实施合作伙伴）五年以来的年度报告，以及分散在省、县、乡、村各级农村辍学儿童非正规教育项目办公室（以下简称"项目办"）的各类档案资料，这些案头文献的分析和研究为实施第一手的问卷和访谈调查提供了非常有价值的参考。各地"项目办"提供的工作报告与调查的目标人群（辍学儿童）的实际反馈信息之间存在着巨大的差异和分歧，这为我们发现项目实施过程中的问题提供了很多启发。

四 项目的主要成效、策略、问题和教训

（一）主要成效

总体而言，联合国儿童基金会在 2001～2005 年项目周期内于 14 个省、46 个县实施的非正规教育项目，在宣传国际社会的儿童权利保护的理念，增强中国社会有关儿童权利的意识，帮助边远和贫困地区辍学儿童保护其固有的权利等方面取得了很大成效；同时也促进了国家、省乃至县一级的项目管理的能力建设。具体而言，项目取得的成效可以总结为以下几点。

1. 扩大了联合国儿童基金会及其在华项目的影响

在上一轮试点项目积累的经验的基础上，本周期实施的项目有力地宣传了联合国儿童基金会倡导的儿童权利保护的理念，国际社会的"全民教育"、平等共享教育资源的重要思想，在这方面产生了前所未有的巨大影响。需要指出的是，本周期项目的有效实施使得儿童权利保护这一基本原则不再停留于理论层面，而是与增强辍学儿童的生活技能和生计技能结合起来，从而和辍学儿童的未来生涯发展相关联，产生了单纯的理论宣传无法产生的效果。总而言之，提高全民的儿童保护意识的项目目标与围绕辍学儿童的生存和发展而开展的实际项目活动形成了合理的、容易为目标人群接受的联结点。

在中国，儿童教育问题通常被理解为学校单方面的教育任务，尤其在某些经济比较落后的地区，这种观念更为盛行。由于这种根深蒂固的陈旧观念的影响，很多贫困地区的农民不懂得，也没有能力帮助自己的孩子提高教育和学习水平，更不可能认识到受教育的权利是每一个儿童不可剥夺的基本权利。2001年，在项目实施初期，许多农民不愿意让自己的辍学子女参与项目活动，认为做家务和干农活比儿童基金会开展的项目要重要得多。由于项目的示范效应，从调查的项目点的现有情况看，目前几乎所有的家长都支持自己的辍学子女定期参加联合国儿童基金会资助设立的"学习中心"开展的各项活动。无疑，联合国儿童基金会开展的非正规教育项目对于改变中西部农村地区的陈旧教育观，逐步树立全民教育、终身教育的思想发挥了一定的作用。值得注意的是：这一积极效应目前正在向其他非项目布点地区扩散，受联合国儿童基金会项目内容的启发，全国有8个省、16个县正在自发推行农村辍学儿童的非正规教育工作，而这些非项目布点地区并未得到联合国儿童基金会的资金和设备方面的援助。这一事实与联合国儿童基金会倡导的"种子基金"的项目出发点高度吻合。

本轮非正规教育项目的实施不仅影响了项目点与非项目点的许多普通农民，而且增强了许多辍学儿童对自身受教育权利的意识。不少辍学儿童懂得了儿童权利优先的基本思想，掌握了表达自己的需求、获得生活技能帮助的相应理论基础，逐步具备了与父母探讨自己的合理、合法需求的行动能力。许多儿童和少年不再扮演传统的农村家庭给自己设定的被动角色，越来越多的少年或女童开始积极表达自己，以获得家庭和社会的关注和重视。

由于本轮项目在实施过程中坚持跨机构、跨组织、跨领域的宏观策略，许多政府和非政府组织，诸如民政、妇联、共青团、计算机协会、卫生组织、科协，以及国家级、省市级乃至县级的媒体，都参与到项目的整个运作和实施过程之中，结果这些机构和组织的行政或宣传网络将联合国儿童基金会的影响辐射到其他人群。长期以来，边远、贫困地区在经济、信息方面，尤其在观念上，远远落后于变化中的中国社会。通过跨组织、跨部门的合作，联合国儿童基金会的项目为缩小这些地区与外部世界的巨大差距，帮助这些边远、贫困地区汇入中国社会的变化大潮中去发挥了巨大的作用。

由于联合国儿童基金会的实施项目的覆盖面及其影响较大，目前整个中国社会对于中西部地区的弱势辍学儿童群体给予的关注超过了以往任何时期。这一事实对于促使国家进一步关注辍学儿童问题，针对这些贫困和边远地区的特殊情况作出适当的政策调整将发挥重要的作用。

2. 增强了农村辍学儿童参与社会的能力

由于不同的社会氛围、不同的家庭状况、不同的学业表现及不同的年龄，辍学儿童在发展需求上表现出很大的个体差异。因此在整个项目的实施过程中，儿童有意义的参与作为项目的核心原则，始终得到重视和强调。儿童参与性项目的培训与传统的课堂单向讲授显然不同。事实证明，联合国儿童基金会一直提倡的儿童参与的理念与方法，对于项目活动的所有参与人员形成一种平等和互动的关系起到了积极作用。

通过这种参与式的方法，不少辍学儿童开始学会自由表达自己的观点，并借助与其他儿童、教师的交流掌握了所需要的知识和技能。这一工作原则也保证了所有辍学儿童拥有平等的教育机会，而不管他的性别或个性如何。从这一意义上讲，可以认为非正规教育项目对于参与其中的所有辍学儿童都是有益的。当然，这些辍学儿童未来的成长和发展取决于许多不可预测的因素，不能指望仅仅通过这样的项目培训就可以解决辍学儿童的所有发展问题。那么，这些辍学儿童通过参与非正规教育项目究竟增强了哪些能力呢？

（1）发现了自己的潜能

在非正规教育项目实施前，许多辍学儿童或少年找不到事做，也不会做事。在农闲季节，许多辍学儿童成为无所事事的游荡者，有一些从小学阶段就辍学的儿童或少年甚至几年都过着无所事事的游荡生活，其中有一些人热衷于赌博、吵架，更严重的是，少数人受坏人的引诱偷偷吸毒。辍学儿童或少年日常生活的农村社区环境对于少年儿童的健康成长也很不利。许多成年人，包括这些辍学儿童或少年的父母，一生固守土地，日复一日地从事单调的农业劳动。许多农民不识字，不会算账。极度低下的教育水平与严重的经济贫困成为这些地区经济、社会、文化发展的巨大障碍。计划生育政策在这些地区的失效愈发加剧了这种状况。大量辍学儿童认为他们未来的命运将重复父母的生活模式。联合国儿童基金会在这些地区开展的一些项目活动，诸如"生活技能培训"、"争当小能手"、"夏令营"、"科技农业示范讲座"、"电脑培训"等等，使大量辍学儿童或少年发现了自己做事的能力，从而提高了他们的自尊心和自信心。

上述成就是通过几个方面的努力实现的。除了根据项目行动计划拟定的原则设计并开展有关培训活动之外，各项目点在项目的运作过程中还注意针对每一个项目点的实际情况对培训内容、培训方式等作出适当的调整，以满足辍学儿童的多样化的需求。生动、易接受的培训材料和宣传形式，如中国科协与联合国儿童基金会联合开发的《校外儿童生活技能手册》，一些项目县设计的墙报、展览，以及各种宣传画、海报等等，对于向辍学儿童宣传他们享有的教育权利，增强其自我发现的能力发挥了综合性的作用。

李×，青海省某村的一位辍学女童，在参加了联合国儿童基金会组织的农村少年与城市少年手拉手活动后说："我真的不想让他们（城市少年）走。我非常想有一天能到城市看看。"（青海省"项目办"：《2004年非正规教育项目年度报告》）

阿×，四川普阁县的一位辍学女童，在参加了生活技能、计算机操作、生计技能等一系列项目培训活动后说："我们并不孤单，但我们也需要和社会上的其他人平安相处。我们应该成为一个自尊、自信、有道德、懂礼貌的人。"（四川省"项目办"：《2004年非正规教育项目年度报告》）

李××，宁夏回族自治区的一位辍学女童，参加了项目培训，并且在省"项目办"负责人的帮助下解除了包办婚姻。她说："我非常感谢你们，是你们的非正规教育项目给了我重新生活的希望。"（中国科协、联合国儿童基金会：《2002年度非正规教育项目评估报告》）

（2）增强了人际交流的能力

许多辍学儿童在参加非正规教育项目之前基本上没有走出过村庄，缺乏自信心和基本的人际沟通技能，表达能力较差，这些严重阻碍了他们的交流能力的发展。联合国儿童基金会的生活技能培训项目特别注重人际交流能力的开发，将它列为优先发展的儿童能力建设任务。在项目实施过程中采取的参与式培训模式，城市儿童和农村儿童的手拉手活动，不同项目村之间的经验交流，一些项目县组织的夏令营，所有这些活动都有力地促进了辍学儿童和少年的人际交流能力的发展。

参与式培训模式需要每一位参与者能够自由表达自己，并具备良好的团队意识。同时，许多项目活动之所以能井然有序地开展起来，主要是因为一些同伴教育者的示范和领导作用。河南汝阳县"项目办"特别注重辍学儿童同伴教育者队伍的建设，为联合国儿童基金会提供了一个绝佳的试验蓝本。不少同伴教育者在村、县、省乃至全国都获得了培训的机会。他们对于团结辍学儿童、相互结成互帮互学的关系发挥了重要作用。在村一级学习中心定期举办的各种讨论会，也成为辍学儿童与其他人交流的重要场所，为辍学儿童提高人际交往能力提供了机会。

许多项目县组织的手拉手活动借鉴了中华全国青年联合会的经验，已经逐步发展成为中国的一种品牌行动。在实施这些活动的过程中，联合国儿童基金会推行的诸多创新尝试对于激活地方"项目办"的工作活力和开发多种形式的手拉手活动发挥了关键的作用。一些地方"项目办"不仅在城市儿童和农村辍学儿童之间组织手拉手活动，而且帮助不同村庄的辍学儿童之间建立相对稳定、持续的沟通纽带，促进相互间共享非正规教育的经验。与大部分项目县组织农村辍学儿童去城市，与城市儿童进行联谊的方式不同，青海省"项目办"还动员许多城市儿童参观农村，到村里去和农村辍学儿童进行交流、结伴，弥补了以往手拉手活动过于单向的不足。农村儿童在日常生活中和城市儿童交往的机会不多，城市儿童能和农村儿童面对面、手拉手进行交流的机会也不多。通过各地"项目办"的努力，不少参加手拉手活动的城市儿童以其较高的交流和表达水平为许多人际交流和沟通能力不足的农村辍学儿童，尤其是辍学女童，提供了良好的示范作用，促进了后者的能力发展。这样的交流活动还使很多农村的辍学儿童懂得，他们的人际交流能力不足并非天生的，而是农村相对封闭的社会环境造成的，因此完全可以通过环境的改善和自身的努力来逐步弥补这方面的不足。许多农村儿童开始变得自信起来，并且在日常的人际交往中学会使用项目活动所传授的交流技巧。

（3）掌握了一些实用性的生活技能

单纯开设有关儿童权利、生活技能方面的讲座不可能吸引太多的辍学儿童参加到项目的培训活动中来，辍学儿童的父母也很难让自己的孩子花很多时间去做一些不能给家庭增加收入的活动。针对这种情况，在项目的运作过程中采取了多维度的综合模式，实践证明很有成效。尽管许多项目点将生活技能和生计技能的培训分开实施，但比较而言，更实用的有关生计技能的培训更能吸引辍学儿童或少年投入到学习中心所举办的各种活动之中。事实上，许多项目地区正是把有关儿童权利保护的讲座和培训与实用性的生活技能方面的培训活动结合起来，才使联合国儿童基金会的项目活动受到广大农村辍学儿童的欢迎，从而给项目的顺利推进和效果跟踪提供了充分的保证。就大多数农村辍学儿童未来的生涯发展轨迹而言，外出务工可能是很多人迫不得已的选择。考虑到这一情况，让这些辍学儿童掌握必要的生活技能和生计技能，对于提高他们未来在城市的适应性，以及改善家庭经济状况，都具有非常现实的意义。

需要指出，不少项目点开展的生活技能的培训在策略和内容上相似之处颇多，但在活动的形式上差异很大，这样的调整显然充分考虑到每一个项目点的辍学儿童对于活动内容的接受水平和接受条件的不同。这些活动主要包括"科技种植"、"家禽饲养"、"电脑操作"等。评估组发现，在各类培训活动中，"电脑操作"最受辍学儿童和少年的欢迎。这也说明不少辍学儿童希望赶上信息时代的发展步伐。

吴××，河南省汝阳县新建村的一名16岁的辍学女童，在参加了学习中心举办的生活技能培训之后，利用银行贷款建起了一个养鸡场，饲养了3500只鸡。受联合国儿童基金会行动原则的启发，

该村学习中心开发的《养鸡手册》成了这位女童养鸡的指南。(汝阳县"项目办":《2003年非正规教育项目年度报告》)

杨××,一位四川省剑阁县的辍学儿童,在参加了项目点举办的电脑培训后说:"老师教给我们怎样用电脑画画。我特别高兴在这里学到很多有用的知识。"(四川省"项目办":《2004年非正规教育项目年度报告》)

戴细娥,湖南省平江县的一位辍学女童,参加了项目活动之后,掌握了一些实用种植技能,去年和父亲一起栽种了60颗栗子树,喂养了5头猪、30只鸡,去年年底获得6000块钱的收入。(湖南省"项目办":《2004年非正规教育项目年度报告》)

罗×,广西壮族自治区凤山县的一位辍学女童,在参加了项目培训活动后,掌握了一些实用养殖技能,栽种了3.5亩的桑树,养殖了3.5席蚕茧,获得现金收入3600元。(广西壮族自治区"项目办":《2004年非正规教育项目年度报告》)

(4)提高了识字和算术水平

尽管大多数辍学儿童的辍学时期是在初中阶段,但实际上很多辍学儿童并未达到小学或初中阶段应有的学业水平,因为很多边远和贫困地区的基础教育只能给孩子提供简单的读写和算术训练。由于师资力量严重匮乏,许多科目,如英语、美术、体育等,在小学阶段都不开设,只剩下最基础的阅读和算术课程。在有些地方,不同年级的学生不得不共用一个教室同时上课或轮流上课。因此,加强最基础的文化课教育,扫除文盲,成为摆在项目组织者面前的头等大事。中国科协为此开发了《校外儿童文化知识读本》。有些项目点还有针对性地开发了一系列试点教材,向辍学儿童传授参与社会生活所需要的基础文化知识和技能。河南省汝阳县"项目办"结合农村日常生活编写了一本实用写作教材,受到广大辍学少年儿童的欢迎。事实上,不对辍学儿童充分开展阅读和算术方面的教学与训练，就无法保证联合国儿童基金会所倡导的儿童权利保护的理念能够被大多数辍学儿童所理解和接受。

罗×，河南省确山县的一位辍学女童，初二的时候由于家庭贫困和学习成绩不理想而辍学。在参加了非正规教育培训项目之后，她开始懂得，一个人要冷静地面对挫折，明确自己的努力目标。她又回到了学校，继续读书。（中国科协、联合国儿童基金会：《2002年非正规教育项目评估报告》）

王××，甘肃省平川县的一位辍学女童，两次通过职业学校的考试，但由于家境贫困而迫不得已放弃了继续学习的机会。她去了几个大城市找工作，但由于自己受教育的水平低，遭到很多人的歧视。痛苦的经历严重挫伤了她的自信心。回到村里后，她感到无事可做，而且什么事都不想做。非正规教育项目给她提供了第二次学习的机会，鼓起了她的希望。在参加了省里和县里组织的培训活动后，她说："我觉得社会没有把我忘记。我还有属于我自己的未来。"（中国科协、联合国儿童基金会：《2002年非正规教育项目评估报告》）

（二）若干典型经验的推广策略

在本轮项目的实施过程中，许多村、县、省都积累了不少好的经验。这些经验对于联合国儿童基金会的其他项目的实施也有很大的参考价值，为不同项目之间如何联动和衔接提供了思路。这些典型经验，例如项目实施过程中的创新策略，各项目点在动员相关人群参与项目活动方面所采取的特色各异的方法，行之有效的跨机构、跨组织的协调模式等，都是应该充分肯定的。其中一些卓有成效的具体方法及其效果可以详述如下。

1. 同伴教育者的能力建设

对一些具有行动和能力优势的辍学儿童进行系统的培训，将其培养成能带动其他辍学儿童参与项目活动的骨干，这一点在联合国儿童基金会的"项目行动计划"中有过明确的说明。由于项目经费有限，无法聘请许多专职教师到村级学习中心讲课，因此遴选部分素质较高的同伴教育者，在村、县，省乃至国家一级"项目办"组织的培训活动中加以锻炼和培养，然后发挥示范作用，带动更多的辍学儿童参与到项目活动之中。事实证明，这些同伴教育者在动员和组织其他辍学儿童和少年参与项目活动，以自身的成功实践作为榜样方面发挥了重要的作用。许多同伴教育者事实上成为传播联合国儿童基金会先进理念和扩大其影响的积极分子。对其他辍学同伴怀有深厚的感情，对联合国儿童基金会非正规教育项目的价值和意义有相对深入的理解，是这些同伴教育者愿意在这项工作上投入大量时间和精力的强大动力。这一方法也可以运用到联合国儿童基金会的其他项目之中去，诸如"健康与营养项目"，"权利保护与社区服务项目"，"规划、促进、宣传、认知项目"等，当然还可以推广到"基础教育与儿童早期照顾项目"的其他一些子项目之中。培养一个优秀的同伴教育者，关键在于把这些额外的培训活动转变为一种持续的动力，以保证项目的成功和有效实施。

> 刘××，河南省汝阳县城东村的一位辍学女童，每当村里的学习中心举办项目培训活动的时候，经常自发走访二十余户家庭，动员同伴辍学儿童参加项目活动。（根据笔者 2004 年 12 月 13 日对她的访谈）

> 杨××，云南省武定县的一位辍学女童，在参加了省"项目办"举办的培训班之后，自发地在村里为同伴辍学儿童建起了培训班。（中国科协、联合国儿童基金会：《2002 年非正规教育项目评估报告》）

2. 生活技能培训与生计技能培训紧密结合

正如上文指出的，许多农村辍学儿童正处于从童年期向青年期的过渡阶段，因此在项目的运作和实施过程中需要采取更为综合的工作思路。为了吸引更多的辍学儿童参与到项目活动中来，许多项目点开发了多种多样的辅助资料，以适应项目所在地特殊的地理环境、社会结构和传统习惯。在许多边远和贫困地区，生存是许多辍学儿童面对的最大问题，其他方面的权利保护则处于次要地位。这些辍学儿童的家庭最关心的是那些能增加收入的培训活动，这种培训是家长们同意子女参加项目活动的前提。针对这种情况，几乎各地"项目办"都围绕生计技能的主题设计并举办了一些有特色的实用性培训活动。不过在许多项目点，这些生计技能的培训与生活技能的培训基本上是分开进行的，而没有放在统一的培训框架中进行。这是今后开展项目活动需要注意的一个问题。

满足受培训者的实用性兴趣，采取一种理念和实用相结合的综合模式，这一方法可以运用到下一轮项目之中，甚至可以推广到联合国儿童基金会正在实施或准备实施的所有项目之中。需要指出的是，这种理念与实用相结合的综合方法不能和其他项目的内容混淆。如何将项目的基本原则与目标人群的实用兴趣结合起来，需要对目标人群的主要需求和脆弱方面加以深入的研究，才能找到结合点。

此外，生活技能的培训对于其他弱势儿童群体，如流动儿童、流浪儿童、残疾儿童等，也十分必要。在对这些弱势儿童群体提供项目支持的背景下，如何找到理论和实际的结合点，是今后联合国儿童基金会开展项目活动需要解决的重要课题。

3. 项目宣传或培训活动有必要与项目点的传统节日结合起来同步实施

尽管非正规教育项目在实施的过程中主要针对那些辍学儿童，但是，辍学儿童的问题涉及家庭和社会各方面的因素，因此项目的推进需要获得其他部门和其他人群的支持。如果越来越多的人能够认同这一项目的总体目标，那么社会环境就会朝着有利于项目实施的方向转化。广泛宣传项目的基本精神和儿童权利，需要采取一种开放、包容的策略，将家庭、邻里、社区乃至整个社会都吸引到项目的宣传活动之中。考虑到这一目标，不少地方的"项目办"注意把项目活动与当地的重要活动和节日结合起来举办，扩大了项目内容在当地的影响，形成了良好的舆论环境。例如：

河南省确山县将项目中涉及的艾滋病预防教育内容制作成挂图和展板，利用当地的物资贸易会，张贴、悬挂在城镇的主要商业街道，增强了项目的影响力。

河南省汝阳县"项目办"利用农村集市和庙会组织了一系列宣传儿童权利保护的活动，产生了积极效果。

新疆维吾尔自治区"项目办"以及其他许多省、县"项目办"配合联合国儿童基金会开展艾滋病预防教育活动，举行了大型宣传仪式，从而引起社会各界的高度关注。

（三）主要问题与教训

本轮项目所取得的成果有目共睹，但存在的问题也不容忽视。

1. 对辍学儿童准确的角色定位需要联合国儿童基金会的观念创新和前瞻性行动

尽管联合国儿童基金会在"项目行动计划"中充分注意到农村人口向城市的大规模迁移这一短期内不可逆转的趋势，但是为期五年的本轮项目在行动计划上仍未能准确预见大多数辍学儿童在项目实施期间有可能发生的人生变化。关键问题在于如何对这一儿童群体的特性、发展趋势及其迫切需求作出深入的分析。评估组发现：项目从设计到实施，主要的出发点都是为了帮助这些儿童像其父辈一样固守土地，从事农业劳动。无疑，项目活动所传授的一些农作物种植和家禽养殖的技术改善了某些辍学儿童及其家庭的经济状况，但评估组调阅的村一级项目培训档案显示，90%以上的辍学儿童希望获得电脑和网络方面的培训。这一事实表明，大多数辍学儿童清楚地意识到自己这一代属于信息时代，在本质上和父辈固守农业，做一个安分守己的农民的命运迥然不同。这种期望与联合国儿童基金会在项目设计上制定的基本目标既密切关联，又产生了很大矛盾。如果大多数辍学儿童最终都离开村庄到外面的世界去寻求生涯发展，那么联合国儿童基金会没有任何理由拒绝采取一种前瞻性的视角，应对这一儿童群体未来的生活方式给予更多的关注，而不应仅仅帮助他们去维持现在的生活方式。

总而言之，对项目支持的目标人群进行深入的研究，按照其不断发展的需求设计项目的内容和行动计划，对于未来数轮项目的实施都至关重要。这样一种分析和研究应该预测到目标人群的核心需求，以保证联合国儿童基金会在保护儿童核心权利方面始终处于领先地位，并能获得广大受益对象的充分认同。

2. 对准确理解联合国儿童基金会"种子基金"的职能尚存在许多观念障碍

联合国儿童基金会并不是一个慈善组织，但是从不少项目点的年度报告中发现，很多地方的"项目办"过多期望基金会能够投入更多的资金、设备，希望项目布点的范围能覆盖更多的区域。对于贫困地区来讲，这样的希望无可非议。这些边远和贫困地区确实迫切需要来自任何机构或组织的帮助，但是许多人不懂得目前联合国儿童基金会在这些地区开展的工作实际上应该属于当地政府的义务和职责范围。联合国儿童基金会的最终目的，就是要帮助地方政府、组织、个人懂得如何为儿童服务，为儿童能做什么的问题。如果联合国儿童基金会的这一基本原则得不到项目所在地的准确理解和完整接受，那么在试点项目结束后，要在这些地区维持后续的支持行动一定会极度困难。从国家层面克服这一观念障碍，也是今后需要解决的一个重大问题。

3. 各个层面的项目伙伴应建立更紧密的合作关系

将非正规教育项目与联合国儿童基金会的其他项目有效结合起来，显然有利于这些项目之间的资源共享，同时与联合国儿童基金会"种子基金"的宗旨也是吻合的。但是我国许多职能部门之间平行的管理体制将会削弱不同项目相互结合的可能性。本轮非正规教育项目的中方合作伙伴——中国科协，尽管拥有全国范围的行政运作网络，但和教育部的管理网络之间处于相对独立的关系，因此两者难以协调一致地处理非正规教育项目实施过程中提出的诸多具体问题。例如：在联合国儿童基金会的支持下，教育部目前正在实施"贫困地区基础教育"、"远程教育"、"教育规划、管理及监控"等项目，同时，在联合国儿童基金会非正规教育项目支持下建立的村级学习中心，迫切需要"远程教育"项目中的数字化教育材料；但是直到本轮项目周期的最后一年，这两个项目也未结合起来。

4. 宣传辍学儿童的状况需要与"规划、促进、宣传及认知项目"同步进行或作为后者的一个组成部分加以推进

联合国儿童基金会的"规划、促进、宣传及认知项目"主要是针对辍学儿童以外的其他弱势儿童群体在城市实施的。作为项目活动的一个重要组成部分，在一些项目城市举办的手拉手活动增进了城市儿童和农

村儿童的相互理解。问题是通过这一活动建立的伙伴关系主要限于在校中小学生。如何运用城市小伙伴这一宝贵资源，在城市儿童和农村儿童之间建立尽可能紧密的双向关系，仍然是一个有待解决的课题，其中如何获得城市儿童家长的支持和理解是最为棘手的问题。至少可以说，围绕和农村儿童的交流主题开展的宣传活动有助于让城市儿童了解边远和贫困地区辍学儿童的生活状况。

5. 同伴教育者队伍的建设需要依据更加民主的原则

正如上文所指出的，同伴者的能力建设被许多项目所在地视为非正规教育项目的首要任务之一。事实上，很多同伴教育者在动员和组织同伴辍学儿童参与项目活动方面发挥了积极作用，其中有一些人确实成为同伴群体中的优秀代表；同时他们也获得了更多的参与机会，诸如参加在大城市举办的各种会议或培训活动等。过多的学习和娱乐活动向这些同伴教育者倾斜，使那些普通辍学儿童面临新的不公平，这一点是他们在参加项目活动之前未曾料到的。从各地提交的年度报告可知，大多数同伴教育者是由村、县一级的"项目办"遴选的，而不是由辍学儿童根据民主原则选举产生的。鉴于联合国儿童基金会有限的资金和辍学儿童去大城市旅行的机会不多，在同伴教育者能力建设上采取的这种方法需要适时进行调整，在下一轮项目中应更多地体现出机会公平的原则，让更多的儿童获得学习和娱乐的机会。

五 个案研究：河南省汝阳县的 两个项目村

（一）概述

河南省汝阳县是国家级贫困县，也是本轮非正规教育项目的布点地区。在县"项目办"，评估组没有看到一台电脑和打印机用于开展项目活动。在这种极端困难的办公条件下，县科协的有关人员按照河南省"项目办"的要求开展了每一项培训活动。尽管办公条件恶劣，但"项目办"的工作人员仍然有很高的工作热情。在非正规教育项目启动的第一年，所有"项目办"的成员都到村里挨家串户地动员每一位辍学儿童参加村里的学习中心举办的培训活动。评估组在该县城东村和新建村所做的调查结果显示，学习中心的负责人、教师、辍学儿童的家长以及许多辍学儿童都积极参加到项目活动之中。评估组在两个村庄发现的主要事实是：参加学习中心活动的辍学女童的比例远远高于辍学男童的比例；参加学习中心活动的所有辍学儿童的花名册均得到完整保存；每月平均有10%以上的辍学儿童从学习中心借阅过图书；大多数辍学儿童的父母支持自己的子女参加学习中心的培训活动；大多数辍学儿童不愿意用普通话和评估组专家进行交流，但当地项目官员、村委会负责人能够使用当地的方言与他们进行有效沟通。

（二）项目实施的环境

比较一下项目实施前和项目实施后的状况可以发现，项目实施的环境发生了根本的变化。

根据村委会负责人的叙述，新建村和城东村是两个典型的农业村，每年人均收入不足500元。那个时候全村可以说毫无学习的风气，也没有人想学文化。贫穷、家庭计划生育措施不力、文化环境功能失效等原因导致每年有50多个儿童辍学。这些辍学儿童对学习没兴趣，成为整天游手好闲的小混混。

2001年，即项目启动初期，大多数辍学儿童的家长不能理解非正规教育项目对于其辍学子女所具有的意义，往往倾向于让辍学儿童在家做家务或农活，而不愿把他们送到学习中心参加培训。村委会负责人、辍学儿童群体的核心骨干与县"项目办"负责人一道，挨家挨户地讲解非正规教育项目对于增加家庭经济收入和提高辍学儿童的文化水平所能发挥的积极作用。从2001年下半年开始，越来越多的家长开始支持自己的辍学子女参加项目的培训活动。这一经验说明，在项目实施初期，生计技能的培训活动应该先于生活技能的培训，因为边远或贫困地区的农村家庭最关心的不是儿童权利的保护，而是生存。

在项目实施初期遇到的另一个困难是学习中心的建设和学习用品的筹措，包括书桌、课本、宣传品、电视等物品的筹措。缺乏学习用品影响了项目实施的进度。

对村委会负责人、同伴教育者、普通辍学儿童的访谈结果显示，随着项目的推进出现了一些新的变化和问题。

新的变化是：

几乎所有的辍学儿童都参加过学习中心举办的项目培训，其中部分辍学儿童参与各种类型的培训活动多达二十余次。

很多辍学儿童努力教父母如何科学种田，告诉父母儿童的哪些权利在家里需要得到保护。

项目所推广的生计技能内容迅速改变了一部分辍学儿童家庭的生活状况，在辍学儿童群体中树立了成功的示范模式。

从两个村庄的小学里招募了一部分志愿者，组成了教师志愿者队伍。

在整个项目的推进过程中，辍学女童始终是关注的重点。

大多数辍学儿童通过参加项目培训活动大幅度提高了阅读和应用写作的能力。

大多数辍学儿童通过参加项目活动掌握了预防艾滋病的知识，在艾滋病高发地河南省，这一点意义重大。

许多辍学儿童通过手拉手活动在学习中心结交了朋友，建立了新的友谊。

新的问题是：

辍学儿童日益增长的多样化需求对培训班教师的能力、教学内容、教学方法提出了严峻的挑战。

辍学儿童群体的生涯发展呈现出多元化的趋势，其中部分儿童有可能留在村庄里，继续参加学习中心的培训，而更多的辍学儿童将在近几年内离开村庄，去外面的世界寻求新的生活方式。

在多年培养起来的辍学儿童同伴教育者当中，有一部分人肯定会加入从贫困的乡村走向繁华都市的人口流动大潮。如何动员新的辍学儿童参加到今后开展的项目培训活动之中，成为各个层次的"项目办"面对的紧迫课题。

有一些生计技能培训内容还缺乏应用的条件，只能停留于形式上的宣讲。虽然许多辍学儿童参加了这样的培训，但由于缺乏后续的投资能力，他们最终不得不放弃致富的梦想。一些示范性项目虽然使部分辍学儿童及其家庭改善了生活条件，但绝大多数极端贫困的家庭无法帮助自己的辍学子女实现这样的梦想。

（三）培训班及若干关键项目活动

1. 从动员到积极参加

这两个村庄的学习中心依据联合国儿童基金会制定的中文版项目行动计划开展了一系列培训活动。学习中心还和县城、省里的专家一起开发了一些简易教材和辅导资料，以配合项目培训活动。

中国科协为各地"项目办"提供了一些教材，例如《校外青少年生活技能培训手册》、《校外青少年文化基础知识读本》等，分发到村一级基层学习中心。评估组分析了学习中心开发的教学资料，发现这些资料在内容安排和编辑质量上非常粗糙，创新程度也不高。大部分教材都来自报纸、杂志上发表的文章。有关生活技能方面的教学辅助资料主要立足于城市生活，是面向城市儿童的。因此联合国儿童基金会在这方面给予一定的技术支持显得十分必要。学习中心的日常教学活动主要由小学教师承担，其教学方法是针对小学生而形成的，因此往往不能适应从初中阶段开始辍学的部分儿童的培训需要。不过，就学习中心的表面状况来看，课椅的摆放方式、开放式的讨论形式、课外娱乐活动等基本上体现了联合国儿童基金会倡导的参与原则。

学习中心举办的培训活动基本上包括六种形式：儿童权利启蒙教育、生活技能培训（联合国儿童基金会提倡的自我认识能力、交际能力、相互理解能力、情感调节能力、批评性判断能力、创新思维能力的培训，针对辍学女童未来去城市找工作时有可能面临的问题而举办的伤害预防培训，以及日常生活中可能需要的法律知识培训）、生计技能培训（蔬菜大棚种植、养鸭技术、果树栽培、养猪技术、电脑操作等）、夏令营（只有几名同伴教育者有机会参加这样的活动）、艾滋病预防（联合国儿童基金会设计的宣传品的循环展览、艾滋病预防知识讲座）、阅读和写作（日常生活中的应用性写作）。

对辍学少年儿童和村委会负责人的访谈结果表明，这些培训活动目前正在定期举办。两个村庄目前至少每个月举办一次培训活动，几乎所有滞留在农村的辍学儿童都加入了培训班，其中一部分同伴教育者或培训班的核心成员参加了所有培训活动。需要指出的是，在项目启动初期，尤其是 2001 年，大多数辍学儿童对参加项目培训都持犹豫态度，而这里最大的障碍来自辍学儿童的父母，主要是因为这些父母没有认识到参加项目培训活动对于自己的辍学子女可能带来的帮助。为了克服这些困难，吸引辍学儿童参加培训班，县和村一级"项目办"的工作人员采取了下面一些措施：

携带联合国儿童基金会派发的宣传品定期访问每户辍学儿童家庭，与家长一起讨论如何培养辍学子女的问题。

优先开展生计技能培训，以帮助贫困家庭尽快改善生活条件。这种以利益为杠杆的项目活动策略容易被辍学儿童家长接受，也容易产生示范性效果。

通过对联合国儿童基金会及其项目意义的认知活动加强同伴教育者的能力建设，并为这些辍学儿童提供去城市接受培训的机会，这一点对于那些很少有机会到外面的世界去看看的辍学儿童的吸引力极大。

开展密集性的宣传，建设有利的社会环境，增强准备向城市流动的辍学儿童及其父母的风险意识。

在项目实施期间，村委会负责人以及其他项目人员发现，培训班所提供的知识或信息必须和儿童的需求紧密结合起来。为了满足辍学儿童多样化的需求，他们定期和同伴教育者进行座谈，讨论从辍学儿童那里收集的有关培训建议，力求使每一个辍学儿童都对培训活动产生兴趣，每一个辍学儿童的参与权都能得到保护。持续利用同伴教育资源，对于发挥目标人群的积极作用很有帮助。县一级"项目办"工作人员及时收集和总结村一级学习中心开展的各项培训活动所积累的经验，并将有价值的经验推广到其他项目点，从而丰富了这些项目点的培训内容。

2. 生计技能培训面临的挑战

尽管本轮项目为辍学儿童提供了各种各样的培训活动，但根据对两个村庄的辍学儿童的调查发现，这些项目仍然不能满足辍学儿童日益增长的多样化的需求。调查结果显示，这两个村庄的辍学儿童都希望获得电脑培训的机会。但由于电脑设备严重不足，学习中心在这方面只能提供很少的培训活动。这些村庄都远离县城，村子里的儿童无法像城镇小孩那样每天去网吧使用电脑。

　　有关家禽养殖和科学种田方面的培训活动很少受到辍学儿童的欢迎，而联合国儿童基金会和各级"项目办"事先设计的绝大部分培训活动都是这方面的内容。这一事实表明，联合国儿童基金会的项目设计远远滞后于目标人群日益增长的多样化的需求；同时还表明了越来越多的辍学儿童不愿意重复父辈一代的生活方式，去做一个地地道道的农民。简而言之，这些辍学儿童认为，他们属于目前的信息时代，最终都将向外面的世界流动。图 1 和图 2 显示：两个村庄的辍学儿童虽然具有相似

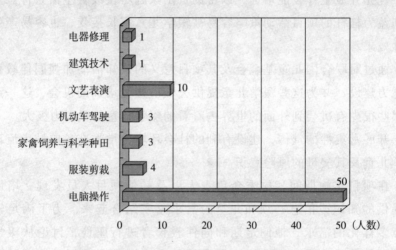

图 1　汝阳县新建村辍学儿童的培训需求分布

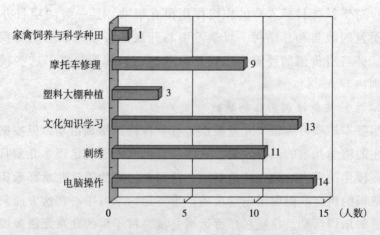

图 2　汝阳县城东村辍学儿童的培训需求分布

的培训需求，诸如渴望参加电脑培训等，但在培训需求的分布上表现出明显的差异。与城东村相比，新建村相对远离汝阳县城，因此在培训需求上不如前者那样表现得多元化。除了在电脑培训的需求方面两者的比例均较高外，城东村的辍学儿童还希望获得刺绣、摩托车修理、文化知识等多方面的培训机会。显然，城东村的辍学儿童在培训需求的方向上更加实用，他们对城市生活的了解远远超过新建村的辍学儿童。

3. 辍学女童在生活技能培训中的角色

在项目的启动阶段，生活技能培训看起来比生计技能培训更加抽象。实际上，增强辍学儿童的自我认知、交流、相互理解、情感调适、批评性判断、创新思维以及自我决策等方面的能力有赖于一些实用性的策略。村一级"项目办"的工作人员采取的方法主要是专业讲座和情景实践。被访谈的辍学儿童认为，通过参加生活技能的培训在交际能力和情绪调适方面进步很大。

女童在生活技能培训中的角色得到充分重视。一位辍学女童向笔者叙述道：她在去山东的火车上识破了一个男子的欺骗伎俩，拒绝了帮他携带一只包裹的要求。她认为这种能力应该归功于在联合国儿童基金会非正规教育项目培训中学到的知识和技巧。有些女童还指出，通过一系列生活技能的培训，她们掌握了一定的批判性思维能力和情感调适能力。还有一些辍学女童说：她们参加了项目培训之后改变了自己的腼腆性格，变得喜欢和别人交流了。

两个村庄采用的情景实践法是一种值得推荐的生活技能培训方法。鉴于大部分女童在向城市流动之后都有可能面临暴力侵犯的危险，村"项目办"的工作人员开展了一项特殊的城市生活情景训练，以帮助辍学女童识别以介绍工作为诱饵的人口贩子。对于辍学女童的生理卫生和青春期安全的问题，也采用这种方式进行了培训，教给她们保持卫生和保护安全的办法。

4. 艾滋病预防教育

河南是艾滋病高发区，大多数辍学儿童在向城市或其他发病率较高的地区流动时都面临艾滋病传染的威胁。因此在实施非正规教育项目的过程中开展艾滋病的预防教育变得十分重要。本轮项目在艾滋病预防方面的培训活动取得了以下一些重要成果：

有关艾滋病预防的知识在辍学儿童中得到普及。在参加项目培训活动前，大多数辍学儿童对艾滋病病毒传播的途径知道得不准确、不全面。通过培训他们知道了艾滋病转播的三条途径：血液传播、母婴传播和性传播。

辍学儿童对艾滋病患者的态度发生了很大变化。被访谈的辍学儿童普遍认为：对于艾滋病患者采取一种正确的态度有助于遏制艾滋病的蔓延；给予艾滋病患者温暖和关心非常重要，任何反人道主义的排斥只会导致患者对整个社会产生仇恨。被调查的辍学儿童还认识到：艾滋病威胁到儿童的健康权利，应在联合国儿童基金会的项目框架内保护儿童的健康权利。

辍学儿童的生活行为模式趋向更合理、更理性的目标。河南的艾滋病患者大多是几年前在一些贫困的农村猖獗一时的非法采血、卖血活动的牺牲品。被访谈的辍学儿童保证决不受任何血浆买卖活动的诱惑，保护自己免受艾滋病病毒的感染。

（四）学习中心

两个村庄的学习中心都能保持桌椅、电视、阅读材料的整齐摆放，大多数项目培训活动都是在这里举办的。但学习中心面临的以下问题也不容回避。

由联合国儿童基金会捐赠、地方"项目办"在一些政府部门的支持下购买的图书、期刊等阅读材料明显缺乏城市生活、招工指南、电脑入门方面的内容，而辍学儿童普遍对这方面的图书资料有兴趣。

学习中心尚未对辍学儿童借阅图书、杂志及其他阅读材料之后的反馈进行收集、整理和分析。在图书借阅登记表里需要增加这一内容，以便与其他读者共享学习体会。

电视和VCD设备里缺少有关城市信息的光盘和娱乐节目。地方"项目办"有必要配合县政府有关部门，建设一个小型的信息资源中心，便于租借各类必要的音像资料，满足辍学儿童的学习和娱乐需要。

学习中心的开放日通常每周只有两天左右，开放时间有待作出调整，争取每天开放，提高利用率。

（五） 同伴教育者与普通辍学儿童

两个村庄与汝阳县"项目办"合作建立了一支同伴教育者队伍。大多数同伴教育者都被派遣到省会城市，有一部分同伴教育者甚至被送到北京，获得了参加相应的培训班和旅游活动的机会。与此相对照，大部分普通辍学儿童根本没有任何机会参加这样的活动。同伴教育者与普通辍学儿童之间在参与机会上出现的这种新的不平等，不符合联合国儿童基金会所倡导的平等共享教育资源、平等参与项目培训的原则。当然，这些同伴教育者在动员普通辍学儿童参加项目培训活动方面发挥了关键的作用，并且能够把从城市带回来的信息传递给其他同伴儿童。问题是，同伴教育者的这些努力是否应该用某种不平等或稀缺的机会加以奖赏，而这种机会也是许多普通辍学儿童渴望获得的。在下一轮项目实施前，需要对这一问题加以深入的研究。

除了上述理论问题之外，村一级"项目办"的工作人员在选择、培训、发展同伴教育者的工作上还遇到其他一些实际问题。他们感触最深的问题是：大多数同伴教育者即将或已经向城市流动，其中有一些同伴教育骨干经过一到两年的培养刚刚发挥重要作用，就去城市打工了。这时候，"项目办"工作人员不得不寻求新的候选对象，由同伴教育者的核心成员围绕辍学儿童形成的紧密网络也不得不重新加以建立和巩固。正是凭借以同伴教育者为核心的辍学儿童网络，学习中心开展的各项培训活动才得以顺利进行。因此，敦促向城市流动的同伴教育骨干在流动前帮助发现新的同伴教育者候选人，并开发其潜力，是至关重要的。为保证项目活动的可持续性，这种方法对于消除同伴教育骨干流动之后形成的脱节现象可能有一定的效果。

无疑，同伴教育者的作用的充分发挥不能和项目工作人员的后续努力分割开来。两个村庄的负责人告诉评估组，他们至少每两周就会要求同伴教育者来讨论或报告从普通辍学儿童那里反馈回来的各种意见和建议。简而言之，同伴教育者的作用大小取决于项目管理方面的支持。

（六） 未来发展趋势的预测

对于保证非正规教育项目的可持续效果，评估组最为担忧的是：如果没有联合国儿童基金会的后续支持，本轮项目是否还能继续推进下去。如果联合国儿童基金会要在同样的项目点继续实施下一轮项目的话，那么村一级负责人会更强烈地期望联合国儿童基金会在资金、设备等方面继续给予支持，因为对村一级负责人来讲，要说服上一级"项目办"整合必要的资源，以保证培训活动持续下去，是极为困难的。尽管村一级负责人保证会依靠村里的力量将这些活动继续开展下去，但在实际开展的过程中肯定会受到经济实力的严重制约。即使这些活动能继续开展下去，其内容和模式也可能是以前举办的活动的简单重复，联合国儿童基金会的项目示范效应将局限在本轮项目采用的模式的重复应用上。

如果联合国儿童基金会还会在同一村庄开展下一轮项目的话，那么升级版的培训需求将反映到下一轮项目的培训议程上，诸如电脑基础知识、城市生活的适应性、同伴教育者网络的重组等。

动员辍学儿童参加项目的难度将会明显降低，但是越来越明显的人口流动趋势将给基层项目点的管理带来新的问题。

六 对策与建议

对于下一轮项目的实施，我们提出以下建议和对策。

在正式实施有关项目之前，对于项目针对的目标人群有必要开展深入的研究，这一点至关重要。在对目标人群的需求作出准确预测的基础上形成有预见性的项目计划，是决定项目资金能否得到有效利用和满足目标人群的主要需求的关键之一。

非正规教育项目与联合国儿童基金会的其他项目相结合，有利于不同项目共享资源、相互借鉴经验，以形成互补关系。例如：在"基础教育与儿童早期照顾项目"框架中开展的"贫困地区基础教育项目"、"远程教育项目"、"教育规划、管理及监控项目"等子项目最有潜力，也最有必要与非正规教育项目相结合；远程教育网络中传输的数字化教学数据可以和地方学习中心的电视设备共享，这样的学习中心在每个项目县至少建有五个，其覆盖面较大，具备结合的基础条件。除了硬件上的结合之外，非正规教育项目在执行过程中遇到的一些问题也可以成为许多贫困地区的基础教育工作应该吸取的教训，这些教训将会成为中国彻底改革基础教育体制的强大动力。

对村级学习中心的教师或负责人应该优先提供培训的机会，以提高项目实施的质量，因为这一群体是项目操作链中最关键，也是最末端的环节。

有必要与各地项目参与人员合作开发出具有地域针对性的教材。教材的编写要充分考虑目标人群日益增长的新需求，并采取一种前瞻性的视角。同时联合国儿童基金会有关儿童权利的理念和儿童权利保护的原则应该与相对实用的生计技能方面的情景教学方法结合起来，并从一种更为综合的角度加以推进。目前在教材体系上将生活技能培训与生计技能培训分离开来的做法有待修正，应该将二者整合为一。

特别紧迫的是，需要建立一种有效的机制，以保证项目所在地在项目终止后仍能以可持续和自我创新的方式继续开展有关培训活动。

鉴于辍学儿童的问题不仅仅存在于项目试点地区，因此本轮非正规教育项目积累的经验有必要与中国政府的基础教育改革思路和中西部地区的扶贫政策相结合，以扩大联合国儿童基金会项目的影响。如何将联合国儿童基金会开展的项目转化为中国各级政府日常工作的有机组成部分，是今后需要解决的重大问题。

联合国儿童基金会维护
中国弱势儿童群体权利之
行动的效果分析*

一 引 言

（一）研究背景

儿童权利保护是联合国儿童基金会"权利保护与社区服务项目"的基本精神，与中国的儿童福利规划的主要原则相一致。自从中国作为联合国会员国签署了联合国《儿童权利公约》以来，总体讲，在促进和保护儿童权利方面取得了巨大成就。在一些城镇地区，随着经济的长足发展，儿童的一些基本权利，诸如生存权、发展权、参与权，已经得到有效保障。但是东西部地区经济和社会发展的巨大差距也严重阻碍着中国的儿童权利保护事业的发展。一些弱势儿童群体，诸如流浪儿童、流动儿童、残疾儿童、寄养儿童等面临着来自家庭、学校、社会的各种各样的歧视，保护这些处于不利处境的弱势儿童群体的权利，已经成为中国儿童发展规划中最为棘手的主题。

为应对这种需求，联合国儿童基金会在 2001～2005 项目周期内实施的"权利保护与社区服务项目"集中支持弱势儿童群体，对促进中国的人权保障，尤其是包括弱势儿童在内的整个儿童权利的保障，发挥了

---

* 本章内容来自作者应邀对联合国儿童基金会在华五年援助项目（2001～2005）实施效果所作评估的最终研究成果。原文系英文，收入本书时在内容和体例上作了部分调整。参见第一章注释。

重要作用。项目中涉及的弱势儿童群体主要包括流浪儿童、寄养儿童、流动儿童、被拐卖儿童或女童等极端弱势的儿童群体。根据联合国儿童基金会的评估要求，本报告主要以流动儿童和被拐卖女童两类儿童群体作为目标人群，对"关爱与支持流动儿童"、"反对拐卖妇女儿童和针对妇女儿童的暴力"、"家庭和社区支持行动：儿童权利多步培训"三个子项目的支持效果进行分析和评估。在分析和评估的过程中，以总项目的实施方案和相关子项目的行动计划作为参照标准，围绕相关计划中的核心指标对目标人群的项目参与状况、受益程度、后续措施等进行系统的检测。除了对上述三个项目的实施效果进行全面评估外，本报告还将侧重研究项目实施过程中的儿童参与问题。

（二）研究方法和评估依据

评估方法和依据包括评估组在项目点对焦点人群进行的问卷调查、对项目档案文献的分析和对项目利益关联人员的访谈，如对参与项目实施过程的儿童或少年、项目布点学校的教师、各级项目负责人和联合国儿童基金会项目官员的访谈。

1. 文件资料

（1）联合国儿童基金会的文件

评估组对联合国儿童基金会为实施上述项目准备的各类正式文件进行了系统的整理和分析，尤其是对"项目实施计划：权利保护与社区服务"，"项目实施计划：健康与卫生"，"流动儿童项目行动计划"，"反对拐卖妇女儿童和针对妇女儿童的暴力项目行动计划"和"家庭与社区支持行动计划：儿童权利多步培训"等文件作了重点研究，以这些文件作为撰写评估报告的基本依据。

（2）中方项目合作伙伴的资料

评估组对中方项目合作伙伴提供的资料进行了分析，这些资料包括地方项目办公室提交的年度报告和工作文件、中方项目合作伙伴的项目实施计划以及涉及项目目标人群的国家或地方法规。它们是：全国妇联的与"反对拐卖妇女儿童和针对妇女儿童的暴力项目行动计划"相关的各类资料，国务院妇女儿童工作委员会的与"流动儿童项目"相关的所有文件，无锡市妇女儿童工作委员会的与"流动儿童项目"相关的文件，宋庆龄儿童基金会的与"家庭与社区支持行动计划：儿童权利多步培训"相关的各类文件。

2. 评估组在无锡市举行的座谈会及访谈调查

（1）座谈会

课题组于 2004 年 12 月在无锡市举行了由来自无锡市妇女儿童工作委员会、无锡市部分市区妇女儿童工作委员会、无锡市教育局、无锡市公安局、无锡市有关小学的代表参加的跨部门座谈会。

（2）访谈

同期对无锡市某公立小学的 6 名流动儿童、某私立小学的 10 名流动儿童进行了访谈，其中流动女童有 11 名，占 69%；对 1 名公立小学的校长、1 名私立小学的校长进行了访谈；对 3 名私立学校的教师进行了访谈；对 9 名流动儿童的父亲进行了访谈。

二　儿童参与：对联合国儿童基金会三个项目的反思

（一）理论框架

儿童权利的有效实现在很大程度上取决于儿童有意义的或真正的参与。尽管对于儿童有意义的或真正的参与的界定存在很大的分歧，但是罗杰·哈特（Roger Hart）的参与阶梯理论（theory of participation ladder）为我们评估依据联合国儿童基金会的基本精神开展的有关项目活动提供了一种操作工具。哈特提出了八种儿童参与类型，并将这些类型分为真正参与和非真正参与两大类型。真正参与和非真正参与的分水岭在于儿童是否能出于自身的目的主动参加项目活动。儿童的非真正参与则是指向成年人的目的，儿童在整个项目实施过程中仅仅扮演工具角色。哈特把儿童的真正参与又进一步分为从高到低的五个层次："儿童发起，并与成人共同决策"；"儿童发起，但受到成人的指导"；"成人发起，但与儿童共同决策"；"接受成人的忠告和建议"；"任务由成人指派，但儿童能获得相关信息"。它们在参与的程度上逐渐递减。是否由"儿童发起"，是决定项目的实施策略、程序及方法是否符合儿童自身利益的试金石，也是衡量儿童参与程度的重要标志。

依据哈特的理论，我们从以下几个维度来评估在联合国儿童基金会的项目中儿童参与的程度：

（1）在项目实施过程中儿童的角色是主导性的还是辅助性的，这一点应该在项目活动的启动阶段、实施阶段结合项目的最终目标分别来判定。

（2）儿童是独立设计和启动有关项目，还是在成人的帮助下设计和发起的。如果儿童得到了成人的支持，那么成人与儿童共享的经验是否有助于儿童独立发起后的项目活动。

（3）儿童在发起项目活动，尤其是在创新、协调以及程序操控方面，需要具备何种条件。

（4）什么原因导致儿童参与不足，是由于成人忽视儿童的独立自主性，还是由于在经费、技术、方法上存在客观的限制。

（5）有没有可能依照本轮项目的方法和程序将儿童参与的程度推进到充分参与的层次。

（二）儿童参与的程度

根据罗杰·哈特的参与阶梯理论，在联合国儿童基金会三个项目的要求下开展的部分项目活动在某种意义上符合儿童的真正参与必须具备的条件，另一些项目活动充其量只是非真正的参与，或象征性参与、装点性参与，甚至是操纵性参与。就那些真正的参与而言，绝大多数儿童的参与程度也只能算作较低程度的参与。仔细分析这一问题，对于评估联合国儿童基金会开展的三个项目，尤其是儿童在这三个项目中的参与权利的保障，至关重要。

1. 无锡市流动儿童协调委员会吸收流动儿童参与决策

在执行联合国儿童基金会流动儿童项目的过程中，无锡市政府吸收了一名流动儿童和他的父亲参加了市一级流动儿童工作协调委员会。这种儿童参与方式在中国具有革命性的意义，在小孩必须绝对服从大人的中国传统社会中，如此高度的儿童参与方式实属罕见。笔者在调阅无锡市有关流动儿童项目会议的原始记录时发现，几乎每一次会议都有这位流动儿童参加。参加会议的儿童提出了一些有价值的建议，引起了与会成年人的注意和议论。从这一角度判断，这种类型的儿童参与显然属于"成人发起，但与儿童共同决策"的类型。尽管如此，这一类型的儿童参与仍然与其他参与程度较低的情况有很大重合。首先，参与本身的象征意义大于实实在在的参与。市政府有关流动儿童工作的会议都是由成人主持的，与压倒多数的成人相比，儿童代表的比例非常低。其次，这名流动儿童的代表是一名初中生，无法代表绝大多数小学流动儿童，而处于小学阶段的流动儿童在整个流动儿童群体中占压倒性比例。显然，这种代表程度不足的儿童参与方式无法充分反映无锡市绝大部分流动儿童的意见。第三，尽管这名流动儿童的代表从项目的实施初期就参加进来，但此后其绝大多数活动都是由成人操控的，这名儿童实际处于"接受成人的忠告和建议"的层次。

2. 有关流动儿童的宣传活动

无疑，无锡市政府开展的大部分宣传活动的目的都是为了流动儿童，而且流动儿童本身也参与了这些宣传活动。关键的问题是，这些活动很少是由流动儿童本身独立发起和运作的。真正的儿童参与意味着儿童能发起并参与整个项目活动过程，而不仅仅意味着为流动儿童服务这一项目目标本身。

手拉手活动最受流动儿童的喜爱，很多流动儿童把这样的活动看作与当地城市儿童融合的绝好机会，也是走出校园结交朋友的适宜平台。遗憾的是，尽管儿童是受益方，但这些活动大多是由成年人组织和实施的，有关活动的主题、程序、地点以及参与人员的结构几乎都是由成人决定的。导致儿童的这种非充分参与的原因多种多样，有两个方面需要同时加以考虑。一是在传统文化的思维框架中，成年人对于儿童发起项目活动的必要性和可能性理解不够。对于儿童真正参与的理解不足，导致对于儿童有效实施项目活动的能力的担忧。按照这种思维方式，儿童往往被认为在发起或运作这些复杂的活动方面经验不足，因此不得不接受成人的忠告或按照成人的指派进行活动。第二个方面涉及实施项目活动所需要的客观条件，以及儿童自身缺乏的一些能力。儿童确实还不能在没有成人监管和支持的情况下独立完成这些项目活动，实施项目活动所需要的创新、交流及组织能力的不足直接制约着流动儿童参与项目过程的程度。但是尚有更深层次的原因妨碍流动儿童真正和有意义地参与联合国儿童基金会的项目活动。

究竟是什么限制了流动儿童能力的发展？流动儿童在个性、学业、人际交流等方面因流动而形成的欠缺或相对不足未得到及时补救。由于父母的忽视和家庭贫困，流动儿童缺乏课外阅读资料和家庭学习的辅导工具，因此他们的知识水平与当地城市儿童有很大的差距。通过与当地城市儿童开展手拉手交流活动而获得的学习机会常常不得不中断，究其原因，是由于这些活动尚未建立可持续发展的机制，以保证流动儿童与当地城市同伴儿童建立定期或经常的联系。一些流动儿童因无法适应无锡市新的生活环境而形成的心理障碍，也影响到这些流动儿童的性格、交流和组织能力的发展。所有这些因素都制约着流动儿童创新、交流、组织能力的发展，而这些能力对于流动儿童能否自主发起有关项目活动至关重要。这些因素都影响到流动儿童对项目活动的真正的参与。

3. 瀑布式培训：程序的必要逆转

瀑布式培训作为联合国儿童基金会"反对拐卖妇女儿童和针对妇女儿童的暴力项目"的试验活动，在充分运用联合国儿童基金会的资金，扩大项目在整个社会的影响方面发挥了重要作用。在项目初期，将培训重点放在教师上面，在培训后期才安排目标人群——女童——进行培训，似乎与儿童优先的原则形成矛盾。项目活动所采取的这种策略和方法决定了参与项目活动的儿童不得不扮演"接受成人的忠告和建议"或"任务由成人指派，但儿童能获得相关信息"的角色。将项目程序颠倒过来，对于提高儿童的参与程度非常必要。评估组认为，在下一轮项目实施前有必要首先从目标人群——女童——那里收集有关培训计划、培训策略以及培训内容的建议，并在此基础上制定相应的项目实施行动计划。培训程序的这一逆转，将有助于女童参加者在项目的启动阶段就以最高层次的参与类型——"儿童发起，并与成人共同决策"——为目标投身于项目活动。

4. 多步式试点培训：在活动设计和实施方面提高儿童参与的程度

多步式培训的目的在于形成儿童的真正参与模式。在培训的第一步，所有培训教师都尝试锁定较高程度的儿童参与这一活动目标。培训教师对于儿童的真正参与的意义和实质，以及参加培训的弱势儿童代表面临的困难有深刻的理解。他们要求参加培训的儿童根据自己的想象设计一个地球村，或者组织参加培训的儿童围绕自己最感兴趣的话题即兴表演一些文艺节目。这些方法属于哈特的"成人发起，但与儿童共同决策"这一参与层次，然后从这一层次很快过渡到"儿童发起，但受到成人的指导"的更高的参与层次（儿童设计地球村蓝图的时候没有受到任何来自成人的干预或外部的咨询，儿童自己设计并独立指挥文艺表演，培训教师仅仅总结活动经验，并给予培训对象适当的建议）。

多步式培训的第二阶段注重进一步提高儿童的参与程度，这时儿童自己发起项目活动，并与成人一起平等地讨论问题。这种项目方法所体现的儿童真正参与的理念，显然增强了儿童的创新能力，消除了人们对于儿童构思、发起项目活动的创新能力的疑虑。

三 项目分析：关爱与支持流动儿童的活动

（一）概述

2001～2005年度的联合国儿童基金会"流动儿童项目"分别在江苏的无锡和河北的石家庄两个城市实施，这两个城市目前在处理流动儿童问题上已经处于领先地位。流动儿童项目的一个主要目的就是要建立一种可以推广的工作模式，供其他城市或地区借鉴。选择这两个城市进行项目试点，可以积累经验，以便为下一轮在更大范围内实施该项目提供理论和经验两方面的依据。当然，这两个城市在许多方面不具有可比性，例如在经济发展水平、教育传统和人们对于流动人口的认识，尤其是对流动儿童的认识等方面都存在很大差距。受实地调查的时间和经费的限制，本报告所分析的联合国儿童基金会项目对于流动儿童的影响主要基于评估组在无锡市调查的材料。

流动儿童的弱势特性取决于很多因素，其中流动给学习、生活和心理方面带来的影响最大。这一弱势儿童群体的绝对数量巨大，因此流动儿童的问题对于绝大多数城市都是一个严重的问题。根据国家统计局的有关调查结果，截至2002年，流动儿童的数量已经达到1800万。因此，不对流动儿童的权利加以有效保护，中国儿童的福利状况就不会得到整体改善。

（二）"无锡模式"：经验与教训

"无锡模式"这一词语在联合国儿童基金会的项目文件和无锡市项目办公室的工作报告中出现的频率很高，反复受到引用。这意味着，无锡市在执行流动儿童项目上取得了巨大进步，提供了有价值的经验，值得研究。

"无锡模式"的亮点是，这一工作模式显示了联合国儿童基金会项目的孵化功能。与一些偏远、不发达地区的项目点相比，无锡市为项目投入了数倍于联合国儿童基金会项目经费的资金，并为项目的实施采取了各种各样的创新举措。而那些地理位置偏远、经济极不发达地区的项目点基本上是把联合国儿童基金会的项目经费当作扶贫资金使用，自主性配套投入严重不足。尽管在处理流动人口和流动儿童的问题上存在诸多困难，但是无锡市所开展的各种倡议、宣传、培训活动等，无论在数量上还是在规模上，均远远超出联合国儿童基金会的项目计划。"无锡模式"的几个特点可以详述如下。

1. 流动儿童的意见直接反映在市政府高层的决策过程中

儿童参与项目的所有步骤，是联合国儿童基金会在项目规划中坚持的一条重要原则，无锡市政府从项目一开始实施就始终坚持这一原则。在无锡市政府成立的流动儿童跨部门工作小组里，一名叫李荣的流动儿童和他的父亲始终有机会和其他18位高官一起讨论应对流动儿童问题的政策和措施。评估组在无锡市项目办公室调阅有关协调会议的记录时发现，李荣和他的父亲作为无锡市流动人口的代表，参加了由一位副市长主持的大部分决策性会议。从决策过程的初始阶段开始，流动儿童就有机会参与项目的相关活动，这在联合国儿童基金会的各类项目中是非常罕见的。让流动儿童直接参与决策，显然有助于作出以儿童为中心的决策，有利于设计出容易被流动儿童接受的支持计划。不过需要指出的是，这样一种儿童参与模式在区一级项目办公室并未得到采纳。另外，这种参与模式还有一个缺陷，即工作小组所吸纳的一名流动儿童是一个初中生，事实上无法充分代表小学阶段的流动儿童。

2. 全纳性和综合性的行动模式为联合国儿童基金会的其他项目提供了有益的经验

流动儿童的权利保护涉及许多方面，例如儿童的健康、教育、自主表达和人际交流等各个方面的权利。尽管流动面临的主要问题之一是获得义务教育的机会，但流动儿童的健康保护也是其基本权利之一。为此，无锡市政府发起了一项名为"千百十行动"的项目活动，为数千名流动儿童提供免费医疗服务。尽管这项活动要达到制度化尚需很长时间，但它或多或少改进了目标人群的健康状况，在无锡市当地社会引起了很大的反响。无锡市在项目执行过程中体现出来的综合性和全纳性特点，与联合国儿童基金会的"健康与营养项目"的基本精神相吻合：促进全中国的基础健康照顾（PHC）和母婴健康（MCH）。另一方面，无锡市在开展大规模运动、促进流动儿童的权利保护方面积累的成功经验，对于联合国儿童基金会的"规划、促进、宣传及认知项目"的实施策略、社会动员、影响辐射等也具有较高的参考价值。

在"无锡模式"中特别值得一提的是：在联合国儿童基金会项目实施期间，无锡市公安局在其他相关部门的配合下建立了全国首个外来人口数据库，并根据社区协调员反馈的信息每三天更新一次数据库的信息，这一数据库在政府的各部门之间共享。这一及时更新的数据系统为开展跨部门的项目工作奠定了现实基础，同时也有助于在决策过程中避免偏离目标人群。从某种意义上讲，支撑"无锡模式"的基础工程就是这一套数据库系统。这一经验对于联合国儿童基金会目前在其他地区实施的项目或下一轮计划开展的项目，均具有很高的借鉴作用。

3. 大规模的宣传与流动儿童权利保护的具体活动相结合

在本轮项目实施期间，无锡市与联合国儿童基金会合作，就流动儿童的权利保护开展了许多宣传活动。与许多旨在提高儿童权利保护意识的活动不同，无锡市的大多数规模较大的宣传活动，都有具体的活动内容作为补充，例如开办培训班，举办夏令营、作文竞赛、自然体验等等。这些围绕一定的主题开展的具体活动对于社会公众和项目参与人员更好地理解项目的意义产生了巨大的推动作用。一旦儿童权利保护的抽象观念与贴近生活的具体活动有机结合起来，那么项目所发挥的影响就会在整个社会得到充实和巩固，并对个体的行为起到示范作用。"无锡模式"在这方面的做法十分突出。

4. 前瞻性的战略视野有助于将流动儿童项目纳入整个行政管理的宏观规划

在项目正式实施之前，无锡市政府以非常积极的态度主动申请项目的落户，副市长和其他一些高级官员向联合国儿童基金会和国务院妇女儿童工作委员会作出了庄重的承诺，保证开发出一种成熟的无锡市流动儿童支持模式。事实上，无锡市的战略视野已经成为地方政府在项目实施过程中处理流动儿童问题的一个根本方针。无锡市政府领导认为：无锡市要成长为国际性大都市，必须把流动人口整合进当地社会，促进流动人口与当地城市居民的融合；同时，流动人口从偏远或贫困地区向无锡市的大规模迁移，对于无锡市的市政管理也构成长远的挑战，只有将无锡市的未来发展和进步与流动人口问题结合起来考虑，流动人口的问题，尤其是流动儿童的问题，才能得到有效处理。这一战略性视野，对于将流动人口问题整合进市政府的日常工作大有裨益，也有助于保证在项目的实施过程中跨部门之间的有效合作和协调。

（三）联合国儿童基金会流动儿童项目的影响及其面临的挑战

1. 项目实施之后社会环境得到了有效改善

在执行联合国儿童基金会流动儿童项目之前，无锡市政府一直对流动人口及其子女的问题给予充分的关注，也采取了一些有效的措施来积极解决这一问题。联合国儿童基金会项目在无锡市的实施，对于无锡市政府的这一努力是一种推动，同时形成了有利于解决流动儿童问题的良好社会环境。这一良好的社会环境的形成表现在以下几个方面：①一般社会公众对流动人口和流动儿童的态度发生了重大变化，流动儿童的入学率显著提高，对流动人口及其子女的大规模支持行动正在政府、社区、学校等不同层面展开。流动人口不再被当作一种负担，而是逐步被视为无锡市现有人口的有机构成部分，被称作"新无锡市人"。②外来人口对于无锡市的经济和社会进步做出的贡献已经在一些市政规划和相关政策中得到明确体现，给予这一人群合理的社会定位，正在成为大多数市民的共识。③流动儿童的权利保护工作在社会各个阶层都得到了重视和加强。通过对儿童权利的宣传改变了政府官员的行政管理方法，向流动儿童和城市儿童普及了儿童权利保护的有关知识，促进了社区工作者的工作技能、技巧的提高。

来自苏北盐城县的一位年轻妈妈带着四岁的儿子，对调查员说：社区协调员有时会到她家里来询问是否需要街道办的帮助，有时候还会帮着照看孩子。

一名流动儿童在座谈时说："无锡市政府为流动儿童做了大量的工作，我们希望政府能在这方面有更多的举措。"

不过，在无锡市实施的"流动儿童项目"仍然面临着一些急需解决的问题。流动人口中的许多新来人员尚无足够的机会获取政策、信息及法律援助，其中有一些不符合流出地计划生育政策的流动儿童仍然被排除在流入地的公办教育体系之外。对流动人口有利的生活和工作环境有可能导致更多的外来人口流入无锡市，使无锡市的人口数量处于失控状态，这一点正是无锡市政府所担心的。简而言之，进一步改善流动儿童所处的社会环境，仍然是未来需要认真解决的课题。

2. 流动儿童在流动期间面临的主要困难

尽管流动儿童的流出地和家庭环境有很大差异，但流动儿童在流动期间面临的一些困难对于大多数流动儿童来讲都是相似的，其中一些个别问题需要以创新的思路加以深入考察。在无锡市项目点，这些问题大多得到了有效解决，还有一些问题有待于今后若干年逐步加以解决。

流动儿童在流出期间和落户到流入地的过程中面临的困难，通常包括如何适应流入地的文化、行为方式，如何克服由于不能成功适应而带来的焦虑，以及流出前的知识基础与流入地新的教育体系之间的差异，如教材、学习科目、教学方法的不同，所持方言与课堂教学语言（普通话）的不同等。

评估组成员在对二十余名流动儿童和十余位家长的访谈中发现，只有少数流动儿童能成功克服上述困难。对大多数流动儿童来讲，焦虑是一个潜在的问题，很少受到关注，而这一问题对儿童的成长过程有很大的影响。产生焦虑的原因多种多样，心理障碍是原因之一。这种心理问题导致的一个结果就是：有一些流动儿童在和其他小孩交往的时候特别胆怯，有一些流动儿童不愿意和父母商量任何事情，还有一些流动儿童的考试成绩不理想。这种状况严重妨碍了流动儿童与当地社会的融合。另一种困难应该归因于流动儿童的家庭经济状况：大量在无锡市的流动人口靠做小买卖维持生计，或靠每天打几份工来补贴日常开支。这些处于流动状态的父母不得不让自己的子女做很多家务，或帮他们做小买卖。这样一来，这些小孩放学以后就无法参加任何娱乐活动，与其他小孩一起进行课外活动的时间和机会很少，缺乏课外阅读材料，做家庭作业时无人辅导。这些都严重妨碍了流动儿童学习和交际能力的发展和进步。父母对于流动儿童课外活动的忽视会延缓流动儿童对新的学习和生活环境的适应进程。同时，大多数流动儿童的父母自身相对不利的教育背景决定了他们既不懂得创造一种有利于子女成长的家庭环境的重要性，也没有掌握提高子女的学习能力的科学方法。

徐民桥小学的一名流动男童在座谈时说："和无锡市当地的儿童相比较，我们的一些能力太差了，尤其是当今社会所要求的交际能力特别不行。当地小孩总是看不起我们。"

同一个学校的另一名流动儿童说："无锡市的小孩比我们懂得多，尤其是在课外知识上比我们懂得多。他们常常参加一些课外辅导班，但我参加不了，因为我的爸爸妈妈太穷了，交不起培训课的学费。"

同一个学校的另一名流动儿童说："考试时我总是特别紧张，考试前一天，我整夜都睡不着觉，我担心要是考不好我爸爸妈妈会骂我。"

同一个学校的一名流动女童说："我喜欢和其他人交流，但在学校里只有几个从外地来的小孩愿意和我说话。但是我和他们说一些事情之后，他们也不为我保密。我为此感到十分苦恼。"

一位流动儿童的父亲在接受访谈时说："我有一个11岁的儿子，他对什么人都害怕。他不敢和人打招呼，也不敢自己到超市买东西，在学校怕老师，在家里怕我。我也不知道什么原因。"

另一位流动儿童的父亲在访谈时说："我女儿小学三年级的时候来到无锡市。到无锡市的一所小学注册入学的时候，班上的同学总是嘲笑她的家乡话口音，她的自尊心受到极大伤害。一年左右以后，她才慢慢适应了学校的环境。"

为了解决这些问题，无锡市在联合国儿童基金会的项目框架内采取了一系列行动。在无锡市所有市区的社区、小学开设了"家长学校"，为流动儿童的父母提供了一个适宜的学习平台。为了促进流动儿童与当地城市儿童的融合，无锡市每年围绕一些具体的艺术主题开展了许多手拉手活动。此外，无锡市妇女儿童工作委员会还为流动儿童组织了市一级和区一级的体操、绘画比赛等活动。这些活动对于解决流动父母及其流动子女所面临的困难大有裨益。不过，对这些活动的效果的评估和对活动参与者的反馈的分析均显得不足和滞后，这样就很难为此后的举措奠定坚实的基础。

3. 对教育资源的利用

鉴于义务教育对于流动儿童来讲最为重要，无锡市为此建立了一种富有成效的混合式义务教育体系。作为实施这种混合式义务教育体系的结果，目前无锡市的小学流动儿童的入学率高达97%。所谓混合式义务教育体系，由一般公立学校、主要招收流动儿童入学的专门性公立学校和专门为流动儿童开设的打工子弟学校三种教育形式构成。三类小学在教育资源的利用上处于互补的关系。事实上，无锡市当地儿童的出生率处于下降趋势，这就为大量吸收流动儿童、充分利用现有的教育资源提供了空间。这一客观现实和无锡市强劲的经济发展势头为市政府积极解决流动儿童的义务教育问题创造了条件。但是经济条件并非唯一原因，其他一些大城市，如北京、上海等，在经济上取得的成就远远超过无锡市，在解决流动儿童受教育的问题上却未必有无锡市这样大的力度。无锡市在提高流动儿童入学率的工作上取得的成功，应该主要归功于当地政府所采取的积极态度，以及整合各种社会资源达成这一目标的决心。

尽管上面列举了值得乐观的因素，但一些潜在的问题仍然需要在这里强调一下。无锡市的大多数公立学校处于转型时期，其显著特点是主要依据学习成绩对学生进行层次划分，因此越来越多的当地儿童集中到位于市中心地带的一些学校。这些学校拥有较高质量的教育资源，例如优秀的教师、良好的教学和体育设施，同时其他一些重要的资源也在向这些学校流动。与此形成对照的是，许多郊区的小孩不得不在一些边缘化的学校就读，这些学校的教学资源相对不足，体育或娱乐场所或设备严重短缺。大多数流动儿童也集中在这类条件较差的学校就读。当然，这些学校比很多流动儿童原来就读的农村小学的条件还是要好得多。正是由于上述原因以及大量流动儿童的涌入，无锡市郊的许多公立小学已经转型为不折不扣的流动儿童小学，例如，位于滨湖区的大定村公立小学就招收了六百多名流动儿童就读。需要注意的是，当地城市儿童与流动儿童在获取优质教育资源上的差距正在被流动儿童的高入学率掩盖。当然，这一问题不仅仅是一个教育问题，而且是一个社会问题，具有当今中国社会贫富悬殊、分配不公的典型特点。

与那些条件相对弱势的公立学校相比，专门为流动儿童开设的打工子弟学校面临的问题更严重。这些私立学校在提高流动儿童的入学率这一点上贡献很大，但也同样面临着体育设施和其他教学资源严重不足的问题。无锡市政府一方面倾向于取缔那些不符合办学条件的打工子弟学校，另一方面也为具备相应办学条件的私立打工子弟学校提供了财政和师资上的支持。但是这些打工子弟学校是营利性学校，这种性质最终会妨碍义务教育目标的实现。评估组调查员发现，随着父母经济条件的逐步改善，越来越多的流动儿童正在向公立学校转移。无锡市政府为促进流动儿童更方便地进入公立学校，颁布了新的规定，但是这一规定是基于法律或行政上的考虑，而不是基于任何伦理原则。无锡市关于外来人口问题的相关规定所开列的条件，例如由雇主出具正式用工合同，流动儿童必须符合流出地的计划生育政策等，与人权或伦理原则形成冲突。

从伦理原则或权利平等的角度看，所有的儿童，包括流动儿童，都应该被公立学校接受，而不管其出生是否符合计划生育政策，其父母是否拥有用工合同。然而理想不能代替现实，伦理也无法和法律或行政管理画等号。不过必须指出的是，无论流动儿童比较集中的公立小学还是私立打工子弟学校，在促进无锡市当地儿童与流动儿童的融合方面都没有太多作为。这一点可能会成为无锡市政府在继续推进社会综合发展的进程中必然要面对的重要问题。

4. 流动儿童与当地社会的融合过程

正如上文所指出的，流动儿童在向城市迁移，直至适应流入地生活的过程中面临的一个主要困难就是无法与当地社会及时融合，尤其是与当地的城市儿童充分融合。事实上，大多数流动儿童并非处于频繁流动或迁移状态，其父母均有扎根无锡市的强烈愿望，同时也希望自己的孩子能在无锡市的城市环境中成长和发展。从这一事实判断，及时融入当地社会对于这些流动儿童的发展来讲非常重要。但是流动本身对于流动儿童适应当地社会，进而和当地的城市儿童融合构成了障碍。大多数流动父母对于自己的子女过高的期待，也常常转变为一种心理负担，从而妨碍流动儿童与外部世界积极和有效的交流，尤其是和当地城市小孩的融合。评估组调查员在对部分流动儿童的家长访谈时发现，不少家长担心无锡市的当地人对自己孩子的农村生活习惯和行为举止持有负面评价，这也是改善流动儿童与当地城市小孩的融合状况的一大障碍。无疑，这样的担忧反映了无锡市当地市民对于外来人口及其子女的潜在歧视。此外，流动儿童严重缺乏有效进行人际交流所需要的知识和经验，这也妨碍了流动儿童与当地城市儿童的融合。

面对这些问题，无锡市政府与联合国儿童基金会合作，围绕生活技能培训的主题开展了一系列活动。生活技能培训是联合国流动儿童项目的一项重要内容。流动儿童在流动过程中遇到的绝大多数困难事实上都是因为缺乏一些基本的生活技能而发生的。评估组调查员对参加生活技能培训项目的部分流动儿童所做的调查和访谈显示：这些参加过培训的儿童，大多不同程度地提高了交际能力，并能与当地城市小伙伴分享知识和感情。另一方面，每年开展的几次大规模宣传活动对于扭转当地城市居民对外来人口和流动儿童持有的陈旧观念也产生了很大的推动作用。一个有利于双方融合的社会环境正在形成。

　　大定村公立学校的一名流动女童说："区里项目办（公室）组织了一些手拉手活动，我们学校也派代表参加了。我们和当地的小孩通过手拉手活动建立了良好的伙伴关系。我们一般一个星期见一次面，互赠礼物，互留电话号码。在和当地小孩的交流过程中，我感到特别愉快。我们相互帮助，一起逛书店和超市。有时候无锡市的小伙伴发现我身上没有钱买自己想买的书的时候，经常抢着为我付钱。我的父母也很支持我们交往。"

在流动儿童相对集中的几个市区均开展了不同形式的手拉手活动，这些活动通常是围绕一些主题设计和推进的，这些主题有集体绘画比赛、社区环保、体验大自然等。无可置疑，在流动儿童与当地城市儿童之间开展的这些手拉手活动为这些儿童更密切的融合，进而建立良好的伙伴关系提供了绝佳机会，然而许多手拉手活动未能实现可持续发展的目标。在参加手拉手活动的儿童中间，真正能建立长久伙伴关系的儿童数量与宣传活动所动员的全部儿童的数量相比，仍然是微不足道的。如何长久维持交流的机会，巩固已经建立的伙伴关系，这一问题的解决有待于提升活动的形式和格局，这也是下一轮项目需要优先处理的紧迫问题之一。从这一意义上说，本轮项目需要联合国儿童基金会和无锡市政府合作实施后续计划，以建立一个完全可以复制的"无锡模式"。

　　除了比较典型的手拉手活动外，其他类型的生活技能培训活动在此也应提及。2003 年，无锡市妇女儿童工作委员会与三个市区的区政府合作开设了语言和社会交际培训班，这个培训班促进了流动儿童与城市小伙伴的相互理解。参加培训班的一些城市小孩认识到：流动儿童和他们的父母来到无锡市，一方面是为了改善自己的生活处境，同时也为无锡市的发展做出了贡献。一些参加过培训活动的流动儿童感到自己不再孤单，而是快乐地结识了很多小伙伴。2004 年开展的系列性培训活动创造了一个适合流动儿童成长的环境。在这些培训班里，法律、环保、大众科技、献给母亲的爱、文明路上手拉手、做一天小家长、趣味英语、悄悄话（心理咨询）、作文比赛、辩论赛、集体绘画、儿童权利讲座等主题活动有力地促进了流动儿童的成长和进步。参加活动的流动儿童懂得了自己的哪些权利需要保护，哪些义务需要履行；他们还掌握了法律和环保方面的基础知识。流动儿童开始了解无锡市在经济和社会发展上取得的成就，形成了将来参加无锡市建设的明确意识。流动儿童对于成人世界的积极参与，与成人进行平等的交流和互动，在无锡市的有关项目活动中也得到了积极鼓励和支持。

　　大定村公立小学的一名流动儿童说："在参加学校举办的女童自我保护的讲座期间，我们可以自由地向教师提出各种想问的问题。"

　　徐民桥打工子弟学校的一名流动儿童说："学校在执行了联合国儿童基金会项目之后发生了许多变化。校长告诉我们说，以前的教学方法太陈旧了，无法适应当今儿童的需要。我们也常常向老师提一些新的建议，改进课堂气氛。"

5. 对家庭的支持

正如上文所揭示的，流动儿童目前面临的大部分问题都和他们的家庭环境有关，特别是与父母的教育背景有关。无锡市政府准备的几份调查报告显示，大多数流动儿童的父母只受过小学或初中教育。事实上，作为学校教育的补充，家庭教育，尤其是家庭文化知识的教育，对于大部分流动儿童来讲都是严重缺乏的。从这一意义上说，提高流动儿童的学习能力与对他们的父母实施有效的支持不可分割。尽管评估组调查员在调查的过程中发现了很多不足，但不可否认，无锡市政府在这方面开展了大量工作，取得了很大成绩。无锡市政府在这方面开展的活动可以列举如下。

2004 年，无锡市北塘区政府发起了"无锡市未来新市民家庭教育行动"，设定了三大目标：①提高广大父母对流动子女教育的重视程度，确立合理的儿童家庭养育观，增强父母的家庭教育能力；②建设适宜于在道德、行为和学习方面帮助儿童的家庭环境；③将家庭教育与学校教育、社会教育紧密结合起来。一些相关的活动正是为达到上述目标而开展的，例如开设"未来新市民家长学校"，将"未来新市民家庭教育"与一些小学开设的家长课程整合为一体。同时还采取了以下一系列相关的行动：2004年无锡市政府开展了"无锡市新女性行动"，旨在提高流动妇女的综合素质，这些妇女一般都是流动儿童的母亲。作为这一综合行动的具体举措，在流动人口比较集中的市区开设了各种形式的母亲学校，以增强流动人口的家庭教育质量。这一行动还把教育环境的建设与儿童权利保护、儿童的发展有机结合起来。母亲学校开设了科学育儿、与小孩交朋友等课程，以使流动妇女更科学、更准确地了解自己的孩子，为开展家庭教育扫清观念上的障碍。除了上述行动外，无锡市有关部门还编辑了《新无锡市人手册》，在流动人口比较集中的地区散发。这本手册为流动人口更好地适应当地社会提供了必要的信息和知识。

尽管取得了这些成绩，无锡市的家庭支持行动计划仍然有这样那样的问题：第一，项目所发挥的影响尚未辐射到流动人口中的新来者。课题评估组成员对十名父母所做的访谈调查显示：大部分外来人口对于无锡市有关流动人口的优惠政策和措施所知不多，也不知道无锡市政府在联合国儿童基金会项目支持下开展的各类培训活动。第二，在地方政府的政策与客观现实之间尚存在较大的差距。尽管无锡市政府要求所有的中小学取消对流动儿童征收的借读费，但迄今仍然有许多学校在收取这笔费用。第三，对于流动人口家庭的支持仅仅局限于大部分流动人口家庭目前面临的问题。一些访谈对象对其子女数年后是否能在无锡市升入初中表示了严重关切和忧虑。目前无锡市政府推行的有关政策主要是针对小学阶段的义务教育，鉴于大多数外来人口及其子女将长期滞留无锡市，无锡市政府有必要从长远的角度出发来为流动人口家庭提供服务。

（四）后续干预建议

为建立一种成熟和可推广的模式，联合国儿童基金会"流动儿童项目"需要采取进一步的干预措施，以提升"无锡模式"的内涵和效果。这些干预措施应该针对该项目在实施中存在的问题和可能遇到的挑战。

无锡市采取的流动儿童义务教育入学安置的三元体制需要向整合的方向进行改革，以便建立一种有效的机制或环境，促进流动儿童与当地城市小伙伴的融合。

鉴于大部分外来人口及其流动子女的社会生活圈子比较狭小的现状，除了在市或区一级开展有关流动儿童权利保护的大型宣传活动之外，有必要在流动儿童所在的社区增加更多的小型项目活动，这对于大多数流动人口及其子女有可能产生更大的影响。

关于旨在提高流动儿童人际交流能力的手拉手活动，更要注重它的后续行动，并采取适当的措施，在流动儿童和城市儿童之间建立稳定、可持续的小伙伴关系。在动员相应的社会资源方面，需要克服当地城市居民对外来务工人员的偏见。同时在每一所小学建立一支同伴教育者队伍，推广项目的影响，充分发挥联合国儿童基金会项目的催化功能。

鉴于流动儿童义务教育阶段高入学率的目标在无锡市已经基本实现，在下一轮项目中应该强调对于流动儿童实施以质量为目标的教育支持，其主要内容应该包括：让大多数小学流动儿童有机会在无锡市升入初中；加强课外活动环境的建设，尤其是要大幅度增加体育设施；实施本轮项目所忽视的心理补救和支持措施。

在家庭、学校及社区应增加倾听流动儿童声音的机会，并形成制度化的机制，纳入市政府的日常行政工作日程。

四 项目分析：反对拐卖和虐待 妇女儿童的活动

（一）概述

中国的拐卖妇女和儿童的问题极其严重。从 2001 年到 2003 年，被中国警方立案侦查的拐卖妇女和儿童的案件超过 2 万件，经过艰难努力，有 42000 多名妇女和儿童得到解救。没有立案侦查的案件则远远超过这一数目。拐卖妇女和儿童的原因多种多样，一些偏远、贫困地区的妇女和儿童的权利保护意识薄弱，以及文化水平低下造成的不少妇女和儿童缺乏自我保护的能力，是拐卖妇女和儿童的案件频繁发生的深层次原因。

有效解决拐卖妇女和儿童的问题需要采取综合的对策，涉及经济（例如消除贫困）、政策（例如计划生育）、法律（例如拯救者的法律定位，拐卖方、买方、被拐卖方以及其他相关人员应承担的法律责任）、伦理（例如被拯救的妇女与买方生育的子女关系）、文化传统（例如妇女或女童与男子或男童之间的不平等）、社会意识（例如对待被拐卖的妇女或儿童的错误态度，邻里或社区不把拐卖妇女或儿童视为犯罪的错误观点）等各个方面。联合国儿童基金会无法同时解决上述多方面的问题，有些问题的解决方式实际上也超出了联合国儿童基金会的地位和职能，但是，防止针对妇女、儿童的这种犯罪行为，恢复或保护其固有的权利，是联合国儿童基金会的最高宗旨。

考虑到自身的有限作用，联合国儿童基金会本轮实施了"反对拐卖妇女儿童和针对妇女儿童的暴力"的项目，重点放在预防、康复、宣传上面。这样一种项目定位，无论就联合国儿童基金会的功能而言还是就中国的国情而言，都是十分适合的。本项目包括三个子项目：IEC（信息、教育、宣传），预防、康复、团聚，与跨境拐卖斗争。在这三个子项目里面，青年妇女和儿童的参与都得到了充分强调。尽管拐卖妇女和儿童的现象与各种外部因素密切相关，但是妇女和儿童自身也需要采取一些行动，形成危机意识，并自觉抵制各种诱惑。正是在这一意义上，三个子项目均把妇女和儿童的能力建设定为项目的主要目标。

（二）主要发现

文件分析和对中方主要项目合作伙伴的访谈结果揭示了一些事实，对于未来几年联合国儿童基金会项目的开展不无启发。

1. 对中学女童的阶梯式打拐培训：前瞻和预备性行动

在处理拐卖妇女、儿童的问题的时候，人们通常将妇女和儿童放在一起讨论。尽管这两类人群面临的问题不同，但作为拐卖犯罪活动的女性受害者，其特殊经历实际上还会给自己的子女的成长带来影响。另一方面，一些女童在从童年期向青年期过渡时也面临被拐卖的危险。从这一意义上说，联合国儿童基金会本轮项目在四川仁寿县 20 所中学实施的、针对中学女童的阶梯式打拐培训，可以视为一种前瞻或预备性的行动。该培训活动的几个主要成果是：第一，大量女童掌握了预防拐卖的知识，项目的潜在影响也从培训的中学女童推广到项目所在地仁寿县的整个社会。第二，开发和验证了一种具有链式效果的培训模式。第三，围绕预防拐卖并与培训活动同步开发了相应的教材，教材中有些内容，诸如《小芳进城记》等，已经在培训班得到实践，并被培训班的参加者所接受。

但是这里仍然存在一些问题，其中两个主要问题需要进一步分析。第一，培训采取的是阶梯式模式，借助前两个阶段培训的教师在第三阶段实施后续培训，这种后续培训没有专家的持续支持和有效监管，因而对于学校女童产生的影响必然会受到削弱，而学校女童才是这一项目的最终目标人群。换句话说，阶梯式培训方法所体现的循序渐进或链式推进模式有助于减轻联合国儿童基金会的项目投入，但也会削弱对处于阶梯末端的目标人群的影响。如果将女童的一些核心成员纳入第一阶段的培训，可能有助于解决这一问题。第二，培训很集中，但也很封闭。培训班未能提供机会让受培训者去打拐现场实习，以激活在培训班所学到的知识。此外，地方项目办公室提交的年度报告还建议将实验教材《小芳进城记》纳入项目县的义务教育课程。如何将培训活动的经验与"基础教育与儿童早期服务项目"相结合，这一问题有待进一步研究。

2. 妇女之家：通过生计技能的培训建立归属感

在项目实施期间，联合国儿童基金会与仁寿县政府合作建立了一所"妇女之家"。"妇女之家"的功能是多方面的，其中有一条就是帮助曾被拐卖的妇女重获归属感，使她们能够顺利地回归家庭。这种归属感有助于那些受伤害的妇女从边缘化的社会状态中获得身心恢复。当然，这种归属感的形成在很大程度上取决于"妇女之家"的成员之间的有效沟通。

不过，关于"妇女之家"还存在几个问题。首先，目前只建立了一所"妇女之家"，且处于试点状态。从"妇女之家"的现有功能考察，有必要在每个乡镇建立覆盖面更广的"妇女之家"，但联合国儿童基金会无法提供所需的巨额资金，即使仁寿县政府在资源上提供合作，也很难实现这一目标。其次，"妇女之家"的日常运作目前主要依赖有偿雇用的相关专业人员，要保证"妇女之家"长期、制度化的运作，招募一定的妇女志愿者或引入轮值机制势在必行。第三，除了目前"妇女之家"所处理的有关事务或事件外，在开展的相关活动中应该密切关注儿童权利的保障，以更好地体现联合国儿童基金会的基本精神。将妇女的培训与儿童权利保护结合起来，有助于缩小妇女和儿童之间的代沟，可以树立防止被拐卖现象代际传递的明确意识。

3. 职业培训：从内在和基础的角度增强年轻妇女或女童的生存和生活技能

就业机会的诱惑是仁寿县以及许多偏远或贫困地区的妇女被拐卖的一个重要原因。增强妇女的劳动能力是帮助面临被拐卖风险的妇女抵御这种风险的重要途径。围绕这一问题，联合国儿童基金会提供了两类帮助：一是小额信贷，二是职业培训。后者主要面向初中女童。例如，在成都希尔顿酒店对20名初中女童进行了宾馆服务业的培训。接受培训的对象大多来自贫困或弱势家庭，有的女童的父母曾经离婚，有的女童的母亲曾经被拐卖过。联合国儿童基金会与当地政府合作举办了这项宾馆服务业实用技能培训活动，宾馆方在培训活动结束后录用了部分学员，在某种程度上使她们摆脱了祖祖辈辈沿袭的务农道路。与其他各类项目活动一样，针对初中女童开展的职业培训活动也采取了儿童参与的方式。参与式培训方法的引入受到了参加培训的女童的欢迎，激活了她们圆满完成培训任务的潜能。通过这种参与式培训，女童们在掌握了一些实用技能的同时还增强了人际交往能力。显然，对于年轻妇女或女童提供替代性的就业支持，可以有效抵御拐卖犯罪中的就业诱惑。

尽管取得了上述成绩，宾馆服务业培训的示范功能仍然具有很大的局限性，因为这样的工作机会对于绝大多数农村女童或妇女来讲都是难得的。因此有必要对这些女童或妇女的未来的就业分布及趋势进行深入的研究，以便今后为她们提供更及时和更实用的培训支持。

4. 心理咨询：人文关怀面临的挑战

被拐卖的女童或妇女的地位较之那些面临被拐卖风险的女童或妇女

更为弱势。在采取有效的行动帮助被解救的受害者回归家庭之前，心理补救对于受害者来讲十分重要，因此联合国儿童基金会有必要将心理咨询方面的支持作为打拐行动的组成部分。

本轮项目活动中培训的心理咨询员包括村项目办公室的工作人员、乡镇干部以及部分医务工作者。他们对被解救的妇女或儿童提供的心理咨询和建议有助于目标人群减轻心理负担，不过心理咨询本身尚存在一些问题。首先，心理咨询常常面临如何将受害者的心理需求与当事人的隐私区分开来的困难。这一问题处理得是否妥当，涉及目标人群的人权，不可等闲视之。由于这个困难，心理咨询活动仅仅在受害者有请求时才能实施；对于那些自信心不足或不愿将自己的感觉和心态告诉别人的受害者，就无法进行心理咨询。其次，有关心理问题的一些特殊个案，在项目实施期间未进行系统的收集和整理，因此给专家的分析和联合国儿童基金会的后续行动带来了困难。第三，联合国儿童基金会与地方项目办公室合作开发的心理咨询教材没有广泛散发到每个妇女或女童的手上。这样，那些性格内向的妇女或儿童，或有可能成为拐卖犯罪受害人的妇女或儿童无法对面临的心理问题及时进行自我矫正，或在矫正过程中缺乏教材的系统指导。

（三）若干建议

在项目具体实施前，应通过收集女童的合理化建议确定培训活动的目标、策略及方法。要为目标人群直接参加项目程序的设计和决策创造条件，以便保证她们的真正的参与。因此今后有必要颠倒本轮项目所实施的阶梯式试点培训的操作程序，即在第一阶段就对女童进行培训，将阶梯式培训模式改变为同伴教育形式，对教师的培训应从功能上定位为第二位的或支持性的角色。

下一轮项目活动的焦点人群应从年轻妇女转向儿童，特别是女童。

对本轮项目积累的经验加以研究，以便总结出一些可以在其他项目点推广的方法，因为在其他地区拐卖妇女和儿童的问题同样非常严重。

应将本项目和"基础教育与儿童早期服务项目"相结合，因为巩固女童的在学率可以有效推迟女童面临拐卖风险的危险时期，降低女童被拐卖的可能性。

五　项目分析：儿童权利的多步培训活动

1. 概述

儿童权利保护本质上是一项系统工程，要求整个社会形成关注儿童权利的有利氛围。儿童的参与以及这种参与的质量在很大程度上取决于包括学校、家庭和社区支持在内的整个社会环境的建设。作为联合国儿童基金会"权利保护与社区服务项目"的子项目，"家庭与社区支持项目"就是按照这一理解设计的。与上一轮开展的其他有关各类儿童权利保护的培训活动相比较，本轮项目开展的培训活动特别注重典型经验的积累和培训模式的建立，以便形成可以复制和推广的培训方法。本轮项目设计的保护儿童权利的多步培训模式对于实现上述目标贡献甚多。它的一个特点是：将整个培训分为五个步骤，开展一些关联活动，在不同地点、横跨几个年度、由同样的参与人员去实施和操作。这种做法的优点是可以观察到同一目标人群在两个步骤之间发生了何种变化，进而确定在培训方法和后续活动方面为此需要作出何种调整等。

2. 五步培训：儿童参与作为核心主题

五步培训是：第一步，对联合国《儿童权利公约》的基本内容进行强化培训；第二步，由参加第一步培训班的儿童开展有关日常生活和学习的调查实践活动，旨在宣传《儿童权利公约》的基本精神；第三步，由参加培训的儿童以自己习惯的方式开发 IEC（信息、教育、宣传）材料；第四步，将一些城市或乡村的项目所在地作为试点，实施 IEC 方案；第五步，根据前述四个步骤积累的经验，在专家的配合下最终确定 IEC 方案。

通过对项目资料和有关文件的分析可以得知：五步培训模式不仅仅是一种培养儿童权利意识的工具，而且为参加培训的儿童通过自我表达和参与整个培训过程来掌握《儿童权利公约》的基本精神提供了一种难得的场所和机会。儿童的参与在所有培训活动中都被赋予了最重要的地位。在培训的第一阶段，大约有 30 名儿童，包括弱势儿童和普通儿童，从各地遴选出来送到北京的培训班。弱势儿童是目前中国面临危险的儿童的主要类型，包括残疾儿童、流浪儿童、流动儿童、机构养护儿童（寄养儿童），与同一项目中的其他子项目的目标人群相吻合。在活动的第一阶段，与其他项目的结合和参照就已经得到充分的考虑。

为了实现增强儿童的参与意识和参与能力这一目标，所有的培训人员，无论学术界的专家还是联合国儿童基金会的官员，在实施培训活动时为接受培训的儿童设计了许多情景化的活动，而不是一味进行枯燥、抽象的说教。例如，一名联合国儿童基金会的项目官员在培训中要求所有参加培训的儿童画出自己心目中理想的儿童村。这样一种培训方法有助于儿童自由表达自己对生活的理解。在对自己的权利和赖以生存的环境加深了解的同时，参加培训的儿童渐渐把一些科技、健康的娱乐以及开放式的学习方法等元素添加到自己的绘画中。国内儿童问题研究专家陆士桢教授设计了一场戏剧表演，让参加培训的小孩体验到在集体生活环境中所应扮演的角色，增强了他们的表演能力，提高了他们的审美水平。这样的培训方法与传统的课堂教学迥然不同。简而言之，在整个培训过程中，以提高想象力为特色的儿童观，将联合国《儿童权利公约》的基本原则与娱乐活动或艺术创作形式相结合的培训技巧等，都受到了应有的重视。

其他一些后续活动，例如通过绘画或其他艺术形式由儿童自己开发IEC（信息、教育、宣传）材料等，也都是围绕儿童的积极参与和自由表达的目标开展的。与联合国儿童基金会发布的其他宣传材料或教材不同，这些宣传材料的设计者不是成年人，而是儿童自己，因此参加培训的儿童有很强的动力，要把自己对环境和自身权利的理解传达给其他人群，包括同伴儿童、父母和社区熟人等。评估组调查员在查阅了儿童们的绘画之后发现：这些画以生动的形式反映了儿童对世界和自身所处环境的独特理解，并且与联合国《儿童权利公约》倡导的基本精神高度一致。联合国儿童基金会与地方政府合作举办的"儿童权利保护经验研讨会"，则为深入研究有关儿童权利保护的一些典型案例，以及在项目活动中积累的经验提供了难得的机会。

上述培训方法已经产生了一些推广效应，这一点在联合国儿童基金会的项目合作伙伴——宋庆龄儿童基金会——的一些文件中，以及评估组专家对项目官员的访谈之中有充分的体现。

宋庆龄儿童基金会一位参加过五步培训全过程，并见证了参加培训的儿童的成长过程的项目官员说：尽管参加培训的一些弱势儿童代表一开始不愿意和普通儿童交流，但最终这些弱势儿童群体的代表和参加培训的普通儿童伙伴实现了有效的交流，增进了相互的了解，并且意识到他们并不孤单，全社会都在关注他们的成长。

杨××，广西一名有过被拐卖经历的女童，在参加了五步培训之后，劝说附近的儿童不要放弃上学的机会。她还动员一些辍学儿童的父母支持子女完成义务教育阶段的学习。

上海有五个区或县在社区一级开展了有关《儿童权利公约》的系列性宣传活动。他们的主要方法是采用儿童喜闻乐见的一些宣传形式，例如娱乐表演、绘画展览等。参加过五步培训的儿童也加入到宣传活动的行列，他们在宣传《儿童权利公约》和儿童权利方面扮演了示范性角色。

参加培训活动的儿童不仅表现出通过绘画和手工艺来表达自己的强烈愿望，而且对项目提出了许多良好的建议。例如：

杨××，一名上海女童，建议用地方方言向农民宣传《儿童权利公约》。

齐××，天津的一名聋哑儿童，建议使用互联网向农民宣传《儿童权利公约》。

温××，南京的一名孤儿，建议使用墙报在社区宣传《儿童权利公约》。

李×，小学五年级的时候成为流浪儿，在参加了联合国儿童基金会与地方政府在广西联合举办的《儿童权利公约》培训班以后说："我很高兴认识了这么多朋友。小学五年级的时候，我去江西，成了一名流浪儿。以后我有机会参加了儿童权利保护培训班，懂了儿童的权利应该受到保护。我喜欢这样的活动，也希望在这里能结识新的朋友。我要参加儿童权利保护的宣传活动，让其他小孩也能保护自己的权利。"

3. 推广的可行性与教训

五步培训项目围绕儿童参与这一中心主题开发的培训方法可以推广到联合国儿童基金会的其他项目点。这一方法的一个重要特点是，充分调动了儿童参与有关儿童权利的培训活动的主观意愿。另一点值得强调的是，自下而上的培训程序与其他自上而下的培训模式迥然不同。

不过，在一些项目点因为目标人群总是处于流动状态，这种培训方法常常面临许多操作上的困难。据宋庆龄儿童基金会的一位项目官员说，几年内只能追踪到30%参加过培训的儿童，以观察他们在五步培训期间发生的变化。这是推广该培训模式必然会遇到的第一个问题。但是在培训对象相对集中的中小学、社区以及弱势儿童聚集的一些机构里，这种培训活动实施起来相对容易。最容易操作的途径是和一些打工子弟学校联合开展培训。

其次，如果没有来自外部世界的后续支持，包括联合国儿童基金会的后续支持，大多数参加过五步培训的儿童都无法做到在日常学习和生活环境中推广这种培训模式。培训场所、组织资源、对联合国儿童基金会的儿童权利观的社会认同等，都是他们不具备的。不过这一问题可以通过和市或县或乡一级的地方政府合作来解决。

第三，家庭作为儿童权利保护的最基本单位本应给予充分的关注，然而大多数儿童的父母并未获邀参加五步培训活动。对于这组人群的忽视将会降低培训活动对于有关儿童所在家庭的影响，而家庭恰恰是儿童赖以生存和度过绝大部分课外时光的场所。

4. 建议和对策

根据上述分析，我们可以就有关项目的实施提出以下建议：

第一，应建立若干个巡回讲师团，其成员的构成应包括弱势儿童、父母、专家、小学教师、社区或儿童特教机构的负责人以及联合国儿童基金会的官员。巡回讲师团的讲授地点应以中西部的偏远、贫困地区为主。

第二，在项目的第一阶段，儿童的父母、寄养或监护机构的负责人应该和儿童一起优先参加培训班。

第三，IEC（信息、教育、宣传）材料应该在更广泛的区域进行发放，尤其是扩大在中西部地区发放的范围。

留守儿童存在的十大问题及
社会干预对策[*]

一 课题研究的理论和现实背景

以联合国为代表的国际社会对于人权领域的问题特别关注，而儿童权利的保障则是关注和保护人权的基础。自从 1948 年《世界人权宣言》在联合国大会通过以来，围绕儿童的权利保护问题，国际社会相继通过了一系列决议和宣言，提出了儿童利益最大化、儿童利益优先等重要的指导原则，并逐步具体化到儿童权利的各个方面，涉及儿童的生存和发展、儿童相对于成人世界的受保护需求、儿童在社会生活中的自主性参与等各个方面的权利，在世界范围内推动了儿童权利的保护运动。中国政府对于儿童问题一直非常关注，自 20 世纪 90 年代以来相继颁布了《九十年代中国儿童发展规划纲要》和《中国儿童发展纲要（2001 ~ 2010 年)》，并通过了《义务教育法》和《未成年人保护法》等重要法律，为保障中国儿童的权利做出了巨大的贡献，也为世界范围的儿童权利保护运动提供了宝贵的经验。国际社会通过的一系列重要决议、宣言和中国政府颁布的有关儿童发展、儿童权利保护的一系列重要政策，是本研究报告的理论基础和指导思想。具体而言，本报告的理论来源涉及

* 本章内容系笔者主持承担的联合国儿童基金会和国务院妇女儿童工作委员会课题"留守儿童的权利保护与社会综合支持措施的调查和分析"（合同日期：2005 年 10 月 ~ 2006 年 3 月）的总报告。先后参加课题研究的框架讨论的有联合国儿童基金会项目官员张亚丽女士、国务院妇女儿童工作委员会儿童处处长宋文珍女士以及中国人民大学、北京师范大学的部分学者。在项目执行期间，陆士桢教授给予了多方面的指导，武卫国女士、胡道华女士给予了多方面的协助。我的同事刘溦、黄松鹤同志，我的学生张蕊、王冰、邹洄、安静等，在项目的调查和数据分析阶段给予了长时间的协助。在此谨对上述同志表示衷心的感谢。

下列重要文献：

（1）联合国系统：《世界人权宣言》（1948）、《儿童权利公约》（1989）、《儿童生存、保护和发展世界宣言》（1990）、《适合儿童成长的世界》（2002）、《儿童权利联合国决议》（2006）。

（2）中国立法机构：《义务教育法》（1986）、《未成年人保护法》（1991）。

（3）中国政府：《九十年代中国儿童发展规划纲要》（1992）、《中国儿童发展纲要（2001～2010年）》。

当今中国正处于急剧的社会转型时期，随着经济和社会改革进程的加快，长期以来形成的城乡二元社会体制使得城市和农村在经济、社会、文化等各个方面的差距愈益拉大，农村富余劳动力向城市迁移的趋势短期内不可逆转。作为这种流动的一个副产品——农村留守儿童现象，已经成为一个需要全社会动员起来、积极应对的重大现实问题。尽管在全国范围的基线调查结果公布之前，关于全国农村留守儿童的数量，任何学术推断都是不确切的，但是留守儿童群体面临的核心问题，以及这一群体在健康保障、教育机会、心理支持、情感补偿等各个层面都处于整个儿童群体中的弱势地位，已经成为一个不争的事实。留守儿童群体在整个农村儿童中占据的比例之大，与父母之间亲情缺失的周期之长，在各项权利保护上面临的问题之多，形成了中华人民共和国成立以来在儿童权利保护历史上未曾有过的严重局面。正如中国的独生子女问题已经对一代人的成长环境和发展质量形成了严重制约一样，目前中国农村大量的留守儿童群体的生存和发展质量也将对未来中国的国民素质产生不可低估的影响。

联合国儿童基金会与国务院妇女儿童工作委员会围绕中国儿童权利的保护工作成功地进行了多轮合作，在全国产生了巨大影响。联合国儿童基金会上一轮五年在华项目，尤其是流动儿童的权利保护和支持项目，在促进流动人口及其子女的数字化信息系统的建设、流动儿童与流入地当地儿童的融合、流入地政府扶持流动儿童就学的相关政策等各个方面产生了长远的影响和明显的项目效应，验证了联合国儿童基金会的项目经费作为种子资金具有的孵化功能。为了进一步巩固上一轮项目已经取得的相关成果，新一轮项目确定了流入地和流出地联动、协调的基本指针，将在上一轮项目对流动儿童群体给予充分支持的基础上，提前介入流动状态的前身——留守状态。这对于整合流出地和流入地两方面的资源，形成对留守儿童群体的支持合力将会产生巨大的推动作用。新一轮项目确定的这一基本指针也是本课题研究的主线，构成了本课题报告的基础性架构。

二 课题研究的主要方法、样本结构
分布及调查对象的界定

本课题的调查工作分为问卷调查和访谈调查两部分，于 2005 年 11 ~ 12 月在河北涞水县、江苏无锡市、江苏如皋市、安徽凤阳县、河北石家庄市五个地点实施完成。其中问卷调查部分的具体操作方法是：在对所调查区域目标人群普查的基础上采取整群抽样的方法发放和回收问卷，然后用 SPSS 统计软件进行数据处理。最终的数据统计结果包括《农村留守儿童问卷数据库》两种（父母在无锡市务工与父母在其他城市务工）、《留守儿童身边监护人问卷数据库》两种（父母的务工地点在无锡市和父母的务工地点在其他城市）、《兼有留守子女和流动子女的城市务工父母问卷数据库》一种和《城市流动儿童问卷数据库》一种。访谈调查分为个别访谈、分组访谈、混合座谈三种方式，采用内容分析方法对所有访谈文本进行了分类整理，并根据主题内容制作成相关图表，以便准确定位目标人群的问题，为今后开发相应的支持措施提供科学的依据。问卷调查的相关样本结构分布和访谈人群的类别分布参见表1 至表 6。

本课题调查对象的界定：

（1）留守儿童：父母双方或父母一方外出务工、本人滞留原籍老家的农村户籍儿童，包括学前班儿童（3 ~ 5 周岁）、小学儿童（6 ~ 12 周岁）和初中儿童（13 ~ 16 周岁）。

（2）监护人：受外出务工的父母委托，在原籍老家负责照料留守儿童的日常生活，且和留守儿童居住在一起的父亲或母亲一方，留守儿童的爷爷奶奶、外公外婆、亲戚等。

表1 留守儿童问卷样本结构分布表

调查地点	父母务工地点	调查时间	样本量（份）	占总样本的比例（%）	性别（%）				就学阶段（%）				去父母务工城市滞留时间（%）							
					男	女	男（平均）	女（平均）	小学	初中	小学（平均）	初中（平均）	从来没有过	只是玩了几天	一个月至半年	半年以上	从来没有过（平均）	只是玩了几天（平均）	一个月至半年（平均）	半年以上（平均）
河北涞水县	其他城市	2005-11-7	90	8.6	55.7	44.3			62.5	37.5			79.5	12.5	5.7	2.3				
江苏如皋市（县级市）	其他城市	2005-12-8	305	29	41.7	58.3			62.7	37.3			22.3	57.4	12.2	8.1				
	无锡市	2005-12-9	349	33.2	50.6	46.8	48.4	51.4	57.6	42.1	57.4	42.5	32.9	37.4	23.4	6.2	40.5	33.4	19	7.1
安徽凤阳县	其他城市	2005-12-26	200	19	53.8	46.2			38.8	61.2			52.8	11.9	25.4	9.8				
	无锡	2005-12-28	108	10.3	45.7	54.3			73.5	26.5			61.2	9.7	23.3	5.8				

表2 流动儿童问卷样本结构分布表

调查地点	调查时间	样本量（份）	性别（%）		来本市时间（%）					就学阶段（%）		老家有无留守兄弟姐妹（%）		留守兄弟姐妹与调查对象的关系（%）			
			男	女	半年以下	半年至1年（不含）	1年至2年（不含）	2年至3年（不含）	3年以上	小学	初中	有	没有	哥哥	姐姐	弟弟	妹妹
石家庄	2005-12-29	228	41.7	58.3	0.4	1.8	7.5	11	79.3	86.8	13.2	25.9	74.1	20	52	10	18

表 3　留守儿童监护人问卷样本结构分布表

调查地点	样本量（份）	占监护人总样本比例（%）	性别（%）				监护留守儿童的数量（%）				与留守儿童的关系（%）			
			男	女	男（平均）	女（平均）	1个	2个	3个	4个	父亲	母亲	爷爷奶奶或外公外婆	其他
河北涞水县	52	18.5	16.7	83.3			46.5	53.5	—	—	14.9	80.9	4.3	—
江苏如皋市（县级市）	100	35.6	57.6	42.4	45.2	54.8	72.6	21.1	1.1	1.1	9.5	20	60	10.6
安徽凤阳县	129	45.9	46.4	53.6			20	52.8	22.4	4.8	17.6	28.8	28	25.6

表 4　兼有留守、流动儿童的外出务工父母问卷样本结构分布表

调查地点	样本量	占总样本比例（%）	性别（%）				原籍家中孩子上儿年级（%）								外出务工时间（%）				
			男	女	男（平均）	女（平均）	小学四年级及以下	五至六年级	初中	高中	小学四年级及以下（平均）	五至六年级（平均）	初中（平均）	高中（平均）	半年以下	半年~1年	1~2年	2~3年	3年以上
江苏无锡市	223	81.4	38.8	61.2	38.1	61.9	40.9	14.5	33.2	11.4	38.1	15.3	35.2	11.4	3.6	7.3	5.9	16.4	66.8
河北石家庄	51	18.6	36.7	63.3			29.2	16.7	37.5	14.5					3.9	3.9	9.8	15.7	66.7

表 5　访谈调查结构分布表

	留守儿童		流动儿童（原籍有留守兄弟姐妹）				留守儿童监护人				父母（兼有留守儿童和流动儿童）			留守儿童教师				流动儿童教师		
调查地点	如皋	凤阳	无锡	无锡	石家庄	石家庄	如皋	涞水	涞水	凤阳	涞水	无锡	石家庄	涞水	涞水	凤阳	如皋	无锡	石家庄	石家庄
访谈方式	个别	分组	个别	分组	个别	座谈	个别	个别	分组	座谈	个别	分组	分组	个别	座谈	座谈	个别	座谈	个别	座谈
访谈人数	10	6	12	8	8	4	7	11	2	4	5	6	9	1	6	4	9	3	7	1
合计	16		32				24				20			20				11		

表 6　调查地政府相关部门负责人参与座谈统计

单位：人次

部门类别＼调查地点	市（县）政府主要领导	市（县、乡）妇联负责人	市（县、乡）教育部门负责人	市（县、乡）卫生部门负责人	市（县）区关工委*负责人	其他职能部门负责人	合　计
河北涞水县	—	3	1	1	1	1	7
江苏无锡市	—	4	1	1	—	—	6
江苏如皋市（县级）	1	4	1	2	1	1	10
安徽凤阳县	—	4	1	1	1	5	12
河北石家庄市	1	5	2	2	—	4	14
合　计	2	20	6	7	3	11	49

* 关工委：关心下一代工作委员会。

（3）务工父母：留守儿童的生物学父亲或母亲，在原籍农村以外的地点（主要是所在县城以外的城市）凭借临时性就业、经商等手段谋生者。

（4）流动儿童：在父母务工地（城市）就学的农村籍儿童，其前身基本为留守儿童，包括小学儿童和初中儿童。

（5）留守儿童教师：担任留守儿童教学工作的学前班教师、小学教师、初中教师及部分教学和管理双肩挑的小学和初中学校的负责人。

（6）流动儿童教师：在城市民工子弟学校或公办学校负责流动儿童教学工作的教师，包括本地户籍教师和外地户籍教师。

（7）政府相关职能部门负责人：流出地和流入地政府分管妇女儿童工作的副市长或副县长、妇女儿童工作委员会负责人、卫生局负责人、教育局负责人、乡政府或村委会负责人、大队辅导员和法制办负责人等。

三　调查发现的主要问题及对策

留守儿童和流动儿童是两个密切相关的弱势儿童群体，他们面临的问题应放在同一政策框架内，从系统协调和利益关联的角度加以处理。从儿童利益最大化和儿童利益优先这一国际社会关于儿童权利保护的基本理念出发来审视这两个群体面对的问题，才能真正发现这两个儿童群体的弱势所在；否则上述两个儿童群体在生存、发展、受保护及社会参与等多方面处于权利剥夺和权利实现不足的状态，将会受到整个中国农村地区经济发展水平和基础教育相对落后的现实的无情遮蔽，从而延缓问题的解决。课题组在对问卷数据和访谈资料分析之后发现了一系列问题，兹分析如下。

问题1：留守子女和外出务工父母之间存在"心灵沟通陌生化"的倾向

判断父母外出务工对留守儿童造成的影响，可以根据务工父母、留守儿童在家中的监护人、留守儿童所在学校的教师和流动儿童所在地的地方政府教育主管部门等利益关联人群的观察和思考，但这种影响的直接承受方——留守儿童群体自身的判断，才是确定这种影响的关键依据。

父母外出务工的长期化趋势（41.3%的父亲、38.6%的母亲外出务工时间长达3年以上）造成留守儿童与务工父母之间日常亲情互动的缺失或不足，从而使留守儿童产生了严重的焦虑。他们的焦虑主要发生在两个方面：一是担心"学习成绩不好"（35.4%，百分比排序第一位），二是担心"与父母的感情沟通有问题"（29.2%，百分比排序第二位）（参见图1）。其中父母务工地点非无锡的凤阳留守儿童（39.2%）和父母务工地点在无锡的如皋留守儿童（35.2%）两组调查对象分别以"担心与父母的感情沟通有问题"作为第一焦虑问题。从总体看，这两个焦虑问题在各类问题中所处的百分比排序或严重程度，不因父母务工地的不同或留守儿童所处地区的不同而发生实质改变。由此也可以看出，对于这两个焦虑问题的干预或支持具有模式复制的先决条件。这一问题的存在虽然具有常识推断的基础，但本课题的调查结果提供了科学的支撑。需要指出的是：上述两种典型问题中的"担心学习成绩不好"并非留守儿童群体特有的问题，而是整个农村儿童群体普遍感到

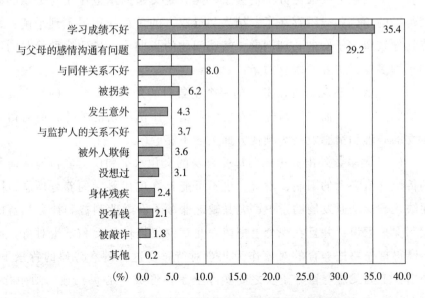

图1　留守子女在父母外出务工期间最担心的问题

焦虑的问题；而"担心与父母的感情沟通有问题"则属于留守儿童群体特有的焦虑，也是留守儿童作为农村儿童群体中的弱势群体的首要弱势特征。

对安徽凤阳和江苏如皋16位留守儿童的访谈结果（参见表7）也显示：外出务工父母和留守子女的交流内容基本上集中于学习成绩和基本生活状况，对留守子女的心理和情感问题基本没有涉及。访谈调查的结果与问卷调查的结果相互印证，足以证明上述问题的典型性和严重性。

要缓解或解决上述两个问题，最主要的责任方仍然在于外出务工的父母。调查结果显示：尽管不少父母对于因自己外出务工而造成的亲子关系的情感障碍有程度不同的认识，但绝大多数父母优先关注的都是留守子女的学习成绩和身体健康两个方面，而对留守子女的"心理状况"和社会适应能力的基础性条件——"与同学相处"——表现出忽视或漠视（参见图2）。父母对于留守子女的支持态度表现出来的这种鲜明的倾向性，又形成履行责任的错位。换句话讲，留守子女的最大需求或最大困难与外出务工父母最关心的东西不能完全一致，从而加重了留守儿童的焦虑感。更为严重的是：由于父亲和母亲关注焦点的重合，父母在养育子女角色上的天然分工消失了，尤其是父亲的示范作用与母亲的温情呵护的角色差异不存在了，结果父母双方的角色作用得不到平衡，最终将导致留守子女的心理问题、情感问题的长期化。导致这种状况的原因多种多样，主要原因有两条：

（1）大多数父母外出务工的一个主要目的是为子女将来的教育准备必要的资金，因而对于留守子女的学习给予压倒一切的关注，而对留守子女的心理和情感发展等其他方面关注不够。

（2）大多数外出务工的父母受自身的文化水平和广大农村地区通行的传统价值观念的限制，没有，也不可能具有现代科学的养育理念，因而缺乏子女全面发展的意识，尤其缺乏兼顾子女学业利益和社会利益的权利保护意识，并且在观念上把留守儿童仅仅当作子女和学生对待，而不懂得首先要把养育的对象作为儿童对待。在这种观念障碍的背景下，外出务工的父母与留守子女之间实际上正在形成"心灵沟通的陌生化"倾向。

表7　留守儿童与父母的交流形态

（FL：凤阳留守儿童；RL：如皋留守儿童）

与父母沟通的选择倾向		与父母沟通无明显差异	FL：（与爸爸、妈妈交流）"没有（什么差别）。"		FL：（爸爸妈妈哪个更能聊一些？）"都可以。"		
		与父母沟通有选择	FL：（你跟你爸爸还是你妈妈谈得来？）"跟爸爸。"	FL："我爸爸更关心我们（所以和爸爸更容易交流）。"	FL："跟爸爸（更谈得来）。"	FL：（你跟你妈妈还是爸爸更容易交流）"我爸爸。"	
			FL："我怕妈妈，不怕爸爸。"		FL：（你是不是更喜欢跟你爸爸说话？你和你爸爸沟通更好是吗？）"是的，因为我爸爸常打电话回来。"		
交流方式	打电话	交流有效（交流频度与主动方）	留守儿童主动	FL：（打电话的次数多不多？）"有时候多，有时候不多，有事情就打。"	FL："也没有（经常打电话给妈妈）。"	RL：（你会不会给他打电话？）"会。"	FL：（你会不会打电话给你妈妈？）"嗯。"
				FL："平时也打的（打电话给妈妈）。"		FL：（与你爸爸和妈妈怎么联系啊？）"有时候就是到电话超市打电话啊。"	
			务工父母主动	FL：（你爸爸现在给你打电话的次数多不多？）"多，一周一次。"	RL：（爸爸妈妈多长时间给你打一次电话？）"一个星期。"	RL：（爸爸多长时间打电话来？）"一个星期。"	FL：（是你打过去还是他打过来？）"他们打过来。"
				RL："（爸爸）一周打三四次（电话）。"	RL：（你爸爸妈妈经常给你打电话吗？多长时间打一次？）"一个星期打一次。"	RL：（爸爸妈妈多长时间给你打电话呢？）"过四五天吧。"	FL：（都是他们打电话吗？）"嗯。"
				RL：（你爸爸妈妈经常给你打电话吗？多长时间打一次？）"一个星期打一次。"	FL："妈妈很少往家里打（电话）。"	FL：（平时爸妈打电话回家吗？）"一周一次。"	

65

续表 7

交流方式	打电话	交流有效（交流内容）	FL：（打电话聊的内容是什么啊?）"学习上的，生活上的事情。"	RL：（他们打电话都问你什么?）"他们打电话过来基本上全都是问的学习。"	RL：（他们每次打电话都问你什么?）"问我学习。"	RL：（在电话里都问什么情况呢?）"就是问我学习好不好。"
			FL：（这时候你希望妈妈爸爸在身边吗?，会不会向他们倾诉啊?）"会。"	RL：（就问你学习?）那身体上呢，比如天冷了?）"有时让我买（衣服）。"	RL：（跟爸爸妈妈说特别想他们的时候）"他们说马上就回来了。"	
		交流无效	RL：（你想不想给爸爸打电话，主动想把一些事情告诉爸爸? 有没有这样的想法?）"没有。"		RL："爸爸打电话回来我也不接。"	
	面对面	交流有效（交流内容）	RL：（你妈妈回家都和你聊些什么东西?）"她会问我成绩好不好。"（她会不会问你听不听话?）"嗯。"（那你都会和妈妈说些什么呢?）"说我很好。"			
		交流无效	FL："有时候有抵制啊。"（父母在无锡打工了）"这样要好一点的，见面的次数少了，抵制少了。"	RL："不跟他（爸爸）谈话。因为我每次跟他谈话，都是你学习怎么样啊，作业做好了没有。我不爱听这些。"	RL：（那爸爸和你在无锡谈一些什么，聊天聊一些什么?）"他谈话，我就走，到工地的办公室去看电视。"	

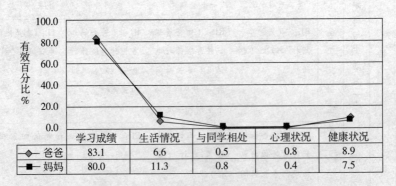

	学习成绩	生活情况	与同学相处	心理状况	健康状况
爸爸	83.1	6.6	0.5	0.8	8.9
妈妈	80.0	11.3	0.8	0.4	7.5

图 2　外出务工的父母对留守儿童最关心的问题对比

（根据留守儿童的反馈结果）

上述问题的解决可以采取以下措施。

（1）务工所在地的妇联及其他相关政府部门配合国务院妇女儿童工作委员会和联合国儿童基金会向务工家长开展消除"心灵沟通陌生化"的知识推介运动，让务工父母树立关注留守子女的多元需求的意识，使务工父母真正了解自己的孩子，充分认识外出务工给留守子女带来的长期焦虑会对子女的学业和发展路径产生不利的影响。为务工父母开设家长学校，推行示范培训，派发相关的宣传资料，也是实现上述干预目标的有效办法。

需要指出，采取上述干预措施面临以下困难：①外出务工的父母日常工作时间较长，在不能提供误工补偿的情况下，动员目标人群参加相关的活动，将和务工父母谋生的需求和压力发生冲突。②宣传、培训、家长学校等形式沿用时间较长，使用频率过高，已经具有正反两方面的标签效应，其负面印象，如风声大雨点小、内容缺乏新意、道理过于抽象、效果过于短暂等，都有可能使务工父母在心理上形成抵触，降低参与的积极性。③干预手段的效果监测机制尚未形成，开展上述活动的必要投入与取得的效果之间的成本效益比的不确定性，也是摆在活动推进者和地方协调部门面前的一个重要问题，并且会对相关决策形成阻碍。

为克服上述困难，建议采取以下更为完善的策略：①以务工父母相对实用的价值取向为工作杠杆，将务工信息的发布、工作技能的培训等与留守子女问题进行捆绑式推介，并努力寻求其间相互促进、相互制约的内在机制。②就有关农村留守子女在城市就学的政策和条件、留守儿童面临的紧迫问题，及流动前预备适应的必要性进行捆绑式培训，为务工父母顺利认同相关宣传和培训目标奠定基础。③更新宣传和培训内容，将国际社会关于儿童权利保护的核心理念融合到具体、操作性的活动之中，减少单纯理论宣传的比重。④尽快开发出示范性宣传、试点培训、家长学校等传统干预项目的复制手段和检测工具，加强项目投入的辐射作用。

这项工作应定为第一阶段的主要任务。

（2）务工所在地的妇联和相关政府部门在国务院妇女儿童工作委员会和联合国儿童基金会的支持、指导的基础上，在第一阶段工作的拉动下，创造留守子女和务工父母在务工地短期团聚的机会，并建立相应的长效机制。关于这一问题，调查结果显示：留守子女去父母务工地和父母短期团聚，有利于扭转彼此间"心灵沟通陌生化"的倾向，增进留守子女和父母的交流，但所调查的1052名留守儿童中仍然有高达40.5%的留守儿童从来没有去过父母务工所在地。虽然留守子女与务工父母团聚也可以采取父母返回原籍农村的方式实现，但从儿童利益最大化原则来考虑，推进留守儿童去城市与务工父母团聚不仅可以达到密切亲子关系、消除"心灵沟通陌生化"的效果，而且会产生以下积极的伴随效应：①有利于留守儿童了解城市文明、城市文化，对于城市文化和乡村文化差异的感知在儿童阶段所形成的影响，将对留守儿童此后的发展发挥长久和持续的作用。②有利于留守子女了解父母务工期间的生活状态，增进对父母的了解，从而为子女和父母之间积极的双向交流创造条件。③有助于留守儿童了解城市的学习和生活环境，以及对是否去城市就读作出比较理智的判断。

需要指出，采取上述措施存在下述困难：①如果务工父母中只有一方在外务工，尤其是只有父亲一方在外务工时，留守儿童很难去城市和务工家长团聚。因为不少家长认为这时没有外出团聚的必要，加之父亲一方在外务工时收入有限，工作繁忙而无暇照顾子女，居住条件简陋狭窄等，所以无法让孩子来城市团聚。②远距离务工使得孩子团聚的费用（交通、日常消费等）增加，从而减少了留守儿童去城市与务工父母团聚的机会。

我们认为，可以采用下述办法来克服上述困难：①动员流出地政府、流入地政府、留守儿童的务工父母三方面按比例筹措团聚经费。政府方的投入以配套资助为限制条件，专款专用，务工父母方的经费分摊可借助务工地点所在社区的组织力量加以实施，并以每年一定频率的团聚事实作为办理外来务工人员暂住证和就业准入的必要条件。这项措施具有较高的刚性约束，但最终受益方仍然是务工父母及其子女，能接纳并形成制度化办法的概率较高。国务院妇女儿童工作委员会和联合国儿童基金会则在组织、宣传和协调方面投入必要的经费。考虑到如果经费投入过大，地方财政负担过重，推广和普及起来难度就会较大的现实情况，可采取分批、分阶段推广的模式：从未去过父母务工所在地的留守儿童优先，父母双方皆在外务工的留守儿童优先，联合国儿童基金会和国务院妇女儿童工作委员会新一轮项目试点城市的主要流出地的农村留守儿童优先。②鉴于上述务工父母无暇照顾孩子、居住条件简陋狭窄等不利于留守儿童来务工城市团聚的客观现实，推动流入地政府利用寒暑假在部分外来务工人员较为集中的社区小学设立外来留守儿童活动中心，解决白天父母无法照看的问题。活动中心可聘请对于流动儿童的教学和管理拥有较多经验的城市小学校长、教师在英语、计算机、音乐、美术等农村地区严重短缺的课程内容上实施适度补课性的教学。当然教学量须符合教育部有关中小学生课外作业量的相关规定，不违背"减负"的基础教育方针。留守儿童滞留活动中心期间，城市中小学的夏令营、冬令营的活动计划应增加和农村留守儿童"手拉手"的活动内容，为未来新一代城乡居民的融合奠定基础。

（3）外出务工的父母和留守子女之间存在的"心灵沟通陌生化"的倾向，除了父母关心的问题与留守儿童感到焦虑的问题不一致这个原因外，很大程度上也是由于外出务工的父母不够了解留守子女的学习情况、行为和情绪而造成的。为了解决这个问题，同时也为了保证上述第二条干预措施的有效实施，需要流出地的教育主管部门责成留守儿童所在的学校建立留守儿童日常表现档案，档案的内容应兼顾积极和消极两方面的变化轨迹，并为建档工作作出政策和制度上的安排。建立的留守儿童日常信息档案应及时交给外出务工的父母。留守儿童的建档工作应该改变以往档案记录的标签印象，将教师观察到的留守儿童在学习、心理、体能和思想等多方面的信息汇总在一起，分门别类，力求让外出务工的父母更好地了解自己的留守孩子，对子女能够形成一个完整、立体、鲜活的形象，为最终消除"心灵沟通陌生化"的现象提供一个条件。

采取这种方式的干预和支持，面临的困难较大，其中最大的困难来自农村中小学教师相对薄弱的儿童权利保护意识和相对模糊的儿童全面发展的科学教育观。因此在动员农村中小学教师积极参与对留守儿童的支持运动之前，有必要对农村教育主管部门的公务员进行关于儿童权利保护的意识、方法、领域，以及科学教育观的系统培训，探索支持项目实施的政策空间。对于留守儿童的日常信息登记建档，意味着留守儿童所在的农村中小学教师的注意力将向这一群体倾斜，他们的教学工作量将会增加。在没有追加任何资源的前提下，这一措施要达到长期化、制度化的目标，面临着很大的困难：①留守儿童所在学校的教师目前已经成为留守儿童这一社会问题最终的压力承担者，并且是主要的压力承担者之一，因而解决留守儿童问题要求的公正性和综合性受到质疑。②不少农村中小学教师往往务农和教学双肩挑，且农村中小学教师常因编制有限而一人承担多门课程，一人承包一个以上班级的现象也很常见，在这种情况下，增加农村中小学教师的额外负担可能会遇到他们的消极抵触，从而达不到项目的预期效果。因此应该加大对教师群体的支持。对教师群体的支持有这样一些有利之处：①教师对于留守儿童的权威性有助于动员留守儿童所在班级或学校的同伴教育资源，帮助留守儿童在社会交往和学业上取得进步。②教师群体是职业教育者，比较了解留守儿童的特点，对于教育规律和教育方法的掌握水平相对较高，因而对于项目实施的效率具有正向促进作用。③教师是在正常工作日或正规学习时段内与留守儿童接触时间最长的群体，可以满足项目实施所要求的对最终受益人群——留守儿童——的观察日常化、支持可持续等条件。

为解决以上困难，建议采取以下对策：①通过新一轮项目在城市培训志愿者教师，或在一些农村中小学培训农村中小学教师骨干，倡导国际社会关于儿童权利保护的理念和科学的儿童教育方法，然后借助已经培训的教师资源进一步推进梯级培训，让留守儿童所在学校更多的教师更新教育观念，准确把握留守儿童的弱势特性，逐步形成多方面支持留守儿童的合力。②不少流出地政府已经把有组织地向外输出劳动力作为振兴地方经济的一条重要举措，并且在流入地设立了外出务工联络站或办事处。这些联络站或办事处与务工地政府、流出地原籍各级政府职能部门、务工父母的组织者和牵头人保持着良好、有效的沟通渠道，可以通过这类联络站或办事处将中小学教师整理记录的有关留守儿童日常信息的档案及时传递给务工父母，增进务工父母对留守子女的全面、及时的了解。③在新一轮项目布点地区，推动教育主管部门将农村中小学教师为留守儿童所做的具体支持工作作为教师年终考核、晋级、评优的一项核心指标。要把留守儿童的建档工作纳入教师的日常教学工作，作为学校教育与家庭教育联动工作的一个重要组成部分来对待。在增加教师工作量的同时，应该建立服务留守儿童群体的教师基金，发动地方政府、企业家、民间组织募集资金，用于对留守儿童所在中小学教师的资助和奖励。

问题2：留守儿童进入流动状态的过程面临诸多障碍

留守儿童是否十分有必要进入流动状态？对于这一问题的判断，最终取决于对于从留守转变为流动之后所实现的儿童利益的权衡和取舍，而相关儿童利益的界定需要借助留守儿童、流动儿童、外出务工的父母、留守儿童的身边监护人等密切关联群体的判断，其中留守儿童的转变意愿、父母的接纳条件、留守儿童在进入流动状态之后对于流出地和流入地环境的多维度比较最为关键。调查结果显示，在从留守变为流动之后，各类儿童利益的变化表现出两种主要倾向：他们的学业利益得到大幅度增强（参见表8），他们的社会利益则受到明显削弱。图3、图4是流动儿童对于流动前后上述两种利益变化的判断。流动之后，城市相对较好的教育条件和较高的生活水准与流动前的状况构成明显的对比；另一方面，以同伴接纳、日常交往空间为标志的社会利益则明显低于流动前的留守状态。流动之后，由于与务工父母能长期团聚了，原先处于留守状态下的亲情缺失问题就得到缓解或解决，从而消除了原先处于留守状态时这一群体最突出的弱势特征。此外，流动之后，儿童的健康得

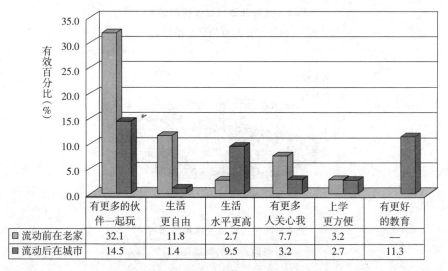

	有更多的伙伴一起玩	生活更自由	生活水平更高	有更多人关心我	上学更方便	有更好的教育
流动前在老家	32.1	11.8	2.7	7.7	3.2	—
流动后在城市	14.5	1.4	9.5	3.2	2.7	11.3

图3　流动儿童对流动前后状况的判断

到了更有效的保障。图 5 至图 7 反映了从留守状态转变为流动状态后在身体健康检查的频率上发生的重要变化。由此也可以看出，在给儿童提供健康保障的资源方面，城市与农村的差异很大。总之，留守儿童变为流动儿童之后，至少在学业利益、亲情恢复、健康保障、生活水准四个方面他们的状况都得到了明显改善。虽然社会利益与学业利益以及其他

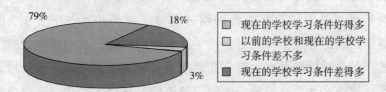

图 4　流动儿童对于流出前后学校条件的对比

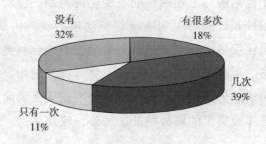

图 5　留守儿童接受体检的情况

（根据留守儿童的反馈结果）

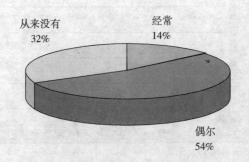

图 6　留守儿童接受体检的情况

（根据监护人的反馈结果）

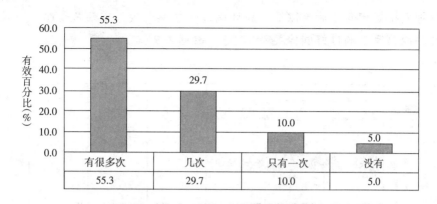

图7　留守儿童流动后在城市接受体检的情况

方面的儿童权利的保障同等重要，但社会利益的获取和保障显然周期更短、投入更少、机会难度较低。全面考察留守儿童从留守变为流动之后，他们的利益格局发生的变化，可以认为变为流动状态更有利于实现儿童利益的最大化，因此应该把推进转变作为第一选项。在推进转变的过程中必然会遇到的困难，应该在推进转变的前提下设法克服，而不应阻碍转变的推进。

确立鼓励和推进留守儿童进入流动状态的基本思路之后，新一轮项目的实施在这一方面仍然面临以下困难。

（1）流入地的就学准入门槛尚未降低到务工父母能够承受的水平。对上一轮项目点无锡和石家庄的调查显示：虽然这两个试点城市的政府已经在就学的准入体制上作出了巨大努力，流动儿童的学杂费和当地儿童基本持平，但不少家长反映，城市中小学组织的课外活动的费用对他们来说仍然是很高的。

（2）父亲或母亲一方在城市务工的家庭不支持留守子女进入流动状态。这里的原因既有观念方面的（原籍家中有父亲或母亲一方照顾，因此认为没有必要变为流动），也有生活环境或收入方面的（居住空间狭小，无法接纳子女；收入偏低，无法维持城市相对高昂的生活费用等）。

（3）部分留守儿童自身没有强烈的转变意愿（参见图8），也不利于推进这种转变。导致这种情况的原因很多，根据调查结果，主要原因

是他们担忧转变之后难以适应新环境，课程不衔接，学杂费高昂，以及丧失原籍家中的良好同伴关系等等。（参见表9）

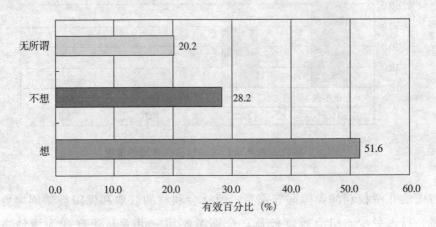

图 8　留守儿童转变为流动状态的意愿

　　（4）留守儿童进入流动之后在教育方面产生了一些突出的问题，如果不能及时解决，将会严重挫伤广大支持转化者（政府官员、教师、留守儿童、务工父母等）的积极性。根据对流动儿童的教师和流动儿童的访谈，这些问题是：①不少农村地区的课程体系极端残缺，小学阶段基本不开设英语和计算机课程，因而留守儿童进入城市中小学后无法跟上流入地的教学进度。②由于各省自编教材，部分科目在内容难度上相差甚远，使得不少跨省流动的儿童无法适应流入地的教学方法和知识体系。③目前的义务教育制度严格限制留级，流入地又未推行帮助流动儿童适应流入地的课程体系和教学方法的计划，致使教育衔接工作的负担几乎全部转移到流动儿童所在班级的班主任和相关科目的教师身上。对流动儿童教师的访谈表明：流动儿童比较集中的小学教师投入了大量业余时间为衔接困难的流动儿童补课，或放慢教学进度，从而影响了已经度过适应期的其他流动儿童和当地儿童的学习进度。在这种背景下，流动儿童所在学校的教师面临超负荷的工作压力和严重的心理压力。

　　为克服上述困难，力求实现促进转化的目标，有必要采取以下对策。

表8　流动儿童对流动之后教育环境变化的判断

（WD：无锡流动儿童；SD：石家庄流动儿童）

课程体系	WD：(你觉得哪里好?)"老师教得好，这里的老师，一个老师上一门课，老家的一个老师全都上了，语文数学什么的。"	SD："在石家庄读书，副课有很多，能提高自己各方面的能力，老家的学校主要上主课，副课很少开。感觉在石家庄上学比较好，对未来有帮助。"	SD："老师讲的内容一般能理解，所以作业做得比较快。老家三年级还不开英语课。在这里学英语，一开始听不懂，课下问问老师、同学，二年级的时候还有些不懂，三年级就跟上了。"	
	WD："他们(老家的儿童)除了语文数学基本上没什么其他的课，他们到了小学六年级都不开英语课，我们三年级就开始上英语。有时候我回家时读英语他们没学过，都不懂，都好奇地看。"	WD：(你以前在老家上学，你觉得这儿和老家有什么不同，是这儿好还是老家学校好?)"差不多，老家学校五年级就开始上英语课，这儿三年级开始。"	WD："老家的学校松松垮垮的，这儿学习抓得比较紧。那边的学校只有五个年级，而且每天只有数学语文课，没有别的课，一个班只有两个老师。"	
教学方法与效果	WD：(无锡的老师怎么样?)"这儿的老师教得比较好。"	WD："像我们这边的都是打工仔，基本上，就是老师争先恐后，工资肯定比那边高一点，然后非常非常负责的，就是努力工作，为了赚钱，为了让老板加工资。表现比老家那边的好，非常非常负责的。作业挺多的，基本是能让我们承受的那么多，老家他们就无所谓了，多一点就多一点，少一点少一点。"	WD："然后，就是他们(老家的孩子)作业好像不像我们这边，总是调节嘛，就是多一点就多一点，少一点就少一点(没有规律)，我们这边好像是有规律性的，并且我们老师给我们订各种各样的资料，他们的阅读范围比我们的窄，没有我们宽似的。"	WD：(你觉得是你们老家的学校好还是这儿的学校好啊?)"这儿的学校好。""反正这儿的学习也很好的，老师教得很严。"
	WD："从学习方面嘛，我就觉得，老家考试啊(和城市差别很大)，好像就是我们这里就是一天就要考一次的，反正我们就是定了这一章一章一节一节的，一星期上完了课就要考试。家里面都不一样，老家就是一个月考一次，考得挺少的，就是矮子里面拔将军嘛，考得非常差。像我们这边就非常有竞争性的，就是90多啊100的，就是互相会竞争嘛，在学习方面就是有一个激发能力，我也想超过他，他也想超过我，一个看着一个，一个比着一个的，对学习有促进作用。"	WD："刚开始的时候，就是在老家的时候，考试总是考90分100分的，到这里刚开始考试的时候最多60分，超不过60分。"(为什么那个时候成绩那么好，来了之后就每次都不及格?)"我也不知道。老家的题太简单了，全是老师出的，这边的题都是卷子，都是试卷。"	SD："以前在老家数学和语文都不好，来石家庄之后老师教得好，成绩也提高了。"	SD："觉得石家庄的学校和老家的学校有很多不同。在石家庄，不会的问题可以问老师，老师也会耐心地仔细讲解，但老家的老师一般不细讲。"

教学方法与效果	WD："在家就是考差了老师也不会说，考好了老师也不会当面表扬，也就是无所谓了。"	WD："老师就布置家庭作业，然后组长检查做了没有，都很少改。我们现在的老师每天都要批改作业。"		WD："这儿的老师教得比较好，而且他们（留守儿童）英语每周只上一次课，老师只是随随便便教几个单词，过一个星期我们什么都不记得了。"
教学条件	WD："我们交了钱后学校要到县城里去买书，这要等很长时间。从开学就交钱，可能要上课上了一两个月才能把书发下来。"（那没有书怎么上课？）"就是要我们自己去借旧教材。""50个学生里有30个都是这样的。"（无锡的学校有这种情况吗？）"没有。" SD：（老家有音乐、体育课吗？）"音乐课有，但是没有乐器，只拿着一本书唱歌。体育课有，也有操场、乒乓球，很多球可以玩。"	WD："这里环境比较好，家里面垃圾随便丢，脏死了，卫生不好，这里蛮好的。" WD：（你们老家的学校都有音乐体育课吗？）"有音乐课，他们有专	WD："无锡的学校比老家的好。这里的学校老师教学比较好，我们村里的学校环境不怎么好。他们一年级一个班，都没有分班，很多人在一个班。" 门的音乐教室，拿着音乐书学唱歌，但是没有什么钢琴电子琴。"	WD：（农村的学校和你现在的学校比，有什么不同？）"我们现在的学校有很多先进设备，有电脑、投影仪，老家的学校都没有的。"
课外活动	SD："在老家课外学习和活动基本没有。这里的老师会指导。班上的同学会和我交流，有些烦恼事也会帮助出点子。"			
学杂费负担	WD："我一学期学费四百多，哥哥也好几百，还有其他的校服费。"（平时学校组织活动要交钱吗？）"要，像秋游就要交三四十，学校组织活动都要交钱。"			

表9　留守儿童对于转变为流动状态的看法

（RL：如皋留守儿童；FL：凤阳留守儿童）

事实判断	转　变　意　愿		归　因	
不可能	FL："不想去，我不想去（父母务工地上学）。"	RL：（你有没有想过跟爸爸去无锡啊？去无锡上学，去无锡生活？）"我从来也没有想过。"	流入地政策限制	FL："本来去的，但是那边的初中不要外地的。"
	FL："没有本地好啊（所以不想去）。"	RL：（你想不想去那边上学、念书，一直和爸爸妈妈在一起生活？）"不。"	流入地学费昂贵	FL："那边的学校挺贵，学校还要钱啊。"
	RL：（你想去父母那边吗？）"不想。"	RL：（想去那儿吗？想去那儿上学吗？）"不想。"	流入地存在语言障碍	RL："因为他们说话我听不懂。""不会说无锡话。""听不懂。"
	RL：（为什么不想在无锡上学？觉得在这里上学更好，还是别的原因？）"根本就不想。"	RL：（那你想过没想过将来要跟爸爸到无锡去读书？）"没想过。"		FL："去了也没有用啊。那边讲话听不懂，环境不适应。"
有	RL：（妈妈知道你在那儿上学吗？）"知道。"	RL：（你想不想在那儿生活，跟爸爸妈妈在那儿生活，想过吗？）"嗯，有的时候想过。"（你跟爸爸妈妈提吗？）"提过。"	与流入地课程衔接不上	FL："去的话，就要跟得上，我们的课程又不一样。"
	FL：（想去父母那里念书）"那就是爸爸妈妈在那边，还有姐姐。想看到他们。"	RL：（然后你还想回来吗？）"不想。"（去了之后就不想回来了？）"嗯。"	与爸爸妈妈融合困难	RL"在那里爸爸妈妈烦。"RL："我怕我哥哥的爸爸（继父）打我，他有时候骂我。"
	RL：（那你想去无锡跟爸爸妈妈和妹妹一起生活吗？想吗？）"想过是想过。"		父母无转变计划	FL：（父母有没有说把你带出去上学啊）"没有啊。"
			流出地有很多朋友，难以割舍	RL："因为这边有许多朋友在这里。"

（1）对于留守儿童转变为流动儿童的必要性和紧迫性加以系统研究，并将研究成果上升到政策层面。考虑到中国的社会运动的特点，政府的政策往往发挥重要的导向作用，并有助于促使项目目标充分合理化，有必要首先推动地方政府出台相关的政策，然后逐步推动中央政府制定促进留守儿童进入流动状态的政策。

（2）在国务院妇女儿童工作委员会和联合国儿童基金会的支持下，动员新一轮项目试点城市的政府管理部门对现有中小学资源重新进行整合，利用寒暑假为留守儿童开设针对教育衔接和适应社会的预备学校，以增强他们进入城市之后的学习衔接能力。在石家庄的调查结果表明，开设这样的预备学校对于流入地政府的财力和组织资源并不构成不可化解的压力，因此具有较高的操作性。

（3）流出地政府的配合对于促进留守儿童进入流动状态非常重要，因此有必要将流出地政府有关促进留守儿童进入流动状态的政策和措施作为考核新一轮项目在流出地设点的重要条件。这些政策和措施应该包括以下内容：①流出地政府可以从国家和地方下拨的生均教育经费中切分出一部分本来应属于留守儿童的份额，用于资助留守儿童前往流入地就学，以减轻务工父母在留守子女进入城市过程中的密集性负担。②流入地的教育主管部门应多方筹措资金，用来为刚刚进入流动状态的儿童补习英语和计算机课程，帮助他们适应城市教育。关于这一点，在师资编制有限的情况下，可以采取从大学生中招募志愿者的做法，利用假期开设英语和计算机课程。

（4）推动流入地政府，尤其是新一轮项目试点城市的流入地政府，与项目试点农村的流出地政府建立制度化的教育对口支援关系，以加强对留守儿童进入流动过程的追踪和管理，提供及时和有针对性的服务。目前的当务之急是敦促流出地政府向流入地的教育主管部门提供有关留守儿童进入流动状态的信息，内容应包括：①留守儿童所在学校的教育背景、学习成绩、课程设置、年级分布、薄弱项目等；②留守儿童的外出务工父母的基本生活和经济状况；③特定区域的留守儿童向特定流入地流动的潜在规模、流动周期、回流情况等。同时项目试点城市的流入地政府也有义务向项目试点农村的流出地政府提供流出儿童的教育安置信息，内容应包括：①特定区域的留守儿童得到教育安置的时间、地点、班级；②特定区域的留守儿童在变为流动儿童之后的教育安置周期、延缓原因、补救措施及效果；③留守儿童在流入地得到教育安置之后第一学期的学习适应状况，包括适应有困难的科目、伴随的心理和情绪变化等。

（5）在国务院妇女儿童工作委员会和联合国儿童基金会的指导和支持下，推动流出地政府加强对农村中小学教师的培训，责成相关中小学对即将进入流动状态的留守儿童进行体能、心理、薄弱学习科目的检测，给他们介绍流入地的教育和生活情况，使留守儿童作好进入流动状态的心理准备。

（6）推动流出地的基层政府对具有流出可能性的留守儿童的身边监护人进行有针对性的培训，培训的重点应放在帮助留守儿童增强生活自理能力和养成符合城市生活方式的良好卫生习惯、礼貌行为。动员监护人在留守子女流出之后帮助他们维持原先建立的小伙伴关系网络，以对流出之后的社会适应性危机提供补偿性支持。

（7）推动流出地学校的班主任和任课教师为即将流动的留守儿童开设以同伴教育为主题的辅导性讲座或座谈，敦促留守儿童在流出之后将在流入地学到的知识和外面世界的信息转达给其他留守和非留守儿童，通过同伴教育方式促进农村儿童整体素质的提高。同样，城市中小学老师也有责任教育流动儿童利用寒暑假回原籍老家的机会，将在城市掌握的新知识和信息转达给在农村没有条件流动的儿童伙伴，以帮助他们开阔眼界、增长见识。

最后，关于鼓励和推进留守儿童进入流动状态、去城市就读的政策取向，需要进一步作以下阐释。

在目前鼓励农民外出务工的国家宏观政策的背景下，鼓励留守儿童随父母去务工城市就读具有较高的合理性。当然，如果目前过度推进这一进程，将会给流入地政府的教育资源带来严峻的挑战。问题的症结在于：政策的制定是以管理的方便为追求目标，还是以受益人群——留守儿童——的利益最大化为最高政治目标。在讨论这一问题之前，有必要检查1998年原国家教委和公安部联合下发的《流动人口子女就学暂行办法》这一涉及流动人口子女教育的唯一一份国家级文件的作用与缺陷。这个文件中关于城市流动人口子女的就学问题原则上由流入地政府解决的指导性意见对于促进众多农村儿童在城市就学起到了关键作用，在当时对农民外出务工尚存在很多政策限制的背景下，它的重要意义自不待言。但是在八年后的今天，对于进一步解决留守儿童的问题，尤其是推动留守儿童向流动儿童转变，它已经构成了政策上的障碍。问题主要是文件的第二条和第三条的内容［第二条　本办法所称流动儿童少年是指6至14周岁（或7至15周岁），随父母或其他监护人在流入地暂时居住半年以上、有学习能力的儿童少年。第三条　流动儿童少年常住户籍所在地人民政府应严格控制义务教育阶段适龄儿童少年外流。凡常住户籍所在地有监护条件的，应在常住户籍所在地接受义务教育；常住户籍所在地没有监护条件的，可在流入地接受义务教育］。第二条规定的"随父母在流入地暂时居住半年以上"的限制性内容，不仅在实际操作过程中无法执行，而且即使执行，也会成为适龄入学儿童由留守向流动转化的障碍。这一问题在本次调查中有较多反映。第三条有关"流动儿童少年常住户籍所在地人民政府应严格控制义务教育阶段适龄儿童少年外流"的表述基本上可以解读为歧视性的规定，即从政策的角度剥夺了儿童随其家长迁移的自由与教育选择的自由，和国际社会所倡导的儿童利益最大化原则形成抵触。

鉴于上述情况，如果得到新一轮项目的有效干预和支持，本课题所揭示的上述问题将会产生促使政策革新的重大意义。换言之，新一轮项目推进的政策框架或指向的政策变革将产生下述结果：催生一部符合国际社会关于儿童权利保护的基本精神，以《中国儿童发展纲要（2001～2010）》为指针的有关流动人口子女（留守儿童和流动儿童兼顾）就学的新的政策或规定。

问题3：留守儿童和流动儿童群体中长期被忽视的问题——兄弟姐妹同时处于留守和流动状态

以往讨论留守儿童和流动儿童问题的时候，许多研究者都把留守儿童和流动儿童个体抽象出来加以处理，很少涉及流动儿童或留守儿童与其兄弟姐妹的关系，以及在留守或流动的过程中这种关系可能面临的伤害。

尽管中国长期推行计划生育政策，以至最近十年来部分地区的人口出生率呈下降趋势，但在广大农村地区，尤其是中西部农村地区，二胎乃至三胎的现象仍较普遍，客观上反而使许多城市儿童缺少的兄弟姐妹之间独特的情感支持形态得以保存和延续。从这一角度考察，农村留守儿童和城市流动儿童所特有的兄弟姐妹关系已经成为一种珍贵的社会学资源。对于这种资源的保护与对留守儿童或流动儿童个体的保护同等重要。

在农村人口向城市流动的过程中，不少务工父母由于工作性质、生活居住环境、收入等方面的不利状况，只能使兄弟姐妹中的部分成员处于流动状态。这种兄弟姐妹分别处于留守和流动状态的情况使得留守方处于双重的亲情分离的弱势状态：一方面是与务工父母的亲情分离，另一方面是与兄弟姐妹的亲情分离。而流动方则在恢复亲子情感关联的同时又面临兄弟姐妹之间的情感缺失。从亲情的分离程度判断，兄弟姐妹分别处于留守和流动状态的留守儿童在整个留守儿童群体里面弱势程度最高，是最需要支持的目标人群。

关于兄弟姐妹分别处于留守和流动状态的留守儿童和流动儿童的弱势特征，除了上述情感维度之外，本次调查的结果还揭示了其他方面的一些重要因素。结束这种分离状态，使兄弟姐妹能朝夕相处，就会将问题的不利因素转化为有利因素，从而使其中任一成员获得更高质量的成长资源。对于兄弟姐妹分别处于留守和流动状态的无锡和石家庄的流动儿童、凤阳和如皋的留守儿童的访谈结果表明，留守儿童或流动儿童与兄弟姐妹朝夕相处的时候可以实现下述有效互动和支持：兄弟姐妹可以频繁交流生活和学习的信息；兄弟姐妹可以相互帮助，化解学习、生活方面遇到的困难和烦恼；兄弟姐妹可以协力建立防御同伴冲突或其他风险的屏障；兄弟姐妹可以在放学后的闲暇时间内一起玩耍，陶冶性情；兄弟姐妹之间可以形成最基本的社会团结和协作的范式；哥哥姐姐可以承担部分父母或其他监护人的照顾妹妹或弟弟的职能。总而言之，良好的兄弟姐妹关系是最牢固、最天然、最有效的同伴教育和支持的优势资源。

对于留守儿童、留守儿童监护人、流动儿童等群体的问卷调查结果显示，目前兄弟姐妹处于留守和流动分离状态的比例高达 20% 以上（参见图 9 和图 10）。换句话讲，目前有 1/5 的留守儿童或流动儿童，其天然的兄弟姐妹情感纽带处于脆弱的维系状态，且正面临着丧失上述优势的危机。

图 9　留守儿童群体中兄弟姐妹
处于流动状态的比例

图 10　流动儿童群体中兄弟姐妹
处于留守状态的比例

上述分析表明，对于整个留守儿童或流动儿童群体的任何支持都不能回避对这一问题的应对和处理。但是处理这一问题存在以下困难：

（1）对于许多务工父母来讲，同时或在较短的时间内连续将多个留守子女带到身边，生活的压力将不堪重负。这一点在对在无锡务工的父母的访谈调查中得到了充分反映。

（2）目前流入地政府有关促进流动儿童就学的配套政策基本上以小学阶段的教育为主，对于初中阶段流动儿童的就学仍然存在很多政策限制。从调查结果也可以看出，处于留守状态的往往是哥哥或姐姐，其中很大一部分是处于初中教育阶段的哥哥或姐姐（参见图 11 和表 10）。根据

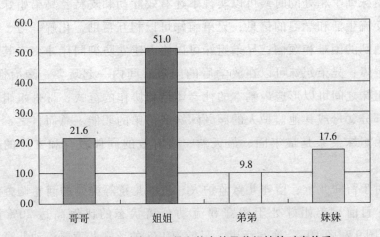

图 11　流动儿童与处于留守状态的兄弟姐妹的对应关系

现行的流入地政策，这些留守儿童中很大一部分已经完全失去了进入流动的机会。调查结果表明：流入地在初中教育阶段的限制主要是升学考试要求有当地户口，另外，在外来务工人员的聚集地初中较少。

表 10　无锡市 10 所小学原籍家中有兄弟姐妹处于留守状态的
流动儿童的普查结果

类　别	一年级	二年级	三年级	四年级	五年级	六年级	人数合计及百分比	
流动儿童总人数	1128	1085	1120	1140	954	793	6220	
姐姐在老家的流动儿童人数	185	136	146	135	90	53	745 37.9%	55.5%
妹妹在老家的流动儿童人数	82	53	58	74	45	35	347 17.6%	
哥哥在老家的流动儿童人数	99	90	77	62	54	47	429 21.8%	44.1%
弟弟在老家的流动儿童人数	97	74	63	67	69	69	439 22.3%	
兄弟姐妹在老家的流动儿童总数和百分比	468 41.5%	353 32.5%	346 30.9%	338 29.6%	258 27%	204 25.7%	1967 31.6%	

注：10 所学校为洛社镇张镇外来工学校（惠山区）、江淮文武学校（惠山区）、徐民桥民办小学（南长区）、东南民工子弟学校（锡山区）、江淮民工子弟学校（北塘区）、东亭栖庄小学（锡山区，民办）、曹巷小学（南长区，民办）、社冈学校（北塘区，民办）、光新小学（公办）、金海里小学（公办）。

（3）务工父母将孩子带在身边的优先动机是因孩子年龄较小，不放在身边不放心，因此兄弟姐妹中年龄较大的哥哥或姐姐不被父母列入优先流动的选项。

（4）部分完成小学阶段学习的流动儿童由于需要和原籍家中的其他兄弟姐妹换岗流动，加之升入初中的限制较多，不得不回到原籍，即从流动回到留守，这使得他们又面临新的亲子分离和兄弟姐妹手足情的二次分割。对于这部分儿童的支持难度较大。

（5）在处于留守状态的兄弟姐妹中，姐姐的比例明显偏高（参见图 11 和表 10），可见留守儿童中的女童问题十分突出。当然，对于这一问题，不同访谈群体的看法差异很大。根据对无锡市流动儿童的教师的访谈调查，大多数教师把这一现象归咎于务工父母重男轻女的陈旧观念。对务工父母的访谈则揭示了与此不同的原因：许多父母之所以倾向于把姐姐放在原籍老家，主要是因为姐姐比较守纪律，能自觉接受身边监护人的教育和照顾，也能认真学习，因此父母比较放心，没有必要列为优先流动的对象。表10显示妹妹处于留守状态的比例低于哥哥。由此也可以看出，务工父母在选择哪个孩子流动时性别的考虑并非主要原因。但是妹妹和姐姐的留守比例之和远远高于哥哥和弟弟之和，这也说明无论如何女童在获得流动的机会中处于明显的弱势。

为了解决上述问题，有必要采取以下对策：

（1）在短期之内改善不了务工父母的经济和生活状况的背景下，将流入地政府有关促进务工父母增加收入的长效措施适度转向支持流动儿童返回原籍和兄弟姐妹暂时团聚，或帮助留守中的兄弟姐妹来流入地团聚，并敦促来到流入地的兄弟姐妹参加流入地开办的预备学校，体验城市的教育方式，以部分实现替代性流动的效果。

（2）国务院妇女儿童工作委员会和联合国儿童基金会通过项目的实施，推动项目试点城市逐步实现将小学阶段的开放政策推进到初中阶段，取消小学升初中的户籍限制。

（3）通过各种方式敦促务工父母让女童，尤其是从来没有来过父母务工地的女童，进入流动状态。动员社区向务工父母宣传流动之后儿童所获得的学业利益对于今后子女发展的重要性，并敦促务工父母在考虑是否将子女带在身边时更多地以子女自身的利益为着眼点，而不是以父母的放心程度为首要标准，使更多的父母真正确立以儿童为中心的现代养育观念。

（4）推动流入地政府整合各种组织资源，利用社区和学校的闲置设施，在寒暑假举办旨在促进不同家庭的兄弟姐妹相互交流的活动，扩大处于分离状态下的流动儿童与临时来流入地和兄弟姐妹团聚的留守儿童的交流机会，并及时追踪研究兄弟姐妹之间的这种珍贵、特殊的同伴教育模式，为城市儿童的教育提供参考。

问题 4：学校教育与家庭教育基本处于脱节状态——家访和家长会的功能失效问题

学校教育与家庭教育相结合可以给留守儿童的成长提供更好的支持。这两种教育方式的结合意味着学校教育将向家庭教育延伸，并为后者提供更科学的教育理念和教育方法，而后者则为巩固前者的教育效果提供更充分的帮助。学校教育和家庭教育只有相互渗透，才有可能形成相互支持。这就要求教师和家长建立频繁的联系，家长参与学校的教育过程，以便共同为留守儿童的发展提供帮助。当然这是一种理论上的设定。本次调查的结果显示留守儿童群体的实际状况与这种理想状态相距甚远。造成学校教育和家庭教育脱节的原因是多方面的，其中最根本的原因是留守儿童群体获得的学校教育资源和家庭教育资源都严重不足。调查发现：农村地区学校教育和家庭教育脱节的问题直接表现为教师的家访次数很少，家长，尤其是隔代监护人，与学校的联系也很少，教师与家长或留守儿童的身边监护人，如爷爷奶奶、外公外婆等，缺乏交流，留守儿童也对教师的家访持消极态度（参见图 12、图 13、表 11、表 12）。造成这种状况的原因有以下几种。

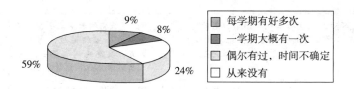

图 12　留守儿童提供的老师进行家访的情况

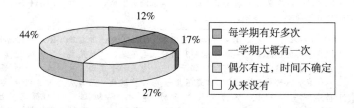

图 13　留守儿童身边监护人提供的教师进行家访的情况

表11　留守儿童对于教师支持状况的判断和期待

（RL：如皋留守儿童；FL：凤阳留守儿童）

	知识解答		RL：（你们遇到不会的题怎么办？）"问老师。"	RL：（你回家做作业有困难吗？）"有。"（那你怎么解决的？）"我就打电话给老师。"（老师每次都能耐心地给你解答吗？）"对。"	RL："有的时候有困难就问老师，或者是那些成绩好的同学。"
提供支持的方面	课外辅导	事实	RL：（你怎么补课啊？）"有的时候，有的同学留在这（补课），有的同学回去（补课）。"	RL：（老师给你补过课吗？）"嗯。"（为什么给你补课？是因为你学习成绩不好？考试成绩不好？）"嗯。"	RL：（他有没有因为考试成绩不好骂过你？然后就让你补课？他是在学校里面还是去你家？）"学校。"
		期待	RL：（还希望补课是不是？不希望？希望还是不希望？不希望？为什么？）"因为路太远。"	RL：（那你希望老师采取别的方式给你补课吗？比如老师到你家去？）"不希望。"	RL：（那你希望用什么样的方式给你补课？是在学校补，在家里补，还是去另外的地方补？）"学校。"（那你希望什么时间给你补课？）"晚上。"
	矫正态度		RL：（她说你的时候你是怎么想的？）"想下次一定做好。" RL：（老师打你吗？）"没有，就说过几句。"	RL：（因为什么事情老师批评你啊？）""作业做得不好的时候就说几句，下次再努力。"	RL：（老师有没有骂过你们？有？为什么？）"作业做得不好。"（作业做得不好？那你有没有按他的要求重新做？）"有。"
	调解冲突		RL：（老师管吗？你们打架的时候老师怎么管的？）"管的。把我们喊到办公室。""批评的是我，不批评王家成。"	RL："我们的教室就在办公室旁边，我就跑到办公室的窗边，我们的数学老师，姓肖，我就跑到他那去，通常曹×（打人的同学）就不敢过来了。"	
支持不足的方面	特别关注		RL：（你们附近、村里、镇里，有没有人关心你们，关心你们这些父母在外的人？比如说老师啊？）"没有。"	RL：（学校老师有没有对你们这些爸爸妈妈在外面打工的孩子有特别的照顾？）"没有。"	
	家庭访问		RL："老师从来没有到我家去过。"（从来没有？哦。老师给你补过课吗？）"没有。"		
	信息沟通		RL：（被人打）（哭过啊，那时候怎么办？）"那时候没有人管我。"（那你告诉老师吗？）"不告诉。"	RL：（学习有困难不敢问老师？为什么啊？）"胆子小。" FL："就是不想念。这两年就是不想念。""不是的啊，有时候见到老师头就疼。就是看到老师就不想啊。"	RL：（做什么实验看不见？）"就是本身是一个东西，它要反过来，怎么反我也不知道。"（那问老师啊？）"老师她做一遍，她不会再做了。""没有问。"

RL："妈妈平时知道了，就是老师打电话，告诉妈妈，我在学校里怎么样。"（经常吗？老师经常跟妈妈说吗？）"老师不。"

表12 农村教师对于留守儿童家庭教育环境的判断

（FJsh：凤阳留守儿童教师；RJsh：如皋留守儿童教师）

隔代监护的缺陷	FJsh："比如说在知识和人品上有些差别，父母不在家的，由爷爷奶奶照顾，他们由于年龄大，没有太多的精力，只能照顾他们的日常生活，在学习教育方面不行。像我们这一带的父母，差不多都三四十岁的样子，都有些文化，对孩子的知识，品行各个方面教育他们。我们老师在这些方面感触特别深。"	FJsh："从我们老师的角度看，父母在家的孩子在性格等方方面面比跟着爷爷奶奶的孩子活跃、开朗。"	FJsh："现在许多父母不在家，有的爷爷奶奶也不在，委托他们的亲戚照顾，好像看管得不是太严格，到小学高年级阶段和初中阶段，给老师们带来不少的麻烦。"	RJsh："对这部分儿童来说，监护人大多是爷爷奶奶，文化水平低，对于留守儿童的学习目的没有正确的认识。许多监护人觉得自己的儿子、女儿也不认识几个字，照样做生意赚钱，因此认为学习不学习关系不大，这就影响到留守儿童良好学习态度的养成。"	FJsh："他们早上起来拉开灯，看着空荡荡的大屋子，没有小朋友和他玩，他不去上学没地方玩。当然跟着家里的那些大人学打麻将的也有，他们学完了就到小朋友那里去表演。他们能干什么呢？赌博。"
	FJsh："你比如，有的进入初中一二年级，他们有一定的思维了，父母不在身边，爷爷奶奶的年龄也高了，看管不住他们，他们公开迟到，根本就不害怕。有的打了一夜游戏，第二天去上课，这样哪能学得好呢？"	FJsh："我们都是土生土长的，对这里的情况很了解，出现调皮捣蛋的确实是那些父母不在家的。父母出去了，就把孩子交给爷爷奶奶，有的爷爷奶奶带六七个孩子。"	FJsh："他们的几个孩子都丢在家里了，他们出去打工。老奶奶在家就是厨师、保姆、服务员，根本没有时间过问他们的学习，有的带的孩子几乎和我们的学生一样多。他们买台洗衣机放在家里，老头老奶奶用它洗孙辈的衣服，照顾他们的饮食，整个就是这种情况。"	RJsh："留守孩子在学习习惯上明显不如父母在家的小孩。爷爷奶奶对孩子很溺爱，孩子的性格大多比较孤僻。"	FJsh："缺少家庭教育，老师的管理只是在学校，就那么几个小时，放学以后就没有人管他们了。"

隔代监护的缺陷	RJsh："留守儿童已经成为我们关注的焦点。我们发现这些孩子的学习习惯存在很多问题，他们的监护人大多是爷爷奶奶，只管生活，在学习习惯的养成上没有提供帮助。"			RJsh："隔代监护人大多文化水平较低，与留守儿童之间有代沟。"
教师的困难	FJsh："我们下面有些地方一个学校就两个教师，面广但没有质量，有的班只有十几个人，但还在开着。教育还是应该国家办。"	FJsh："他们的父母又不在家，他们的父母有时候打电话到学校和老师谈他们孩子的情况，效果会好一些，但还是不如他们在家好管理。"	FJsh："作为老师，我们只能从他们的个性、思想上去潜移默化地影响（他们），在经济能力上没有……"	RJsh："作为一名小学老师，我认为应该从心灵上关注这些孩子，在生活上和学习上更需要重视这些儿童。我们教师非常辛苦，为这些留守儿童做的事基本上是从良心出发，并无额外的报酬，但是许多监护人对于老师付出的劳动不理解，不支持，对于老师把学生留下来辅导课外作业也不支持。监护人需要有一个科学的育儿态度。"
	FJsh："父母在家的孩子好教育一些，父母不在家的难教育一些。"	FJsh："他们也没有办法，他们在外面只能挣他们的钱，他们只能和老师讲讲，请老师帮助他们多教育，但是他们（孩子）回家了你就没有办法了。"	FJsh："从我的感觉来看，初中的学生有的还和他们的班主任交流，小学的学生畏惧老师，不敢和我们交流，一些学习上的事他们搞不懂，没有办法，也不找我们。心理上的一些事要么自己承受，要么就和爷爷奶奶去说。"	FJsh："你给他们讲道理，他们就躲着你，听不进去。逼急了，就哭着要他们的妈妈，那就不讲了，没有办法。如果管他呢，又怕他跑掉，出去找他们的爸爸妈妈。不知道怎么好，没有办法。"

经验和方法	RJsh："农村大部分儿童是留守儿童，教育工作非常艰难，班主任的工作比城市的班主任更难。采取的主要措施是，认识到留守儿童的不足不在物质上的亏缺，而是心理和情感方面的欠缺。考虑到这些孩子长期和爷爷奶奶、外公外婆在一起，老师更多地从情感和心理方面加以关注。除了生活上的关照外，更多地进行心理辅导，这些孩子的心灵受到伤害，需要辅导。"	RJsh："我们采取的措施是：多指导，调整课堂教学进度，多补课，让孩子尽量在学校完成家庭作业。生活上多给予关心，把他们当成自己的孩子，充当替代性的父母的角色。"	RJsh："对留守儿童建立档案制，为其个人状况和家庭状况建立档案，同时注重个案分析，追踪研究其发展轨迹，对不同的留守儿童问题采取不同的预案。对随时可能出现的问题采取相应的对策。"	RJsh："全体老师积极参与，带着爱心和热情，以及责任感去帮助留守儿童，我们（校领导）没有给他们（教师）提供额外的补偿。目前还没有考虑采取什么特殊的措施，学校要求老师是第一责任人，发现问题负责到底。对老师在帮助留守儿童的过程中取得的成果，我们在年终评优时优先考虑，但目前没有采取经济手段。"	RJsh："我们为此举办了一些专题讲座，部分老师节假日还把留守儿童带回家里游戏、补课，让孩子们找回家的感觉，让他们体会到学习和成长的快乐。"

（1）作为将学校教育和家庭教育结合起来的主体，不少教师认为，在留守儿童由祖辈监护人监护的情况下，家庭教育不具备与学校教育相结合的基本条件（参见表12）。他们的看法是：①由于文化水平的限制，留守儿童的隔代监护人只能起到照料生活的作用，对留守子女的学习提供不了任何实质性的帮助。②留守儿童的隔代监护人对于学校教师采取的教学方法无法理解，也不能认可，更无法给予支持和配合。③留守儿童的隔代监护人对于留守子女的学习目的有一种错误的认识，并且往往用陈旧的学习观来影响留守儿童的学校教育。④隔代监护人对于留守子女的性格、心理、学习动力等产生了消极的影响，从而妨碍学校教育的有效实施。

（2）留守儿童所在的农村中小学师资严重不足，有的一名老师承包一个班的教学任务，班额过大，无法对每一个留守儿童实施有效的个别教育计划，也无法逐一与其监护人保持日常的联系和交流。

（3）教师对家庭教育的干预或支持得不到受益人的充分理解和接受，尤其得不到留守孩子的充分理解和接受。

（4）教师对于留守孩子的学校教育未能想出行之有效的办法，在这种情况下，更无法顾及与家庭教育相结合。

（5）部分农村中小学教师待遇过低，往往务农和教学双肩挑，无法在课外时间与留守儿童的家庭进行没有任何物质报酬的沟通。

（6）作为学校教育和家庭教育相结合的一个重要手段，家访和家长会未能发挥应有的作用。现有的家访带有危机通报、问题告知的特点，往往在留守儿童学习成绩滑坡、违反学校规章制度或与同伴发生冲突的情况下教师才进行家访，从而给留守儿童及其监护人带来心理上的压力，容易使他们产生抵触情绪，进而又会挫伤教师进行家访的积极性。因此家访的频率越来越低，甚至有些教师从来没有做过家访（参见图12、图13）。

（7）学校对是否将学校教育和家庭教育相结合、结合的效果如何没有合理的评价机制，因而教师缺乏将学校教育和家庭教育结合起来的动力。

总之，造成目前农村中小学学校教育和家庭教育脱节的原因，既有观念或态度上的（如教师对于留守儿童的隔代监护人的抱怨多于理解，要求多于帮助），也有方法上的（如家访的内容和方式存在严重问题），还有政策上的（如留守儿童所在学校的教师在将两种教育形式结合起来时得不到物质和精神两方面的政策支持）。

针对上述问题，有必要在新一轮项目的实施过程中采取以下对策。

（1）在国务院妇女儿童工作委员会和联合国儿童基金会的指导和支持下，敦促项目试点地区的教育主管部门对农村留守儿童比较集中的中小学教师，尤其是小学班主任、任课教师，进行有关两种教育相结合的方法的系统培训，消除教师头脑中的不利于两种教育形式相结合的观念。为配合这项工作，急需开发出指导两种教育方式相结合的实用手册，发放到教师手中。手册应将家访模式和内容的变革列为核心内容，彻底转变现有的问题通报、危机告知的家访思路，将家访准确定位为围绕留守儿童日常学习、心理、性格、身体等各个方面的进步和变化而进行的交流和磋商活动。教师在家访中应充分肯定留守儿童在学校学习期间所取得的成绩，并和家长或祖辈监护人一起探讨如何在现有成绩的基础上促进留守儿童的成长和发展。在进行新理念指导下的家访活动的时候，还应减少个别家访的做法，更多地采取分组家访，即将居住地点较近的留守儿童及其家长集中起来进行家访的方式，提高家访内容的透明度，增强留守儿童之间、留守儿童监护人之间的交流机会，促进相互信赖、支持和帮助。关键是，不能把留守儿童的任何表现视为问题，不能使家访带有问题化的标签效应，而应把家访建设成制度化、日常化的信息沟通平台和多方参与的交流渠道。同时，在家访时应保证留守儿童的全程参与，纠正背着留守儿童与家长或监护人通气的错误做法，充分尊重留守儿童在这一活动上的参与权利，逐步改变家访的消极印象，使家访成为留守儿童及其监护人欢迎和愉快接纳的沟通平台，为这一传统的教育方式赋予权利保护和人本关怀的崭新意义。总而言之，对于学校教育和家庭教育相结合的支持重点应放在学校，这是最经济、最有效、最能发挥影响的支持路径。

（2）推动项目试点地区的流出地政府出台相关的政策，将农村中小学教师对于留守儿童家庭教育的支持，特别是将学校教育和家庭教育结合起来的措施及其成效，纳入普及九年义务教育（以下简称"普九"）的考核体系，与教师的考核、晋级、评优挂钩。流出地政府还需努力筹措资金用于教师的补贴，以保证学校教育和家庭教育相结合的工作的制度化和长期化。新出台的政策应对每学期的家访数量、家访效果、家长和留守儿童的反馈意见作出明确的规定。

（3）推动流出地政府和流入地政府在建立教育对口支援关系的过程中发挥外来务工人员办事处和联络站的协调作用，将在学校教育和家庭教育相结合的过程中获得的有关监护人、留守儿童、教师的反馈信息及时传达给务工父母，使更多的外出务工父母掌握留守子女的日常生活和学习的情况，减少父母因不够了解留守子女的情况而产生的焦虑。

（4）在国务院妇女儿童工作委员会和联合国儿童基金会的支持下，进一步整合全社会的力量，尤其是流入地城市的基础教育乃至高等教育的资源，想方设法从大学生中招募志愿者，利用假期协助农村中小学教师集中开展家访活动和与留守儿童交流的活动，为农村地区留守儿童比较集中的中小学教师减轻负担。

问题5：监护人、务工父母对于留守孩子的学习非常重视，但缺乏具体的支持手段

调查结果显示：作为留守儿童最直接的利益关联人群，无论身边的监护人（爷爷奶奶或父母一方，主要是母亲）还是外出务工的父母，均对留守子女的学习给予第一位的关心和重视。这种关心和重视表现在三个方面：第一，留守儿童的身边监护人对于留守儿童的第一要求是学习，其有效百分比高达91.9%（参见图15）；第二，留守儿童的身边监护人对于留守孩子未来的学历期待普遍偏高，对于大学以上学历的期待高达71.9%（其中对升大学的期待达55.1%，对考上研究生的期待达16.8%）（参见图17）；第三，外出务工父母和留守子女交流最多的话题是学习，其有效百分比达53.6%（参见图16）。从实际效果看，这种关心和重视并没有促使留守儿童的学习成绩得到显著提高。调查表明：绝大多数监护人对留守儿童的学习态度和学习成绩的评价较低（参见图18、图19），同时大多数留守儿童认为父母外出务工对其学习成绩没有明显的影响（参见图14）。造成这种状况的原因大致是以下几点：

（1）爷爷奶奶等隔代监护人的文化知识水平较低（有很大一部分是文盲），不能辅导留守孩子的家庭作业或解答其学习疑难。

（2）不少隔代监护人须同时监护多个留守孩子（参见图20）（有的属于多胎问题，有的属于父辈一代兄弟姐妹过多，且都外出务工，其留守子女均委托双亲或单亲老人照料），无论在精力还是在时间上，均无法对多个留守孙辈提供具体的学业帮助。

（3）大多数隔代监护人的思想观念陈旧，且无法与老师进行有效沟通（有的没有去学校了解留守子女学习状况的意识和体力，有的缺少有效沟通所需要的语言技能——普通话、职业用语等）。他们主动去学校了解留守孩子的学习情况的比例和频次很低，因此无法提供老师所要求的对家庭学习的支持。

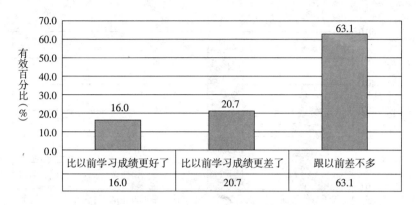

图 14　父母外出前后留守儿童学习成绩的对比

（根据留守儿童的反馈）

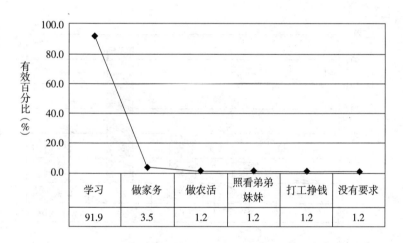

图 15　监护人对留守孩子的第一要求

（4）外出务工的父母对于留守子女的学习很难提供指导，因此他们对于留守子女的学习的关注只能限于关注考试成绩。

（5）留守儿童所在学校的教师未能将留守儿童在校期间的学习表现全面反映给他们的监护人和父母，且未能将基本的教学方法、主要的讲课内容、辅导留守孩子学习的技巧传授给监护人和父母，因此监护人和务工父母对于自己的留守子女的学习状况不能作出准确的评估，也无法定位需要重点支持的薄弱领域。

针对上述问题，有必要采取以下对策。

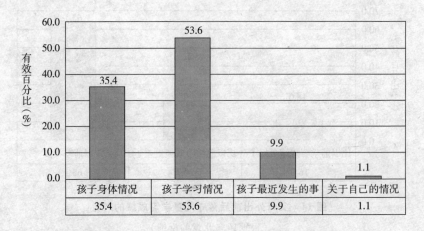

图16　外出务工的父母与留守子女谈论最多的话题

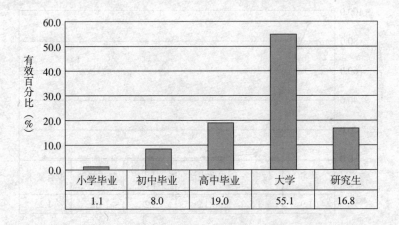

图17　监护人对留守孩子未来学历的期待

（1）鉴于隔代监护人的文化水平普遍低下，与学校老师沟通比较困难，且不可能通过短期培训改变这种状况，新一轮项目可以寻求一些替代性的方法来解决监护人对留守儿童的学习支持缺位的问题。对此，乡一级政府或村委会可以提供一些帮助。具体地讲，可以由乡一级政府或村委会指定具有一定文化水平的离退休教师、干部等将村里的留守学生和非留守学生集中起来，一起做家庭作业，并集中给予一定的指导。每周将所指导的结果和发现的问题与学校老师进行交流，探讨更为有效的办法，以达到有针对性地指导的效果。为此，可以动员村委员会辟出会

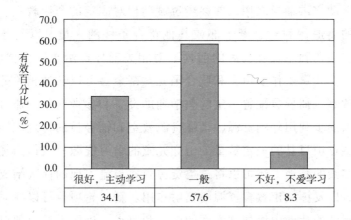

图 18   监护人对留守孩子学习态度的判断

图 19   留守儿童身边的监护人对其学习成绩的满意程度

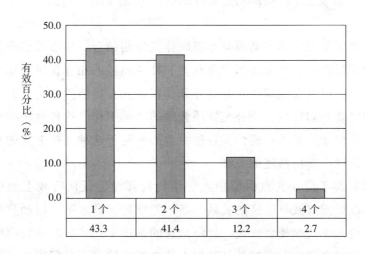

图 20   监护人所监护的留守儿童数量

议室或活动室供辅导之用，并逐步过渡到相对固定的资源教室。担任课外辅导的离退休教师、老干部或其他符合条件的人员，以义务服务为主，村委会在利用现有资源的前提下对相关辅导员给予适当物质报酬。国务院妇女儿童工作委员会和联合国儿童基金会可以通过相关配套经费为资源教室、辅导员配置一定的教学辅助设备和参考资料。通过试点推进，可以逐步利用外围资源，增强资源教室和辅导员的常规职能。可以尝试将试点项目县的一定数量的留守儿童的学习资源教室作为师范类院校社会实践的基地，还可以将这类资源教室与流入地的社区结成对口支援关系，以发挥城市教育资源的辐射作用。新一轮项目可以在对学校教师进行培训的活动中增加这方面的内容和要求，进而委托教师对相关辅导人员进行培训，并敦促两者间建立有效的联络渠道和经常性的双向反馈关系。

比较乐观的是，实施上述干预措施具备以下一些有利条件：

①绝大多数留守儿童放学后的时间主要用在学习和游玩上，帮助监护人做家务或干农活所占用的时间很少（参见图15），集中做作业、集中进行辅导仅仅是变换了一种学习方式，并不与留守儿童放学后的时间安排发生冲突。

②以村委会为主导的课外辅导活动，对于监护人，尤其是隔代监护人，事实上是一种解脱和帮助，理应得到监护人普遍的支持和赞成。

③留守儿童的学习辅导与增进同伴交流相结合，可以改善部分留守儿童的交际能力，从而达到学业利益和社会利益的相互促进。集中起来进行辅导，可以促使留守儿童群体和非留守儿童群体的融合，并通过集中辅导之余的同伴教育，补充资源教师的辅导工作。这种做法很可能会受到广大留守儿童的欢迎，而直接受益人群对于这种支持方式的自愿接受是推进这一支持措施的关键。

（2）鉴于留守儿童的监护人与学校教师没有任何行政上的隶属关系，难以形成权威与服从的关系，新一轮项目试点地区可以动员村民委员会负责人在与学校负责人、教师沟通的基础上，将行政区划范围内的留守儿童的主要学习困难及其监护人的主要支持难点分门别类，通过村民会议的方式为留守儿童的监护人进行必要的讲解。对于监护人的支持和帮助，是项目推进过程中的一个突出难点。从目前县、乡、村三级组织架构的职能考察，对于村民的管理和动员，最具权威力量的自然是村委会负责人。应该改变学校教师直接向留守儿童的监护人提出有关家庭教育要求的传统支持模式，采取由教师向村委会传递相关教育信息，然后由村委会向留守儿童的监护人传达这个信息。这样做可以克服教师与监护人之间的交流通常所带有的单纯信息传递的弱点，增加一定的组织因素，借以对留守儿童的监护人形成某种程度的行政约束，有利于矫正隔代监护人不合理的监护行为。

（3）流入地政府的教育主管部门应该推动流动儿童所在学校的教师利用家长会等形式向务工父母讲解基本的教学方法、学生所学的内容、学校教学的难点所在，并推动流动儿童家长把对于流动儿童的学习支持和对处于留守状态的兄弟姐妹的学习支持结合起来，使务工父母掌握流入地城市教育的参照框架，以确定留守子女需要支持的学习领域，逐步改变单纯打听学习成绩的关怀方式，增加对留守子女的具体学习问题和学习困难的干预建议。

（4）推动留守儿童定期将学习过程、学习成效、学习难点等细节性内容整理成文字，以书信方式或通过流出地政府在流入地设立的务工人员联络站或办事处交给务工父母，并敦促其提出反馈意见。在务工父母的文化水平有限，无法提出具体反馈意见或无法形成书面建议的情况下，可敦促务工父母之间建立互助小组，由其他务工父母转述意见。这类意见以及务工父母对留守子女在生活、体能、心理、情感、社会交往等方面的建议，应分类建档，定期传递。

问题 6：受益人群对当地政府为解决留守儿童问题采取的对策的知晓度和认同度很低

调查结果显示：对于留守儿童的支持，不仅不同地方政府的认识差别较大，给予的支持力度不同，而且其支持措施、支持途径及支持效果，也没有得到留守儿童、监护人、务工父母的充分理解和支持。从调查结果看，相当多的调查对象认为乡政府或村委会没有给留守儿童提供任何支持（参见图21、图22和图23）。这种结果反映了三方面的问题：①当地政府对留守儿童的支持不够。②当地政府对留守儿童的支持过多地停留于政策层面，缺少个性化、日常化的扶持措施，因此未能让留守儿童的直接利益关联人群——监护人和务工父母——感受到政府为此付

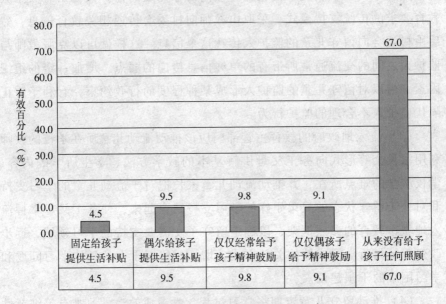

图 21　当地政府对留守儿童的支持状况

（根据监护人的判断结果）

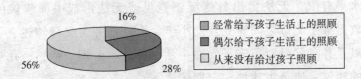

图 22　乡政府或村委会给留守儿童提供生活帮助的情况

（根据务工父母的反馈结果）

图 23　乡政府或村委会给留守儿童的学习提供帮助的情况

（根据务工父母的反馈结果）

出的努力。③部分地方政府对于留守儿童群体的扶持措施存在定位偏差的问题，即政府在有关留守儿童的支持措施的决策上没有充分听取支持对象的意见，或者说，没有充分了解受益人群的核心需求，因此出台的政策或采取的措施有可能偏离了受益人群的需求目标，从而造成受益人群的忽视或不理解。凡此种种，不仅会造成政府公共财政支出的浪费，而且有可能在官民关系上形成新的障碍，不利于留守儿童问题的解决。

需要指出，从政府的支持措施具有的公益性质来看，对于留守儿童的任何帮助，只要属于政府行为，都应该视为义务，而不应寻求受益人群的任何政治回报。但也必须指出，地方政府对于留守儿童群体及其利益关联人群的支持举措，需要得到受益人群的知晓、理解、接受和评价，以便为政府进一步实施相应的支持措施提供参考。以往我们总是以经费投入的规模作为衡量政府支持力度的标准，然而从问卷调查和访谈调查的结果来看，留守儿童的监护人和外出务工的父母并不认为政府提供物质帮助是支持留守儿童的唯一或主要途径。图24和图25显示，留守儿童的监护人和务工父母对于政府帮助的最大期待，主要集中在"给孩子提供学习上的帮助"和"动员社会各界参与保障"这两个选项上。同时也要注意到，对于政府支持的期待，在不同地区因经济发展水平的差异和观念的不同有完全不同的判断结果。在对如皋学前留守幼儿的妈妈和隔代监护人爷爷奶奶进行访谈时，大部分访谈对象表示他们不需要政府的任何帮助，自己能解决好留守子女的所有问题。由此可见，在动员受益人群配合政府的支持举措，充分理解政府出台的优惠政策方面，首先在思想认识上就面临很大的挑战。

鉴于上述情况，新一轮项目的实施有必要从以下几个方面采取干预行动。

（1）在项目试点地区尽快建立县级政府的职能部门与乡一级基层政府之间在留守儿童问题上的制度化沟通机制，促进地方政府的职能部门与留守儿童的父母和监护人之间的信息沟通，让留守儿童的父母和监护人充分了解政府哪些事情已经做了，哪些事情还没有做，或目前还没有条件做，哪些事情随着新一轮项目的推进会逐步落实，以取得受益人群的理解和支持。

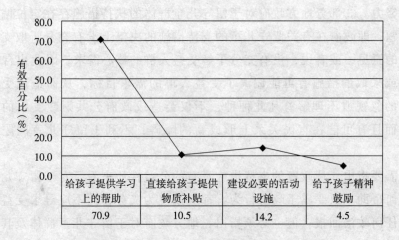

图 24　监护人对当地政府如何帮助留守儿童的期待

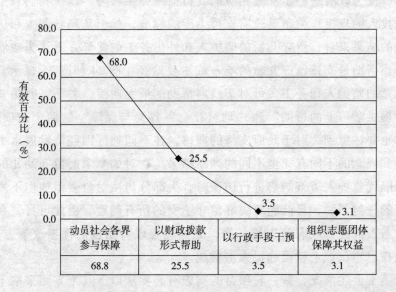

图 25　外出务工父母对地方政府帮助留守儿童的期待

（2）敦促项目试点地区的流出地政府树立这样的意识：留守儿童的问题不是单纯的外出务工人员的家庭问题，而是一个严峻的社会问题，需要整合社会各界的力量形成支持留守儿童群体的合力。同时需要让地方政府的最高行政负责人以及政府的各级职能部门，尤其是教育局、卫生局、妇女儿童工作委员会（以下简称妇儿工委）等关联度较高的管理部门，明确认识到，留守儿童现象将在较长时间内存在下去，有关问题解决得好与不好，是一件事关一代人成长和未来中国农村劳动力素质的重大问题。因此国务院妇女儿童工作委员会和联合国儿童基金会有必要在项目试点地区举办由地方政府主要负责人参加的级别较高的动员大会，同时考虑在动员大会中邀请流入地政府相关部门负责人列席，力求从项目运作的启动阶段就敦促流出地政府和流入地政府共同思考支持留守儿童群体的对策，奠定两者联动的思想和舆论基础。

（3）敦促项目试点县政府举办有关留守儿童问题的相关政策、措施的听证会，仔细了解留守儿童、留守儿童的身边监护人、留守儿童的务工父母、留守儿童所在学校的教师等几类关键人群的意见，并根据听证会的有关结论对支持措施及时进行调整，避免支持措施与受益人群的紧迫需求不吻合，造成人力和财力的浪费。

（4）在完成上述干预活动之后，应整合学术界、政府管理部门、妇儿工委系统等方面的资源，配合流出地和流入地政府编写一部《留守儿童权利保护须知》，通过学校和基层政府派发给留守儿童、留守儿童监护人、留守儿童的务工父母。这样一方面可以提高政府决策的透明度，另一方面也可以促使留守儿童及其利益密切关联人群准确了解相关问题的焦点，以及相关问题得不到及时解决有可能对留守子女造成的消极影响，并对其如何配合政府部门的行动提出明确要求，为新一轮项目的实施营造良好、适宜的舆论环境。

（5）敦促项目试点地区的政府整合媒体资源，增加有关留守儿童问题的新闻报道。在国务院妇女儿童工作委员会和联合国儿童基金会项目官员的指导下，成立由志愿者参加的留守儿童权利保护讲师团，到留守儿童比较集中的村、乡讲解儿童权利保护的法律法规、留守儿童面临的问题及其解决途径、项目实施的意义和影响等内容。

问题 7：留守儿童的卫生健康最容易忽视的问题——疾病的预防

问卷和访谈调查结果均表明，目前留守儿童的卫生健康保障，尤其是疾病的治疗，随着县、乡、村三级医疗网点的普及以及留守儿童所在家庭的高度重视，已经能得到及时的解决。但是在留守儿童的疾病预防以及非疾病类的体质发育检测等方面仍存在以下问题。

（1）儿童的接种防疫是一项带有强制性的工作，任何一例漏种、缺种都是对儿童健康不负责任的表现。但是问卷调查显示，仅留守儿童群体中未能定期打防疫针的比例就高达 28%（参见图 26），当然这一比例里面包括迟种、漏种、缺种等多种形式。要达到留守儿童群体的全面、全程、无一

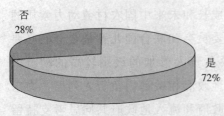

图 26　留守儿童是否定期打过防疫针
（根据监护人的反馈）

例漏种的防疫水平，仍然面临极其艰巨的任务。

（2）对如皋、凤阳、涞水三地的问卷和访谈调查揭示了这样一个突出现象：越是经济发达的地区，政府越有财力安排部分或全部免费接种，接种费用在该地区的人均收入中的比例越低，不种、漏种、自主缺项接种、晚种的比例就越低；越是经济不发达的地区，政府越没有足够的财力实施任何形式的免费接种，收费越多，接种的费用在该地区人均收入中的比例越高，不种、漏种、自主缺项接种、晚种的比例就越高（参见图 27）。因此，留守儿童的健康保障体系在经济发展水平不同的地区呈现出差别颇大的弱势形态。课题组选择的江苏如皋市（县级市）、安徽凤阳县、河北涞水县代表了三种不同发展水平的地区：如皋属于经济较发达的地区（2005 年财政收入接近 15 亿元），凤阳属于经济欠发达地区（2005 年财政收入 2 亿多元），涞水属于经济极不发达地区（省级贫困县，2005 年财政收入不足 1 亿元）。三地均以收费接种为主要模式，但如皋部分地区对部分疫苗实行免费接种，而凤阳和涞水全部收费接种（参见图 28、表 13）。不仅如此，这种地区差异还反映在留守儿童患病时的医疗条件以及在医疗过程中获得医疗机构服务的质量的差异上（参见图 29、图 30）。可见在具体的权益保障方面，不同地区的留守儿童群体由于经济环境的差异而处于不同的状况。这也说明对于留守儿童群体的支持不能采取一刀切的办法，而应在考虑其共性的同时兼顾地区差异。

（3）在儿童接种防疫问题上，不同地区表现出来的差异不仅有经济上的原因，还有观念或认识上的原因。对三个地区的留守儿童监护人的访谈结果（参见表 13）显示：越是经济不发达的地区，在

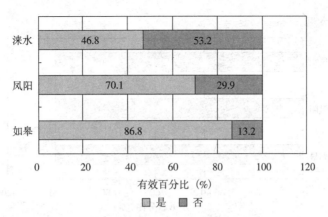

图 27　三个县留守儿童定期打防疫针情况的对比

（根据监护人的反馈结果）

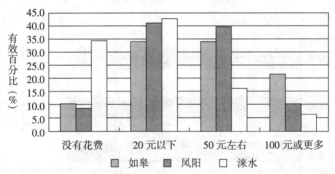

图 28　三个县留守儿童计划防疫花费情况的对比

（根据监护人的反馈结果）

留守儿童接种防疫问题上受陈旧观念的束缚越严重，而且这些陈旧的儿童健康观又和经济上的取舍结合在一起，显得特别复杂。按照这些陈旧的观念，儿童大多健康，接种防疫没有必要，有病再治也来得及。

（4）留守儿童的体检更是一个薄弱环节。相对于接种防疫，留守儿童的体检工作面临的障碍更多。按照国家卫生部门的有关规定，七周岁以下的儿童至少需体检十次，三周岁以内密度较高，以后逐年递减，但每年至少不低于一次体检。目前调查的三个县在儿童体检的相关政策上采取的仍是收费模式。对于经济不发达地区的留守儿童的家庭来讲，这方面的花费往往被视为不必要的开支，加之留守儿童的隔代监护人在儿

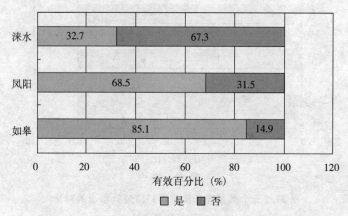

图29 三个县留守儿童生病时去医院的方便程度对比

（根据监护人的反馈结果）

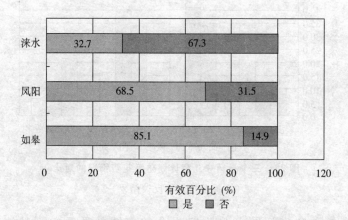

图30 三个县留守儿童生病去医院是否得到良好护理的情况对比

（根据监护人的反馈结果）

童体检问题上持陈旧的观念，留守儿童的体检率低下的问题（参见图31）自然不难理解了。根据凤阳县卫生主管部门负责人提供的信息，2005年全县儿童的体检率不足30%，其中留守儿童的体检率更低。在经济较发达的地区如皋，这种情况相对不太严重。除了该地区留守儿童的家庭经济实力较好之外，这一地区人们的儿童健康观，尤其是不少隔代监护人的儿童健康观，比经济较落后地区的人要进步、开明，也是一个重要原因。

表13　留守儿童接种防疫的情况及问题

（LJ：涞水留守儿童的监护人；FJ：凤阳留守儿童的监护人；

Fzh：凤阳县政府；Rzh：如皋市政府；Szh：石家庄市政府）

全部接种	LJ："一般爷爷奶奶照顾的都会打。"		LJ：（打防疫针也在诊所打？他们俩都打了吗？）"都打的，他们父母不在旁边，我们要负责的，只要广播打的都要打。只有一次没打上，那是药少，打完了没打上。""好像是肝炎的。"		
	LJ："都打，不管多少钱都打，只要赶上了，我都给打。"	LJ：（他们身体好不好？从小打没打防疫针？）"没生什么大病。他们五岁以前打的针多，一广播就去打，以前每次都打的。"	LJ："都是村里广播，广播了去检查。然后就是学校里打针。""都是交钱了去打。"	FJ："防疫针，每次都打。"	
选择接种（漏种）理由	**缴费困难**	LJ："那得看着价格打，一过十元就不打。现在的假药多，不规范。"	LJ："五六岁的时候打，好几十块钱打一针，打不起啊。""有三十多的，四十多的也有。""从来没有免费打过，一般也要花三块钱。"	LJ："该打的时候村里的广播会通知，交钱的就给打，不交钱的就不给打了。"	LJ："每年都有，还不止一次。一次几块的也有，几十的也有，没准。"
		LJ："学校倒没有。要打预防针都上村卫生所，交钱就给打，不交就不给打。"			
	感觉无用	LJ："也是要开销的。十元一针，也有二十多、三十多、四十多的，起码也要一元一针，没有免费的。小孩大点了，觉得打这些不顶用，有的就不打了。"			
	信息不通	LJ：（现在您的孙女上小学，学校组织打预防针吗？）"没有打过，也没有听说过。"			
收费理由		*Fzh："对了，县里这些疫苗要冷藏、运转、运输，那么这个就要收费了。"*	*Fzh："从今年6月份开始，一些疫苗是免费的，但是由于地方财政跟不上，始终搞不下来，所以这些疫苗还是要群众掏钱。"*	*Fzh："国家管，省里往县里发的疫苗都是免费的，但是县里再下发的时候就收钱了。"*	*Fzh："对的，就是说县里的财政补贴跟不上。就是疫控中心没有钱。"*

推广难点	Fzh："现在凤阳的医疗保险有了，医疗网点也比较好了，个个村里都有诊所，生病的话，都能够去看病。现在就是卫生防疫和体检，这两个方面还是不行啊。"	Szh："我们在石家庄城乡结合部作了一些调查，据我们了解的情况，医疗保健建卡的大概有40%的适龄儿童，全程免疫的就更低了，因为要接种多次，大概有20%左右。"	Fzh："但是呢，由于经费问题，有可能影响到一小部分人。没有钱，老头老妈在家里，儿子不寄钱回来，那他就不会给他的孩子打防疫针了。要是寄钱了，那他就打。"

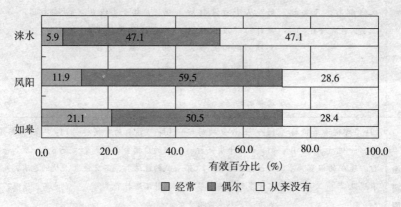

图 31　三个县留守儿童体检状况的对比

（根据监护人的反馈）

（5）留守儿童的日常营养，特别是学前班留守幼儿的营养配餐问题，需要引起足够重视。由于不同地区的经济发展水平不同，这一问题在不同地区的表现程度，以及解决相关问题的条件和环境也不相同。对如皋地区幼儿园教师的访谈结果表明：该地区的大多数农村幼儿园可以为所有幼儿，包括留守幼儿，提供一顿午餐和下午的点心，午餐的制作出自受过培训、获得过幼儿营养证书的厨师之手。涞水的访谈结果则表明，留守幼儿的午餐都由所在家庭提供，学校不能提供相应的膳食。这里的差别不仅仅在于由家庭还是学校提供午餐，而且在于幼儿园作为资质健全的专业性幼儿教育机构，对于幼儿的饮食结构与幼儿所需的营养成分的关系有较多的知识，方法相对科学。但解决这一问题的财政负担过大，很难通过项目的实施取得明显的效果。

鉴于上述各方面的问题，建议在新一轮项目中采取以下应对措施。

（1）在加大留守儿童的健康权利保护的宣传力度的同时，敦促项目所在地政府严格执行国务院今年下发的有关文件的规定，进行第一类疫苗（免费疫苗）的免费接种工作。在部分财政极端困难的贫困地区，敦促地方政府改变以往缴费接种，不缴费不接种的方式，采取缴费及时接种，暂时不能缴费的家庭先接种，到年底再结算的办法。当然这种办法会导致越来越多的家庭拖欠接种费用。但问题的核心是，应该把留守幼儿的接种防疫置于一切经济利益之上，将拖欠防疫费的解决办法诉诸务工父母，而不能牺牲留守幼儿的健康。这一问题牵涉的因素很多，在项目的推进过程中需要依据国家的有关政策，同时要帮助地方政府找到后续的应对措施，否则推进的难度很大。

（2）目前儿童的防疫和体检工作由县、乡卫生站承担，学校仅仅起通知的作用。以家庭为单位的防疫和体检由于其分散性必然会产生晚种、晚检、漏种、漏检的问题，因此有必要建立卫生站与幼儿园或小学的防疫体检工作一体化的机制，对所有适龄儿童，特别是留守儿童，采取统一防疫、统一体检的办法，防止漏种、漏检。为此，需要项目官员敦促项目试点地区的主要领导责成卫生部门为统一防疫、统一体检配备必要的人员和设备，以保证统一防疫、统一体检工作的顺利推进。

（3）要把留守儿童防疫、体检工作落实较好地区的先进经验和进步思想推广到经济欠发达地区，彻底改变留守儿童监护人陈旧的儿童健康观，清除在留守儿童的防疫、体检工作上的观念性障碍。通过在县一级政府和乡一级基层政府之间建立定期的流动儿童问题沟通机制，加大对留守儿童的监护人的培训和宣传力度，逐步形成以家庭为出发点，全社会保护留守儿童健康权利的舆论氛围。

（4）敦促项目所在地的卫生部门制定日常幼儿饮食的健康标准，详细标明肉类、蛋类、素菜、水果等各类食物的营养指标。敦促留守儿童的监护人使用政府推荐的幼儿营养食谱，将幼儿园营养配餐的方法复制、推广到每一户留守儿童的家庭。

（5）考虑到越来越多的留守儿童将转化为流动儿童，其防疫、体检工作将转移到流入地政府的卫生、教育部门，而在石家庄等地的访谈结果表明，流入地政府对流动儿童的防疫和体检进行普查的难度极大（参见表14），因此新一轮项目应尽快敦促流出地政府推进儿童防疫、体检信息的电子化工程，并建立流出地和流入地之间的信息共享制度，为流入地政府准确掌握流动儿童的防疫情况，尤其是疫苗漏种、晚种的详细信息，提供依据，并在流入地彻底解决流动前形成的遗留问题。

表14　政府推广留守、流动儿童免疫接种工作的困难和举措

（Fzh：凤阳县政府；Rzh：如皋市政府；Szh：石家庄市政府）

	工作量过大	Szh："我们的预防保健人员，尤其是街道办事处的接种人员，应该定期去流动人口比较集中的地方调查他们的情况。如果逐户调查，工作量是很大的，不太现实。咱们是这样要求了。一方面他们居委会要定期往上报，另一方面咱们的人员要定期去搜索，但是这也不能保证百分之百，不能全面了解。这个工作量太大。"		
主要困难	人员流动	Szh："流动人口现在确实很难掌握，今天在这里住两天，明天在那里住两天，有些有固定住房的会相对稳定些。预防接种这一块很难掌握，很难说这么着那么着，只有加大宣传力度，告诉他们该到哪个地方去。有固定住房的可能就在附近了，没有固定住房的拿着卡也行，没有要求必须拿着卡。"	Szh："近些年来儿童的保健，尤其是免疫工作，越来越得到家长的理解和支持。常住儿童已经形成了惯例，正常了，主要问题是流动儿童的问题，这个也是最近几年我们的工作重点。"	
	经费不足	Fzh："从今年6月份开始，一些疫苗是免费的，但是由于地方财政跟不上，始终搞不下来，所以这些疫苗，还是要群众掏钱。"	Fzh："对了，县里这些疫苗要冷藏、运转、运输，那么这个就要收费了。"	Fzh："对的，就是说县里的财政补贴跟不上，就是疫控中心没有钱。"
				Fzh："国家管，省里往县里发的疫苗都是免费的，但是县里再下发的时候就收钱了。"
	规模过大	Szh："我们在石家庄城乡结合部做了一些调查，据我们了解的情况，医疗保健建卡的大概有40%的适龄儿童，全程免疫的就更低了，因为要接种多次，大概有20%左右。"	Fzh："现在凤阳的医疗保险有了，医疗网点也比较好了，个个村里都有诊所，生病的话，都能够去看病。现在就是卫生防疫和体检，这两个方面还是不行啊。"	

主 要 举 措	革新管理手段	Rzh："从 2006 年 1 月 1 日起，我们 20 个镇都建立了系统的接种门诊制度，任何一个小孩都可以在任何一个地方接种。电脑都是联网的，任何一个儿童在任何一个电脑都可以监测，对儿童保健已经开始进行现代化管理。"	Rzh："我们为留守儿童建立一个门诊卡，这个卡片我们自己掌握，不会产生标签效应。"	Szh："我们的预防门诊和接种都是在一起进行的，只要他们在预防接种门诊建了卡，打了针我们就做其他的（工作），比如说儿童生长发育监测呀，儿童常见病呀。现在的关键是儿童的底数搞不清楚，流动量非常大，非常频繁。今天他们也许走了，可能都不打招呼。如果他们打招呼了，我们就会把卡给他们一起带走，并且告诉他们去哪里，现在的关键还是底数的问题。"
	加强宣传教育	Szh：我们搞各个方面的宣传，在流动人口比较密集的地方，我们市里制作了统一格式和内容精美的展牌，把接种的目的和意义、接种点的电话、对流动人口的管理措施、接种的位置都公布出来，让流动人口的家长主动带孩子去接种。		Rzh："留守儿童的爷爷奶奶或者其他监护人对卫生保健的认识差，我们只有对更多的监护人进行宣传，给他们提供更多的健康教育，让他们及时给儿童接种，避免漏种、晚种。"
	提高服务意识	Szh："反正只要他们到预防接种的地方来，后续的工作我们做的就非常好，现在就是千方百计地让他们到这个地方来，这个过程就是比较困难。"		Szh："第三个工作就是我们提高了我们的预防接种的管理，通过我们的管理来吸引那些家长，通过我们的环境、服务质量使他们不但这次来，下次还会来。还告诉他们接种疫苗的功效，接种完了还要给他们建卡。如果他们转走的话，卡也随着他们一起带走（继续有效），到其他地方接着接种。"
	整合组织资源	Szh："一个办法是，我们制定了石家庄市针对流动儿童免疫的管理办法，这个是我们市卫生局制定的。它的核心内容就是依托我们现在的办事处，办事处对居委会，居委会对楼长或者片长，要把谁家出租的房屋的信息报给居委会，居委会再把这些信息上报给办事处，一个月反馈一次。我们办事处有接种点，他们会根据反馈的信息主动和家长联系，到我们的接种点去接种。"		

问题 8：留守儿童的问题具有延续性和累积性——学前阶段形成的问题会严重影响义务教育阶段的成效

对如皋、凤阳、涞水三地学前班或幼儿园的留守儿童教师、小学和初中的留守儿童教师的访谈结果表明：由于父母长期外出务工，并且缺乏支持留守儿童全面发展的意识，不少留守儿童在早期形成的问题一直延续到小学和初中阶段，严重影响了义务教育阶段的成效（参见表12）。这也表明留守儿童群体形成的问题具有时间上的持续性和短期难以矫正的特点。调查显示，这些问题包括以下几个方面。

（1）如皋、涞水、凤阳三地幼儿园或学前班的老师认为，幼儿园或学前班教育对于义务教育阶段的作用主要是：①儿童可以在这一阶段形成未来从事挑战性学习所需要的自信心；②儿童可以在这一阶段形成小学阶段所需要的良好的学习习惯和学习兴趣；③儿童可以在这一阶段形成良好的心理素质，以迎接小学阶段约束性较高的学习生活。儿童在这一时期处于留守状态，将对上述三个方面产生程度不同的影响。这种影响并不直接体现在学习成绩上，而是一种复合、潜在的影响。所访谈的幼儿园和学前班的教师反映，由爷爷奶奶等隔代监护人养护的留守幼儿在自信心上明显不如父母在身边的孩子，他们对于幼儿园的各种活动没有强烈的参与意识，不愿意自己动手做事，对他人的依赖性较强，对以老师为代表的成人世界呈现出胆怯的态度等。留守幼儿的另一种极端情况则是：上课喜欢随意走动，不愿意接受任何约束；卫生习惯较差；很难接受老师的指导等。父母在身边可以发挥两种主要功能，有助于避免上述两种极端现象。一是父母，尤其是父亲，在孩子身边可以增强孩子的信心，并通过父亲的示范作用让孩子获得模仿的角色，提高孩子自身的自主能力。父亲角色的缺位显然会造成留守孩子在这方面的弱势状态，延缓其自信心的建立周期。此外，隔代监护人（爷爷奶奶等）对孙子、孙女的安全防范的超强心理和过度溺爱的养护方式，也不利于留守孩子尽早建立自主意识和自信心。二是父母亲，尤其是父亲，在儿童成长的过程中还充当"守门人"的角色。父母亲的训诫或诱导可以使孩子的行为得到规范和调整，朝着有利于社会化的方向发展，这就是"守门人"角色的重要作用。留守孩子显然在这方面获得的支持不多，因此在早期也会出现行为上的极端现象。

（2）父母不在身边的学前期留守儿童对于父母亲情的需求得不到满足，因而倾向于寻求幼儿园或学前班的任课教师的替代性情感补偿，如每天需要老师的拥抱和抚爱等。亲情缺失是留守儿童群体面临的普遍问题，而学前期留守儿童的这种亲情缺失具有比较明显的外部表现。随着年龄的增加，尤其是到了小学和初中阶段，这种亲情缺失的状态越发隐蔽，老师不易发现，结果部分留守儿童逐步形成内敛的性格和自卑的心理，或者发展为对以老师为代表的成人世界的反抗心态。

（3）凤阳和涞水的小学、初中教师提供了许多亲眼目睹的留守儿童的极端偏差行为。他们认为，这些行为模式在小学较早阶段甚至在学前期就已经初步形成，到了初中阶段已经达到很难矫正的程度。这些行为主要是：①一部分初中留守儿童厌学情绪严重，经常上课迟到、早退，对教师的教育置若罔闻。②一部分小学留守儿童受身边监护人不良生活习惯的影响，经常在放学后赌博，甚至发生为偿还赌资打架的风波。③一部分小学留守儿童对于自己的考试成绩缺乏理性、冷静的心态，考试成绩好的时候大喜，考试成绩稍不理想则大悲，心理平衡能力较差。④一部分留守儿童对老师怀有叛逆心理，对于老师的教育经常以言语乃至行为加以抵制。

当然，上述问题也程度不同地存在于某些非留守儿童身上，因此在目前的研究条件下，还很难得出一定是留守状态产生了这些问题的结论。但可以肯定的是，父母外出务工使子女处于留守状态，加重了这些问题，也使得解决这些问题变得非常困难。

针对上述情况，并且考虑到这些问题并非留守儿童群体特有的现象，同时也为了避免产生新一轮的标签效应，建议采取以下对策。

（1）在新一轮项目的初期建立留守儿童所在的学前班教师与留守儿童比较集中的小学、初中教师的经常性沟通机制，相互交流对留守儿童现象的观察结果，探讨联合会诊、提早干预的有效模式。建立学前班或幼儿园教师与小学、初中教师之间的沟通机制，可以使学前班教师更好地了解留守儿童的学前教育对于今后义务教育阶段的影响，也有利于小学和初中教师准确把握留守儿童身上出现的问题的源头，以便在教学过程中更好地解决这些问题，而不是束手无策，一味抱怨。

（2）鼓励各年级教师，包括学前班教师，更多地采取参与式的教学方法，以便让留守儿童在班级中获得更多的自我表现的机会，提高其自信心。同时敦促留守儿童所在班级的任课教师更多地组织留守儿童群体与非留守儿童群体之间的互助活动，将同伴教育方法落实到活动的过程和细节之中。在增进留守儿童群体与非留守儿童群体的交流和互助的过程中，还应注意通过体育、歌唱、游戏等活动推进学前留守儿童与小学生，或小学留守儿童与初中生之间的跨年级同伴教育。目前的教育体制使得学前儿童、小学生、初中生相对隔离，同班或同年级的儿童之间交往、互动的机会较多，而跨年级的同伴教育和交往机会极端不足。促进留守儿童群体的跨年级交流，可以使低年级的孩子获得年长儿童的示范性帮助，对于年长的留守儿童来讲，也可借此形成照顾弱者、为他人考虑的责任意识和善良的品格。

（3）对留守儿童群体应该给予帮助，但不能将留守儿童视为问题儿童。要充分注意项目支持过程中由于鉴别目标人群而产生的标签效应，以免使留守儿童在自尊心和自信心上遭受更大的伤害。因此要特别加强对留守儿童所在班级的教师、班主任的培训，使其澄清各种模糊认识，力求使干预方法更隐蔽化，以真正服务于受益人群。

（4）在项目积累了一定经验的基础上，为了保证大规模推进留守儿童所在学校的教师的积极干预和支持，应该敦促项目所在地的地方政府制定相关的政策，对留守儿童比较集中的班级任课教师和班主任从物质激励、评优指标、晋级考核等各方面实施倾斜。

（5）由于越来越多的留守儿童会转变为流动儿童，在父母务工的城市就读，而相当多的流动儿童在来城市之前形成的卫生习惯、学习态度、知识结构等都是适应新环境中的学习和生活的障碍，因此有必要敦促项目对口支援地区的流出地政府和流入地政府为留守儿童的教师与流动儿童的教师安排较多的交流机会，以便他们提早沟通，及时追踪留守儿童问题的演变轨迹，采取系统、动态的预防和干预措施来缩短留守儿童来到城市之后的适应周期。这样做也能使流动儿童的教师更好地了解农村学前教育、义务教育的环境和条件，克服思想上的误区，采取办法促进流入地的城市儿童与农村流动儿童的融合。这种交流还会使农村教师学到城市教育的先进经验和方法，促进农村义务教育水平的提高，全面造福于农村儿童。

问题9：留守儿童的物质幸福感与父母的务工目标之间存在巨大落差

问卷调查结果显示，留守儿童所在家庭的经济来源近90%是父母外出务工的收入（参见图32）。无疑，经济压力是促使留守儿童的父母外出务工的主要原因。虽然父母外出务工的所得构成了家庭收入的主要来源，使得家庭的经济状况较之务工前发生了很大变化，但调查结果表明，留守儿童在穿衣、吃饭、住房等基本的物质需求方面并没有因为父母外出务工获得较多收入而产生明显的物质幸福感（参见图33）。留守儿童的父母外出务工，基本上是以牺牲子女的情感幸福来换取物质水平的提高，或为未来的教育投资做储备，这种不得已的做法需要留守子女的理解。要获得这种理解，不能单纯诉诸孩子的"懂事"，而应该让孩子获得由此带来的物质满足感。如果不能实现这一点，那么，虽然父母外出务工辛苦万分，但孩子的理解也仅仅是一种观念性的，缺乏维持这种理解的基础。在这种情况下，留守儿童对父母选择离开自己、远走他乡的做法很容易无法理解，甚至产生埋怨的情绪，从而与父母的务工目标形成巨大的落差。在这种情况下，不仅留守儿童原本缺乏的情感得不到及时补偿，而且父母也难以安心务工。留守子女和务工父母之间的误解有很多原因，但上述问题是产生一切误解的最基本的原因，应该给以充分的关注。

加强务工父母与留守子女的沟通，可以通过不同的途径，采取不同的步骤。课题组认为，首先应从解决上述问题入手，逐步深化，辐射至其他方面。为此，建议在新一轮项目中采取以下对策。

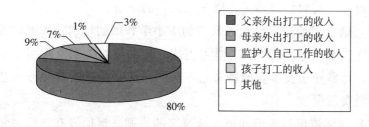

图32 留守儿童所在家庭的收入来源

（根据监护人的反馈结果）

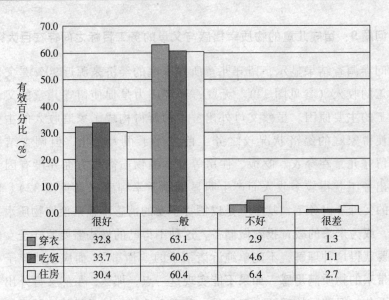

	很好	一般	不好	很差
穿衣	32.8	63.1	2.9	1.3
吃饭	33.7	60.6	4.6	1.1
住房	30.4	60.4	6.4	2.7

图33　留守儿童在穿衣、吃饭、住房等方面的感受

（1）敦促项目试点地区的教育主管部门在留守儿童比较集中的中小学开展父母外出务工与"我"的关系的教育活动，让留守儿童懂得自己的每一项开支，从吃饭到穿衣，从玩具到学费，都来自父母在外地辛苦劳动的所得。开展这样的教育活动，要注意避免报答父母恩情之类的宣传内容，减轻留守儿童的心理压力；同时也要使留守子女逐步形成新型的亲子关系意识，让他们懂得父母对子女完全出于爱心。为巩固相关教育的成果，敦促所有留守儿童就务工父母与"我"的关系写一篇感想，通过适当途径交给外出务工的父母和家中的监护人，以帮助父母和监护人了解留守子女的心理感受，增进彼此间的了解。

（2）通过对留守儿童比较集中的中小学教师的培训，敦促学校教师帮助留守儿童设计日常生活、学习模式，把父母的务工所得用在最需要的方面，让留守子女学会珍惜来之不易的一切，克服浪费父母辛苦所得的不良消费习惯。

（3）加强流出地政府和流入地政府的协调，帮助没有条件去父母务工所在地的留守儿童在寒暑假来城市和务工父母团聚，让他们切身体会父母每天劳动的辛苦，懂得城市的富裕生活不会无缘无故地降临到一个人的身上这一简单道理。

（4）敦促流入地政府与流出地政府协调，将本课题组在这方面的调查结果和留守子女对于父母务工的切身感受及时反馈给在城市务工的留守儿童的父母，好让他们清醒地意识到外出务工给孩子带来的有利和不利的结果，增加和子女沟通的机会，消除彼此的误解，有理性地调节其务工的动机，并将务工所得投入到与子女的利益密切相关的领域。

问题10：国际社会倡导的有关儿童权利保护的理念尚未得到留守儿童的父母及监护人的充分理解

留守儿童的权利保护面临的问题很多，其中留守儿童的务工父母、身边监护人的观念陈旧、滞后，只能适应留守儿童的低层次生存和发展需求，而无法适应现阶段留守儿童的高质量的生存和发展的需要，是一个极其突出的问题。在留守儿童的衣食方面，不少家长往往只知道让孩子吃饱穿暖，而不懂得均衡的营养搭配对于子女体质发展的重要性；在卫生健康方面，只关注生病以后的治疗，而忽视生病前的预防；在各种能力的培养上，只关注留守孩子的功课学习，而忽视留守孩子的其他兴趣和需求，以及未来社会化过程中必须具备的社会适应能力；在体能与心理的健全培育方面，只关注外在的体格发育，而忽视潜在的心理和情绪变化。如此等等，皆源于留守儿童的务工父母、监护人缺乏科学的现代养育观念，以及为实践这种新型养育观念所需要的方法和措施。调查结果（参见图34）显示，几乎没有父母认为国际社会有关儿童权利保护的公约（《儿童生存、保护与发展世界宣言》、联合国《儿童权利公约》）与留守子女的权利保护有关联，对于其中倡导的有关儿童权利保护的理念自然没有明确的认识。相比较而言，对于国内有关儿童权利保护的法律文件知晓的比例高出很多，但也不足五成。

上述状况有可能成为实施新一轮留守儿童支持项目的严重障碍。这些障碍可以概括如下：

（1）今后准备推进的对于留守儿童的心理和情感侧面的支持活动，可能会受到最关心子女的学习情况的务工父母和留守子女的监护人的漠视。

（2）项目要极力推动的留守儿童的全面、全程的防疫和体检工作，

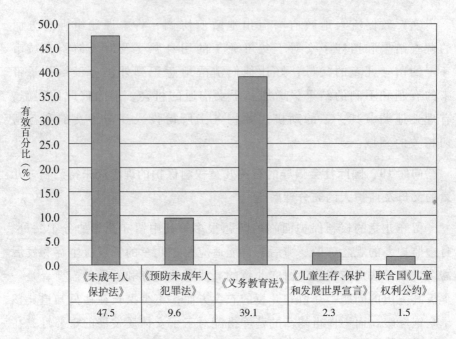

	《未成年人保护法》	《预防未成年人犯罪法》	《义务教育法》	《儿童生存、保护和发展世界宣言》	联合国《儿童权利公约》
	47.5	9.6	39.1	2.3	1.5

图34　对相关法律和国际公约与留守儿童最大关联度的判断
（根据务工父母的反馈结果）

特别是体检工作，可能会受到缺乏疾病预防意识的父母以及监护人的误解乃至非议。儿童生存权利的内涵不仅指生命的基本存续，而且包括较高质量的生存方式，防疫和体检则是保证儿童获得高质量的健康保障的基本条件。陈旧的养育观对项目要侧重推进的工作——防疫和体检——会产生一定的阻力。

（3）项目倡导的新型教育理念将留守儿童的社会利益和学业利益置于同等重要的位置，而绝大多数留守儿童的父母和身边的监护人只关注留守孩子的学习，认为通过同伴教育、人际交往、社会适应等途径获取的社会利益无关紧要。这些陈旧的养育观必然导致目标人群对项目推进的重点方面持不理解的态度。

（4）由于经费的限制，项目无法从父母和监护人最关心的减免学杂费、提供物质补助等方面开展规模较大、力度较强的支持工作。在这种情况下，国际社会公认的儿童权利的宣传和教育工作将会引起留守儿童的父母和监护人的误解，即将这方面的工作视为没有物质保障的空谈或不切实际的宣传，不符合中国的国情。

针对上述现实，新一轮项目在这方面的推进工作有必要采取以下策略：

（1）应充分认识到留守儿童的父母及其监护人的陈旧的养育观念是多方面因素造成的，其中包括中国农村地区长期形成的传统习惯、价值取向、亲子关系的定位，以及目前广大农村地区不发达的经济条件等。因此仅仅通过几次宣传和教育活动，或者将国际社会的新型儿童发展观向目标人群进行密集性的灌输，事实上不可能迅速改变这些根深蒂固的陈旧儿童观。面对这样的困难，新一轮项目在开展宣传活动的时候，有必要将国际社会关于儿童权利保护的先进理念和目标人群的现实利益结合起来，采取梯级推进的方法，将国家一级的宣传活动逐步下移到项目县，直至项目县所管辖的乡、村、户。在推进的过程中要注重通过参与式的培训方式在县、乡、村、户各个层次培养一批义务宣传员，留守儿童、监护人，尤其是父母一方外出务工的家庭的父亲或母亲，应在义务宣传员的队伍中占较高的比例，以发挥同伴宣传、现身说法的作用。

（2）敦促项目试点地区的教育主管部门在新一轮项目官员的指导下，对国际社会倡导的科学育儿观与目前农村地区流行的传统或陈旧的育儿观进行对比，通过表格进行要素分解，并配以具体的实例，作出政策或制度安排，以渗透到日常工作和教育发展规划之中。同时，借助县一级教育主管部门的行政力量将上述工作转换成多媒体或文字作品，发放到留守儿童所在的学校和家庭。为检验上述工作的效果，可以责成村民委员会和留守儿童比较集中的学校举办以新旧育儿观对比为主题的知识竞赛、经验交流会、宣传牌展示等活动。

（3）动员留守儿童所在的学校让所有留守儿童向务工父母写一封信，阐述自己在新的科学儿童观影响下的变化，向父母陈述自己的科学、合理的需求，改变父母长期以来在帮助留守子女问题上形成的错误认识。

四　关于新一轮项目优先实施方面的分析及后续调查的建议

课题调查和研究发现了上述十个最为显著和迫切的问题，这些问题的解决需要一个较长的周期和社会多种合力的连续支持。然而中国目前的社会组织架构，以及国务院妇女儿童工作委员会、联合国儿童基金会很难提供充足的财政和组织资源来保证多个领域的同步支持，这是我们不得不正视的客观现实。因此课题组认为，可以将以下几方面列为优先考虑的对象，并将新一轮项目分为近期、中期、长期三个范畴分别实施。近期急需实施，且具有相对成熟的实施条件的方面可以陈述如下。

（1）新一轮试点项目县的留守儿童比较集中的农村学前班、小学教师急需得到项目的扶持。对于这一人群的支持的投入效益比最佳，最能发挥国务院妇女儿童工作委员会和联合国儿童基金会的项目经费作为种子基金的孵化功能。因此对于上述人群的支持应列为项目实施的近期任务。在对上述人群给予支持的过程中，应特别注意减轻目标人群的工作负担，因为很多农村中小学教师，包括部分幼儿园教师，往往是务农与教学双肩挑，额外无报酬的工作将会招致这一目标人群的消极抵抗，不利于项目的推进。考虑到留守儿童的许多问题具有时间上的延续性，需要在相关干预措施之中增加促进留守儿童所在的学前班教师与留守儿童所在的小学、初中教师双向交流的内容。应该通过三者之间频繁、定期的沟通找出留守儿童身上的持续时间较长、对义务教育阶段的影响较为显著的问题。然后经过专家会诊，归纳出具有持续性的问题类型，开发出相应的矫正手段，以便为义务教育阶段打下良好的基础。在考虑利用流入地的教育资源对口支持流出地的留守儿童的教育的时候，还可以在项目内容中将留守儿童所在的学前班教师、小学教师有计划地输送到流入地的流动儿童比较集中的学校进修、观摩、交流，以开阔农村教师的知识视野，使他们认识到在留守儿童流动之后有关问题的延续性，推动农村中小学教师进行必要的教改，为留守儿童流动之后更好地适应城市的学习和生活奠定坚实的基础。应该说明的是：虽然课题组通过调研发现小学阶段部分留守儿童人际交往的能力较弱、性格明显内向，也发现不少小学和初中的留守儿童已经暴露出厌学情绪，这些现象与早期因处于留守状态而得不到有效的家庭教育，良好的学习习惯未能及时形成等有很大的关系，但是这些结论都还是初步的，需要通过项目实施初期的上述干预措施获得更多的证明。

同时课题组提请项目实施方注意，课题组的研究结论不可能概括留守儿童所有方面的问题，所以需要通过上述干预措施找出课题报告未能揭示的问题，及时加以解决。

（2）考虑到流出地政府和流入地政府相互衔接的迫切性，有必要参考本课题在这方面的研究结论，在新一轮项目的前期，支持项目试点地区的留守儿童在寒暑假与务工父母团聚，或者动员流出地和流入地对口支援地区的务工父母在寒暑假将自己的留守子女接到城市团聚。为此，可以尽快动员流入地政府利用寒暑假在部分流动儿童比较集中的小学开设流动儿童适应性预备学校，鼓励寒暑假来城市和父母团聚的留守儿童参加这样的预备学校，而不管其是否具有流动意愿。

（3）敦促项目所在地政府的有关职能部门配合开展新一轮项目的宣传和动员工作。根据本次调查的结果，留守儿童的父母和监护人对于国际社会有关儿童权利保护的基本精神，以及这些基本精神的载体《儿童权利宣言》、《儿童权利公约》等纲领性文件的知晓率很低。鉴于这一现实状况，项目宣传的内容应该侧重于国际社会有关儿童优先、儿童利益最大化、儿童多元发展等进步理念的宣传，并结合中国针对儿童问题颁布、实施的《未成年人保护法》、《义务教育法》等法律，将国际社会有关儿童权利保护的进步思想用容易接受的方式向留守儿童的利益关联人群进行宣传。比较而言，宣传工作的操作相对简单，主动权掌握在项目实施方手中，但宣传效果的监测是这项工作的一个最难处理的环节。上述工作应该列入项目的最前期，同时要开发宣传效果的监测手段，还要克服传统的宣传模式的缺陷，将抽象的理念与受益人群的实际利益结合起来，诉诸其日常经验，并将这些相对抽象的理念转化为目标人群的现实利益。只有这样，才能保证项目宣传的实际效果，以及后续项目内容的可接受性与适宜的操作环境。

（4）对于学前和小学低年级留守儿童的接种防疫、体检等问题，应该迅速从宣传、排查、补种、复查等多个角度加以干预。从调查结果看，目前父母和监护人对于留守子女的身体健康均非常关注，但由于经济条件的限制和陈旧的儿童健康观念的影响，对于留守儿童的疾病预防比较忽视，从而造成相当大比例的留守儿童出现漏种、防疫项目自主减少以及体检频次较低的情况。从技术角度讲，疫苗漏种或缺种时间过长，将永远失去补种的机会。从留守儿童各项权利保护的角度讲，与疾病预防直接相关的儿童的生存权利是所有其他权利的先决条件。在这样的问题上用经济核算的办法去做概率论的冒险，对于留守儿童的健康成长是一种不负责任的表现。应该在新一轮项目的初始阶段加大全面防疫、全程防疫、严格控制漏种和缺种的宣传力度，动员留守儿童的务工父母在经济收入的开支结构中优先考虑留守子女的接种防疫和体检，特别是处于学前期的留守子女的接种防疫和体检。同时敦促项目试点地区严格执行国务院最近颁布的有关儿童接种防疫的文件提出的要求，争取第一类疫苗（免费疫苗）全面、无条件的免费接种，并逐步创造条件推行第二类疫苗（付费疫苗）的免费接种。

（5）在项目试点地区尽快建立县级政府的职能部门与乡级基层政府在留守儿童问题上的制度化沟通机制。访谈结果显示，无论流出地政府还是流入地政府，对于留守儿童群体的支持措施虽然出台不多，但在相关政策的制定和组织管理的层面也做了程度不同的努力。问题是地方政府的这些努力并未得到受益人群——留守儿童的父母和监护人——的了解和接受。因此应该在项目推进的较早时期促进地方政府的职能部门与留守儿童的父母和监护人的信息沟通，让留守儿童的父母和监护人充分了解哪些事情政府已经做了，哪些事情政府还没有做，或目前还没有条件做，哪些事情随着新一轮项目的推进会逐步落实，以取得受益人群的理解和支持。无论流出地政府还是流入地政府，在留守儿童问题的处理上不能过多停留于政策和制度的建设，而应该把注意力更多地转向开发具体、现实、能让受益人群感受到切身利益的支持措施。这项工作的推进还会产生一个非常重要的效果：拉近政府与民众的关系，改善政府的亲民形象，营造有利于解决留守儿童问题的和谐社会氛围。这也是政治建设的一项重要任务。只有将项目的内容与地方政府的核心政治目标结合起来，才有可能激发地方政府官员的参与热情，保障项目的有效推进。建立县级政府的职能部门与乡级基层政府关于留守儿童问题的沟通机制，可以推动政策下移，有利于促进政治资源的有效整合，并通过下移之后的反馈，逐步上升为县一级政府的核心工作任务之一，取得项目推进的更大支持力度。

（6）利用乡一级政府的现有资源，在项目试点地区建设一定数量的

"资源教室"。敦促县一级政府责成乡级基层政府配备留守儿童课外辅导教师，可以在一定程度上解决监护人对留守儿童的学业辅导不力或无辅导的问题，而这一问题具有普遍性。这方面的干预可以列为项目前期的工作，因为操作相对简单，且可以直接达到目标人群，即留守儿童及其日常监护人。

鉴于本报告发现的一些重要问题，同时考虑到本课题对部分目标人群的调查样本量偏低的情况，特别是注意到本报告确定的上述干预措施的优先次序，建议国务院妇女儿童工作委员会对以下目标人群进行补充调查，同时适度投入，开发出项目运作需要的手册及其他必备工具。

（1）对于留守儿童所在学校教师的调查，目前各类研究主要集中在访谈类的定性层面，缺少具有统计学意义的问卷调查数据。这主要是由于每所学校的教师数量有限，从而给较大规模的问卷调查造成极大困难。在对留守儿童所在的学前班或幼儿园教师和中小学教师实施项目支持之前，对于这一目标人群的基本态度、工作难点、对留守儿童的观察、与留守儿童家庭的沟通等主要问题，有必要采取问卷调查的方法进行较大规模的调查，找出具有代表性的问题，以便在对教师的培训和支持中确定项目干预的范围。同时有关调查问卷的设计应具有较高的针对性，尽量避免基线调查类的问卷设计模式。

（2）由于对学龄前留守儿童的问卷调查无法直接实施，目前国内有关留守儿童问题的研究，大多从小学阶段或小学高年级阶段开始进行调查。本课题在调查过程中虽然力求从小学低年级开始发放问卷，但留守儿童学前这一部分的调查数据始终是调查工作的难点所在。而这一部分的数据对于弄清留守儿童幼年时期受到的留守伤害，以及进入小学阶段后这一后果的进步一步演变至关重要。对此，任何替代性的调查，如对其监护人和幼儿园教师的问卷调查，都难以发现留守幼儿的情绪、心理方面的深层变化，以及留守幼儿性格的复杂构成及其影响因素。这些方面对于留守儿童的全面、健康的发展将会产生潜在和持久的影响，却是留守幼儿的父母和监护人容易忽视的侧面。鉴于这种情况，建议组织国内心理学专家在短期内通过对部分留守幼儿的观察开发出比较科学，且能直接应用于留守幼儿的心理检测工具，包括心理、情绪量表，然后在试点项目县的大部分幼儿教育机构应用这些心理检测工具，最后将相关结果统计汇总后，再具体研究确定留守幼儿的心理、性格、情绪的薄弱环节。在此基础上开发出留守幼儿心理和情绪矫正的辅助手段。当然，这也是后续研究的一个非常困难的领域。

（3）全国范围内带有普查性质的大面积调查是否急需实施，是一个不容回避的现实问题。根据本次调查和国内其他相关调查结果，留守儿童存在的主要问题已经基本弄清。在这种情况下，将有限的项目经费投入到基线调查活动之中，对于发现留守儿童的新问题并无实质性帮助。而基线普查对于中央政府一级制定统一的政策具有很大的参考价值，因此建议将大规模的基线普查与国家一级的行动计划结合起来进行，无须从有限的项目经费中分出一部分来做这类工作。不过当项目运作到一定程度，积累了丰富的经验之后，应该将基线普查工作提上议事日程，最好将基线普查工作界定为中长期任务。尽管如此，也应注意到基线普查可以揭示留守儿童问题的地区性差异，在国家一级的调查经费得到有效保证的前提下，同步开展较大规模的基线调查也属合理之举。

（4）在具体实施项目支持计划之前，非常有必要借鉴本课题的研究成果，组织人力开发出供项目实施人员参考的应用手册。这种应用手册应该经过国务院妇女儿童工作委员会和联合国儿童基金会的认可程序，成为项目实施的行动指南。手册的编写框架建议包括以下几个方面的内容：①项目支持的目标人群的主要特点及其弱势方面；②项目支持的资源（现金、设备、组织、行政等）的获取途径和效果预测；③项目参与人员的职能分工及履职效果预测；④项目实施地点的经济、社会、文化、教育环境概述，以及与项目结合的主要困难；⑤项目支持的主要手段（宣传、培训、会议、辅导、座谈、协商、讨论等）的描述及其相关功能的说明；⑥项目支持的程序（预演、小范围试验、一轮或数轮实施周期后的总结、经验分析和问题查找、大面积推广）的解释；⑦其他实用性信息（目标人群的联络方式、项目介入者的自述性文字及联络方式、项目活动参与人员的注意事项等）。

（5）尽快举办项目关键参与人员的协调会议，包括来自流出地和流入地政府的项目承办人员。会议应包括以下内容：①将项目所要达到的近期、中期及长期目标提交会议参与者讨论，准确了解项目实施过程中可能遇到的阻力和困难，分析这些困难的根源和克服的办法。②确立流出地政府和流入地政府之间合理、可接受的对口项目支持关系，明确流出地政府和流入地政府的分工，讨论双方衔接的条件与障碍。③将本课题研究的主要结论以及编写的项目手册发给与会者讨论，尽快推进项目参与人员的能力建设和观念更新。

中西部农村地区留守
儿童的基本状况及
存在的问题*

一 有关留守儿童现象研究的若干问题

关于留守儿童群体及其面临的问题，近几年，尤其是 2003 年以来，社会各界给予了充分的关注，学术界进行了大量理论和实证两方面的研究。根据中国青年政治学院青年发展研究院"全国农村地区留守儿童的现状与对策研究"课题组的文献整理结果（文献搜索平台：中国学术期刊数据库；检索关键词："留守孩"、"留守儿童"、"隔代抚养"、"流动人口子女教育"、"农村子女教育"；检索项："题名"、"关键词"、"摘要"、"全文"、"参考文献"；检索年份：1997～2004 年），以学术界为研究主体发表的大量有关留守儿童的论文，涉及留守儿童形成的原因，儿童留守状态对于有关儿童群体的成长产生的影响，学校和家庭教育对于留守儿童有可能提供的支持，以及这种支持的严重不足等诸多方面（参见表 1）。但是目前关于留守儿童的研究存在的盲点和误区也是显而易见的，这些问题可以归纳为以下几个方面。

（1）目前关于留守儿童问题的思考和研究主要集中于学术界和新闻

* 本章内容主要依据笔者协助陆士桢教授进行中国青年政治学院青年发展研究院自主课题"全国农村地区留守儿童的现状与对策研究"（2004 年 9 月至 2006 年 12 月）期间撰写的部分研究报告。在课题研究过程中得到陆士桢教授多方面的指点。我的学生张蕊、苏亮亮帮助我收集和整理了近几年国内学术刊物发表的有关留守儿童问题的论文，并做了大量统计和分类工作。在此一并致谢。

界，而政府层面对于这个问题的探讨却非常不足。这一点与相关政策、措施的制定和落实严重不足的现实具有一定程度的关联。

表 1   1997～2004 年关于留守儿童问题的研究成果的因素分布

作者工作单位类型	论文数量	百分比	学科视角	论文数量	百分比	研究方法	论文数量	百分比
社科院	11	12%	社会学	18	20%	社会调查、实地调查	37	41%
高　校	37	41%	人口学	7	8.00%	实验法	1	1%
党政机关	4	5%	教育学	40	44%	文献法	41	46%
其他（中小学、咨询机构、新闻媒体等）	38	42%	心理学	4	4%	其　他	11	12%
合　计	90	100%	行政学与法学	6	7%	合　计	90	100%
			其他（经济、新闻报道等）	15	17%			
			合　计	90	100%			

（2）目前学术界对于留守儿童问题的研究视点基本上以教育学和社会学为主，而对留守儿童的情绪、情感、心理侧面的研究相对较少。这种情况反映了目前学术界过于倚重对留守儿童与非留守儿童的外部、可量化的差异的研究，而忽视了对留守儿童与非留守儿童的深层次的差异，以及这种潜在、深层次的差异对于留守儿童群体未来发展的影响的研究。

（3）目前学术界对于留守儿童问题的研究存在点大于面的倾向，不少研究成果过于突出留守儿童与非留守儿童在学习成绩、行为表现等方面的个案差异。新闻界在报道有关典型案例的过程中为追求新闻效应而凸现部分差异点的做法，也在客观上为准确定位留守儿童的问题和采取切实有效的对策造成了障碍。

（4）在有关留守儿童问题的各类研究中，指出并论证留守儿童弱势状态的文章占多数。在诸多研究成果之中，对于学校、社会、父母、监护人对留守儿童的支持不足的问题揭示得较多，而对于留守儿童的关联人群的积极作用却较少注意或不予注意。在这种研究思路的主导下，目前社会各界对于如何改进留守儿童的支持系统，如何面对农村儿童的留守趋势短期内不可逆转的现实，以及在现有状态下如何寻求替代性补救措施等，无法提出切实可行的对策和方法。

二 调查的说明

针对目前关于留守儿童现象的研究存在的问题，为进一步开发对留守儿童群体的支持手段，中国青年政治学院青年发展研究院于2004年8月、9月、10月分别在中西部和东部部分农村地区对留守儿童及其关联人群实施了较大规模的调查。调查采用问卷调查和半结构式访谈两种方法，问卷调查的结果通过 SPSS 软件进行了统计，访谈结果根据课题组确定的主题和框架进行了分类和整理。关于本课题调查的各项参数及其分布情况，参见表2、表3和表4。

表2 中西部地区留守儿童专题问卷调查情况（2004年8月）

单位：个

调查对象	省份	自然村数量	回收样本量	调查对象	省份	自然村数量	回收样本量
留守儿童	湖北	18	68	实际监护人	湖北	17	63
	安徽	19	71		安徽	24	81
	湖南	14	59		湖南	14	53
	内蒙	9	25		内蒙	6	22
	河南	4	16		河南	4	15
	四川	10	39		四川	13	34
	江西	21	78		江西	24	81
	云南	3	7		云南	3	5
	河北	6	14		河北	7	17
	贵州	3	12		贵州	3	11
	总计	115	389		总计	115	371

表3 东部地区留守儿童专题问卷调查情况（2004年10月）

单位：个

样本量	调查对象	调查学校	年 级
230	留守儿童与非留守儿童	浙江诸暨牌头镇小学	1～6年级

表4　留守儿童专题访谈调查（2004 年 8 月、9 月、10 月）

访谈地点	访谈对象	访谈人数	访谈对象原籍
中西部地区十省自然村	留守儿童	85	
	监护人	87	
中西部地区十省农村小学	学校校长、老师	90	
江苏省如皋林梓小学	留守儿童	150	
北京市	在京务工的留守儿童父母	20	湖南、山东、河南、四川、江西、河北、重庆、安徽、浙江

三　调查的主要发现：表层与深层

本次调查发现了以下一些主要问题，对这些问题的分析和研究长期以来一直是学术界有关研究的盲点所在。

（1）留守儿童群体不仅在中西部农村地区分布广泛，而且在东部农村地区的儿童中也占相当大的比例，其中以留守儿童达到在校生 1/3 比例的小学为主体。在总体均衡的年级分布的基础上呈现出三年级以上的留守儿童数量略多的特点。值得注意的是，城市部分临时就业岗位对就业者年龄下移的就业条件，使得越来越多的农村父母提早向城市流动，从而形成留守儿童群体在低年级增多的趋势。

（2）留守儿童群体存在的问题，如学习表现不佳、性格和行为明显偏差等不能完全归咎于他们的留守状态，非留守儿童群体也存在类似的问题。但是根据调查的结果可以得出这样一条基本的结论：父母外出务工造成的子女留守状态加重了这些原先在子女身上处于萌芽状态的各种问题。换句话说，儿童群体的留守状态并非形成留守儿童问题的根本原因，而是重要的影响因素。这一点与目前社会各界，包括学术界在内，把留守儿童群体表现出的问题的原因单纯归结为留守状态的观点有很大区别。

（3）由于经济、社会、文化发展的不协调性，中西部地区与东部地区对于留守儿童的支持力度有很大差别，从而形成中西部地区的留守儿童与东部地区的留守儿童在弱势程度上的差别。

中西部地区的整个社会，包括地方各级政府、留守儿童就读的小学以及留守儿童所在的家庭，尚未形成关注留守儿童问题、关爱留守儿童成长的良好、积极的社会氛围。

在政府方面，中西部主要关注普及九年义务教育（以下简称"普九"）的入学率和在校巩固率的问题，而无暇顾及处于相同教育环境中的不同儿童群体的特殊问题，更不可能对留守儿童群体采取区别对待的支持或干预措施。在这一背景下，对于中西部地区的留守儿童问题几乎没有形成任何特殊的政策和制度。东部地区在政策上虽然也没有过多的建树，但由政府牵头的关怀留守儿童成长的组织机构正在陆续建立。

在学校方面，所调查的中西部地区的绝大部分小学均没有实施制度化的家访，家访的数量每学期不足两次，不少学校干脆没有进行任何家访。只有对那些学习成绩极差、严重违反了学校规章制度的问题特别严重的学生，才会偶尔进行家访。

在家庭方面，无论中西部地区还是东部地区，对于留守儿童的支持都存在相似的问题：①隔代监护引起的代沟问题；②充当监护人角色的爷爷奶奶等祖辈一代事实上扮演着受委托责任人的角色，因此他们主要关注留守儿童的生命安全与身体健康，而很少训诫留守儿童或监管留守儿童的行为；③父母一代对儿童教育的理解存在盲点，将儿童成长片面理解为学校教育的问题，因而在家不能辅导子女学习，或者将子女简单划分为正常和异常两种类型，忽视特殊儿童个体在情绪、性格、学习动力、日常行为等方面的差异；④留守儿童与外出务工的父母在频率较低的沟通时出现无话可说的失语现象。

（4）调查显示：留守儿童与非留守儿童的差异既有外在的方面，如学习成绩、课堂表现、性格特征等，也有内在的方面，如思想和情感状态，但两者的差异并没有目前学术界认为的那样显著，而且这种差异是否可以完全归因于留守状态仍然有待于研究。被调查的绝大多数学校负责人和任课教师都反映，留守儿童在班级中的学习成绩以中下游居多，但也有部分教师反映两者没有明显差异。况且在成绩处于中下游的儿童中也有非留守儿童，还有一部分留守儿童在班级中的成绩名列前茅。这些情况表明，将学生的课堂成绩和留守状态简单挂钩的结论缺乏科学依据。分析留守状态对儿童的影响应该采取历时的视点，将留守儿童个体的非留守状态与留守状态进行对比之后，才有可能看出留守状态对他的影响程度。从调查的结果看，中西部地区的学校教师发现的差异主要集中于学科成绩、课堂纪律的遵守程度、行为等可以观察的外部表现，而对于留守儿童的心理和情感是否有偏差，基本上没有给予必要的关注。因此目前调查的结果仅仅限于留守儿童的表层问题，需要开发出必要的检测工具，以弄清同一留守儿童在从非留守状态向留守状态的转化过程中发生的心理、情感、性格等方面的深层变化，以及留守儿童与非留守儿童因获得父母亲情的多少不同而造成的内在差异。

四　留守儿童与非留守儿童的差异：宏观与微观

目前学术界和新闻界倾向于关注少数留守儿童个体的极端偏差表现，常常凸现留守儿童群体与非留守儿童群体在学习效果、行为举止、性格走向等方面的差异，而且将这种差异简单地归因于留守状态。中西部地区的问卷调查显示：留守儿童与非留守儿童在放学及时回家、兴趣爱好、社会交往等方面不存在明显的差异，相反，却表现出很高的相似性；而打架、吵闹等儿童期容易出现的问题，确实在部分留守儿童身上不同程度地存在着，但大部分留守儿童没有这些问题。同时问卷调查还显示出留守儿童群体具有较好的生活自理能力：89.43%的儿童自己起床穿衣、洗漱，44.88%的儿童自己整理房间，90.60%的儿童自己整理文具。监护人的反映与此互为佐证：53.87%的监护人"只负责叫孩子起床，其他事情孩子自己弄"，23.20%的监护人"什么都不用操心，全是孩子自己做"。对监护人的访谈结果也表明了类似的情况。

绝大多数留守儿童都没有意识到自己与父母在身边的非留守儿童有什么明显的不同。父母在外务工带来的较多经济收益显然没有产生留守子女在物质上的相对优越感。出现这种情况，除了和被调查的留守儿童对自我测评的方法与结果把握不准有关外，更重要的原因在于：留守儿童与非留守儿童相比，在可以量化的许多外部指标上并不存在显著差异，两者的区别更多是微观的和深层次的。中西部地区的调查结果显示：76.81%的留守儿童认为自己的零花钱和那些父母都在家的儿童差不多，只有 19.42% 的留守儿童认为比他们多一点；72.27% 的留守儿童认为自己的玩具和那些父母都在家的儿童差不多，只有 18.07% 的儿童认为比他们多一点；64.79% 的儿童认为自己的衣服和那些父母都在家的儿童差不多，只有 21.69% 的儿童认为比他们多一点。

父母不在身边的时候，留守儿童面临的亲情缺失是一个不言自明的问题。留守儿童对父母的思念在某种程度上是对这一缺失的想象性修复，思念的结果既表现为留守子女对父母关爱的远距离追忆和期待，也表现为因思念无法实现而可能形成的情感冷漠。从调查结果看，两种情况都得到了充分的反映，而后者的比例之高已经成为一个无法回避的事实。调查结果显示：大多数留守儿童对于父母的思念或持续或间歇，表现得十分强烈，选择"我特别想到爸妈那里去"或"看到别人家的孩子有爸妈在身边，就特别想爸妈"的分别占 28.01% 和 29.84%；同时有 49.48% 的儿童处于"爸妈刚走的时候特别想，后来习惯了，不怎么想他们"的心理状态中。当然这一比例并不完全代表被调查的留守儿童的排他性数量，因为是多选题，其中也包括一部分摇摆于思念情绪和放弃思念之间的留守儿童。访谈结果也揭示了类似的问题。

在问卷的留守儿童与非留守儿童的心情对比项目上，也显示有 26.33% 的留守儿童"羡慕他们（非留守儿童）每天能见到爸妈"。这一比例与其他 7 种结果 ［项目 1：和他们（非留守儿童）心情差不多，有时候高兴有时候不高兴（61.17%）；项目 2：比他们高兴一点（10.11%）；项目 3：比他们快乐得多（3.46%）；项目 4：比他们感到自豪（1.6%）；项目 5：不如他们高兴（11.97%）；项目 6：讨厌他们老提爸妈（7.71%）；项目 7：恨家里有爸妈的同学（1.6%）］形成鲜明的对比。

由此可以看出，留守儿童与非留守儿童相比，在心理方面表现出来的细微变化和隐性差异，这是一个长期被忽视而又至关重要的问题。

五　隔代监护：真正的偏差

隔代监护或养育是留守儿童的一个典型标志。这一点学术界已经讨论得很多。课题组在中西部地区的调查结果显示：与爷爷奶奶在一起生活的留守儿童占73.1%（其中与爷爷和奶奶一起生活的占57.07%，与爷爷一起生活的占5.14%，与奶奶一起生活的占10.80%），与外公外婆一起居住的仅占9.77%。这一方面反映了我国中西部农村地区的家庭结构的特点，另一方面也反映了我国农村地区跟城市地区在隔代监护与家庭格局方面的差别。

调查发现：大多数留守儿童受隔代监护的时间过长（有58.73%的儿童受隔代监护的时间达2年以上），为数不少的留守儿童受隔代监护的起始时间过早（20.37%的留守儿童开始处于隔代监护的时间为"不到1岁"），当然也有相当多的孩子是在进入小学之后才处于隔代监护状态的（32.28%的留守儿童受隔代监护的起始时间为"7岁以上"）。由此可以看出，在留守儿童的群体中就亲情缺失这一弱势因素而言，仍然存在程度上的差异。我们需要特别关注的是整个小学阶段均处于父母亲情缺失状态的留守儿童受到的长久和深层的影响。

上文指出过，留守儿童会强烈思念外出务工的父母。对于留守子女的这种思念情结，隔代监护人（爷爷奶奶等）的态度跟留守儿童的父母截然不同。对监护人的访谈结果显示：绝大多数隔代监护人对于留守儿童的这种思念情绪，尤其是这种情绪的爆发形式（"闹着要去找父母"），持负面的评价。从总体调查结果看，隔代监护人的主要评价取向显然是"不想父母，不闹着要见父母"。这种评价取向一方面反映了隔代监护人作为受委托责任人在监护过程中面对的监护困惑和应对策略，另一方面也在客观上造成了留守儿童与父母的关系进一步疏远。

不少论文把隔代监护对于留守子女家庭学习的消极影响作为留守儿童群体的一个重要弱势因素提出来，并作过很多分析和论证。中西部农村地区的调查显示：有25.46%的隔代监护人在留守儿童的家庭作业方面能做到"孩子不会的地方给他讲解"，而更高比例的隔代监护人事实上无法履行这样的职能（选择"孩子的作业您也不懂，想讲也讲不了，只好什么都不管"的占42.97%；选择"问一问做完了没有，到底做完了没有也不知道"的占55.97%）。那么由此是否可以断定造成这种情况的根本原因一定是留守状态或隔代监护呢？虽然不能完全否定两者之间的关系，但是东部地区关于留守儿童和非留守儿童对照组的调查结果显示，留守儿童和非留守儿童在家庭作业受支持与否的比例上不存在显著差异。造成这一结果的一个重要原因是：与农村许多非留守儿童家庭一样，许多留守儿童的父母在外出务工之前对于子女的家庭作业事实上也没有起到辅导和监管的作用。这也是不少留守儿童的父母放心外出的一个关键因素。因此至少从目前的情况看，很难把留守儿童在家庭作业上缺乏支持的状态单纯归咎于文化水平偏低的祖辈一代。隔代监护人对于留守子女的家庭学习的支持，虽然不能充分体现在对家庭作业的直接指导和帮助上，但在处理孩子的家庭作业与游玩两者的关系上其实也提供了一种引导性的支持，这一点往往被学术界所忽视。中西部地区的问卷调查结果显示：49.60％的监护人持"孩子让他玩，不过一般做完作业才让他玩"的监护态度。因此不能完全认为隔代监护一定会导致留守子女在家庭学习方面的监管不足。可以得出这样的结论：隔代监护对于留守子女的家庭学习有影响，但即使恢复到非留守状态，这种支持的缺失或不足事实上也很难完全解决。

广大中西部地区的经济、文化发展严重滞后，留守儿童的父母外出务工期间，家庭的日常负担，包括农业生产、一日三餐、居室整理等，全部由祖辈一代承担，但绝大多数留守儿童并未因此就做过多少家务和农活。之所以如此，一方面是因为祖辈一代承担了受委托责任人的角色，不得不将孙子、孙女的安全和健康放在首位，不愿让其从事体力劳动，另一方面是因为农村地区因早婚早育形成的祖孙之间的年龄间隔相对较短，祖辈一代身体尚处于健康阶段，无需孙子、孙女参加劳动。调查结果显示：留守儿童"从来不做，也不用做"农活的比例高达44.72％，另有21.14％的留守儿童也仅仅是"大人不喊不做（农活），喊做做一会儿"。祖辈一代对于孙子、孙女最关心的问题是"孩子的安全"（64.29％），与"孩子的安全"密切相关的各类行为迹象自然也成为祖辈监护人特别关注的问题。中西部地区的调查显示：43.09％的监护人注意到"孩子和小伙伴吵架了，哭着回来"，33.60％的监护人注意到"孩子放学后好久没回家"，21.14％的监护人注意到"孩子衣服撕坏了，像是和同学打过架"等现象；祖辈一代其次关心的是"孩子学习成绩不理想"（22.2％）。上述调查结果说明了留守儿童的弱势因素并不包括因父母外出务工而留下的农业生产压力，这一点和目前学术界的有关看法有很大区别。我们认为留守儿童的弱势因素应该定位于其他侧面。

隔代监护人容易溺爱留守子女的问题是学术界讨论得比较多的一个话题。从中西部地区的调查结果来看，监护人对留守子女的溺爱形式多种多样，溺爱的程度有轻有重，溺爱的原因也并非完全在于监护人自身。67.11%的监护人反映"孩子和家里人吃的一样"，也有27.59%的监护人采取"孩子喜欢吃什么，就给他做什么"的态度。当然日常饮食仅仅是监护人表现溺爱的形式之一，但这样的数据差异也能说明不少问题。此外，在日常管教时可怜、呵护留守儿童的心态也是隔代监护人溺爱孙子、孙女的一种典型形式。从访谈结果看，溺爱的原因有三种：①隔代监护人与留守子女的年龄、辈分悬殊，这就容易导致前者对后者的过度呵护心理，并向溺爱的极端方向发展。②隔代监护人承担的受委托责任人的角色决定了必须把被监护对象的安全和健康放在所有监护、养育活动的首位，当宽严不当的监管言辞和行为有可能危及这一核心职能的时候，隔代监护人的选择只能是放任不管。③被访谈的监护人普遍反映，留守子女常常用"找爸爸妈妈"、"告诉爸爸妈妈"作为抵抗监护人监管和教育的策略，从而使得监护人面临想严格管教却难以实行的两难局面。

隔代监护人对于孩子的思想观念、价值观的影响也是一个不容忽视的问题。从问卷调查的结果看，平时监护人和留守子女谈论最多的话题是"读书最好，将来有出息了，不用受苦，天天享福"（71.93%）；其次是"爸妈在外辛苦挣钱，都是为了你"（63.10%）。强调读书的重要性，养成子女的孝心，对于中国广大农村家庭来讲是天经地义的，但把短期的读书学习与长久的人生享受简单挂钩，把父母外出务工的主要目的作为一种沉重的义务让留守儿童来承担，可能给一些留守儿童带来过重的心理压力，也不利于其健康人生观的形成。

六　父母的选择：未知侧面与利益权衡

对父母的访谈结果显示，绝大多数父母外出务工有两个主要目标：一是挣钱补贴家用，或进一步攒钱盖房子；二是积累资金，为子女未来完成更高的学业做准备。对于父母外出的目的，绝大多数留守儿童持认同的态度，76.88%的儿童认为父母外出做工是为了挣钱供自己上学，32.73%的儿童认为父亲外出挣钱是为了回来盖房子。

从调查结果看，父母外出务工的选择受到以下几种因素的影响：①固守农业生产难以获得必要的现金收入，这是全国农村的普遍经济状况；②外出务工的父母普遍认为，现阶段子女的教育和监护不及未来升学所需的资金储备重要；③外出务工的父母一般认为其子女没有极端偏差的行为，不需要父母在身边随时矫正；④自己对子女的学业帮助一般无能为力，在子女身边与不在子女身边没有显著影响。与这一点不同，目前社会各界普遍认为，父母外出务工对辅导留守子女的家庭作业非常不利。事实上，无论中西部地区还是东部地区的调查结果均表明：留守儿童和非留守儿童在家庭作业方面对家庭支持的依赖程度都很低，"不会的地方空着，留到第二天到学校问老师"，或"问同学，有时能得到满意的回答"，成为家庭作业的主要支持途径和方法。对来京务工人员的访谈调查也显示，绝大多数留守儿童的父母在外出务工之前对子女的功课并没有发挥多大的支持作用。这成为促使大多数父母放心外出的一个比较重要的原因。既然在家和不在家都一样，对子女的学业辅导都不能发挥作用，选择外出务工在综合效益上就大于滞留农村务农。

由此也可以看出，外出务工的父母对于教育子女的认识是很粗浅的，忽视了子女所需要的日常呵护、细节关怀、心情交流等情感因素，或认识不到它们在子女成长过程中的重要性。那些可以外化、物化的因素，如未来的学费储备、家庭财产的增加等，被外出务工的父母视为首要因素。

大多数父母都意识到自己外出给子女留下的日常情感呵护的真空，以及填补这一情感真空、恢复自己和子女之间的情感纽带的必要性，但实际的情况与父母和子女的期待相差甚远。从调查的结果看，父母与留守子女的联系方式一般以打电话为主。保持声音上的交流对于恢复、巩固父母与子女之间的亲情纽带固然很重要，但是这一方式有几个问题值得我们注意。第一，目前绝大多数父母与子女通电话的频率偏低（"一星期左右打个电话"的占23.94%，"半个月左右打个电话"的占

26.33%，"一个来月打个电话"的占 31.12%），当然电话费昂贵是最直接的原因。第二，在父母与子女的电话交流过程中，绝大多数情况下是以父母为主动方，而留守子女基本上处于被动接和被动听的地位。交流过程基本上没有体现出儿童权利关怀的意识，以成人为中心（主要向隔代监护人询问，顺带问问子女，或者以父母一方的要求和指令为主，儿童自身的意见仅作参考）的交流策略使儿童长期处于被动听和接受的角色，激发不了儿童反馈的意愿。第三，父母的电话内容简单、重复，没有关注子女的日常细微变化。第四，父母打电话的内容主要集中于学习、身体健康、是否服从爷爷奶奶的监护等例行问话，对子女的心理波动和性格转变（如内向或胆怯型子女是否朝着增强人际交流能力、有勇气和有主张的方向发展）等关系到留守儿童成长的深层次问题关注较少或不予关注。这种情况直接或间接地导致了两种结果：一是很多留守子女在和父母的通话交流过程中出现无话可说的失语状态；二是相当一部分留守儿童与父母的感情变得疏远，甚至跟父母产生了隔阂。

七 学校教育：盲点与缺失

1. 对留守儿童的基本生存状态认知不足

对于留守儿童这一特殊的青少年弱势群体的关注和支持，离不开学校、社会、家庭三个重要方面。事实上，在儿童的成长过程中，学校、社会、家庭分别发挥着不同的职能，这些不同的职能是相互补充的。尽管在被调查的中西部 100 个自然村中，留守儿童最基本的受教育权利得到了保障，即有学可上，但在留守儿童的整个教育过程中，学校对于留守儿童所提供的教育，其质量和方法均存在不少问题。

由于受访谈的绝大部分小学校长和教师对于留守儿童群体的规模和结构分布缺乏准确的把握，加之缺乏建档管理的相应措施，所以访谈中涉及的留守儿童在学习、思想情感、价值取向、性格特征等方面的问题，基本上是依据受访谈的小学校长或教师自己在日常教育和管理过程中的印象和经验。因此在判断的科学性和客观性上自然存在不少问题。

从 73 例访谈中可以发现：中西部农村地区的小学教师对于留守儿童这一群体的特殊性和给予个别化教育支持的必要性、迫切性缺乏充分的认识。从表 5 可以看出，对于留守儿童群体的规模和分布，绝大部分小学校长和教师都没有掌握确切的信息。关于这一群体的相关信息的模糊状态，不仅表现在对于留守儿童的确切数量和情况无统计、未建档、未归类上，而且也反映在对于留守儿童群体的结构、分布的模糊认知上。表 5 显示，对于留守儿童群体的年级分布、性别分布、生源分布，受访谈的小学校长或教师的认知率和非认知率的比例分别为 5:58、9:32、2:31。认知的模糊性会严重妨碍他们理解采取必要的干预措施和实施教育倾斜政策的合理性，其他后续的支持措施也会因此失去执行的基础。

表 5　中西部农村地区小学教师对在校留守儿童规模与分布的认知

访谈序号	学生总数		留守儿童总数			留守儿童的年级分布		留守儿童的性别分布		留守儿童的生源分布	
	确定	不确定	确定	不确定	未统计	确定	不确定	确定	不确定	确定	不确定
1	+			−		+		+			
2	+		+					+		+	
3		−		−							
4		−		−							−
5		−									
6	+			−							
7	+			−							
8	+			−			−	+			
9	+		+					+			
10	+			−							
11	+			−					−		−
12	+			−					−		−
13	+			−							−
14	+										
15		−		−							

续表 5

访谈序号	学生总数		留守儿童总数			留守儿童的年级分布		留守儿童的性别分布		留守儿童的生源分布	
	确定	不确定	确定	不确定	未统计	确定	不确定	确定	不确定	确定	不确定
16	+			−			−		−		
17		−		−			−				
18	+		+				−				
19		−			−		−				
20		−		−			−				−
21	+			−			−				−
22	+			−			−				
23	+			−			−				
24	+			−			−		−		
25	+			−			−		−		−
26	+			−			−				
27	+			−			−				
28	+			−			−				
29	+		+				−				
30	+			−			−				
31		−		−			−				−
32		−		−			−				
33	+		+				−				
34		−		−			−				
35	+			−			−				
36	+		+				−				−
37		−		−			−		−		
38	+		+				−				
39	+			−			−				
40	+			−			−				
41	+		+				−				
42	+			−			−				
43		−		−			−				
44	+			−			−				

续表 5

访谈序号	学生总数		留守儿童总数			留守儿童的年级分布		留守儿童的性别分布		留守儿童的生源分布	
	确定	不确定	确定	不确定	未统计	确定	不确定	确定	不确定	确定	不确定
45	+		+				−		−		
46	+			−			−		−		−
47	+			−		+		+			−
48	+		+						−		
49		−									
50	+			−			−		−		−
51		−									
52	+			−							
53	+		+								
54	+			−			−		−		−
55	+		+			+		+		+	
56	+			−					−		−
57		−	+								
58		−		−							
59	+		+				−				
60	+		+				−				
61	+		+				−				
62		−		−							−
63	+		+				−	+			
64	+		+				−				
65	+			−							
66	+			−					−		−
67											
68		−		−			−				
69	+		+			+		+			
70	+			−							
71		−									−
72	+			−		+		+			
73		−							−		
合计	52	20	19	53	1	5	58	9	32	2	31

中西部农村地区的小学教师对于留守儿童群体的规模、结构和分布缺少必要的认知，究其原因，多种多样。访谈结果显示三类主要原因：①小学教师和校长对教育公平的理解存在严重的偏差。真正意义上的教育公平是要让每一个受教育的对象获得符合其身心特点的教育内容和教育效果，因而必然要求针对每一个学生的不同特点实施个别化教育。而不少访谈对象所理解的教育公平则是对所有学生采取均质化的教学方式，提供均等的教育支持，这成为他们不关注留守儿童问题的原则理由。②中西部农村地区相对落后的经济条件使得很多小学教师处于从教与务农双肩挑的生活状态，因此他们没有时间和精力对在学儿童实施个别化的分类教育。③学校教育资源的相对贫乏，使得学校校长和教师倾向于寻求社会和家庭的教育资源的补充。然而，由于政府教育行政部门主导的社会教育资源的整合工作处于无效状态，加之与留守儿童的父母联系和协商都很不方便，获取校外教育资源是极为困难的。

众所周知，在儿童成长的关键时期，"重要他人"（significant others）的角色的有效确立对于儿童的成长将起到关键的示范作用。然而在留守儿童成长的关键时期，外出务工的父母无法有效承担"重要他人"的角色。在这种情况下，学校教师如能扮演"严父"、"慈母"的角色，就能替代父母承担"重要他人"的角色，从而对留守儿童的健康成长发挥重要的补偿作用。但中西部农村地区的绝大多数小学校长和教师对于留守儿童群体的规模、分布和结构缺乏明确的认知，从而阻止了由教师来替代这一角色的可能。"重要他人"的角色的缺失，在留守儿童的价值观、学习动机、情感状态等方面都将产生不利影响，并使得教育政策或道德宣传失去了借以具体化的榜样。

2. 对留守儿童的性格特征、心理状态、价值取向等负面评价比例较高

调查发现，对于留守儿童的性格特征、情绪障碍、心理偏差等问题，受访谈的中西部农村地区的小学教师和校长所持的负面评价较多。表6显示了这类负面评价的主要类型。从调查的结果看，留守儿童在价值取向上过多地表现出"自我中心"和"个人主义"的倾向，在性格特征和心理状态上过多地表现出"内向、孤独、冷漠"。从访谈的有效反应的比例（涉及相关问题总数27/有效反馈总数45）看，有近60%的

访谈对象提到留守儿童的"自我中心"的价值取向，作为"个人主义"对立面的社会公德意识在留守儿童身上有弱化的倾向，在有效反应总数28例中，认为留守儿童的社会公德意识较弱的访谈对象的比例达到43%（12例）；同时在涉及留守儿童的负面心理状态的有效反应总数（52例）中，认为留守儿童的性格"内向、孤独、冷漠"的比例达到64%（33例）。(参见表6)

表6　中西部农村地区小学教师对于留守儿童性格特征的判断

访谈序号	价值取向	社会公德意识	性　　格	管理障碍	具体表现
1	自我中心主义	不强	内向、自卑	生活无目标	
2				学生多、调皮、不好管理	
3				学习积极性不高，干劲不大	
4				爱吃零食，课上注意力不集中	
5		淡薄、个人主义严重	内向、自卑		
6	享乐主义、自我中心主义与较好表现并存	个人主义，毕业带头破坏公物	孤僻、叛逆性强		
7	享乐主义，自我中心主义非常强	个人主义强	内向、冷漠、郁郁寡欢、暴躁易怒		
8	自我中心主义较强	无差别	内向，尤其女生		
9	无差别	无差别	无差别		
10	无差别		孤独、内向		无不良行为
11	比较独立，好打抱不平		内向		
12	无差别	较差			

续表6

访谈序号	价值取向	社会公德意识	性　格	管理障碍	具体表现
13	享乐主义不明显	极少部分爱捣乱	内向，尤其高年级学生		
14	无差别	无差别	无差别		
15					无吵闹去找爸妈的现象
16	有自我中心的情绪	自由情绪，反感校纪，搞帮派			
17					攀比吃穿，顶撞长辈，不愿接受教育
18	享乐主义和自我中心不明显	较好	孤独、内向		
19	以自我为中心的情况较多	易产生反抗、叛逆的情绪	内向、郁郁寡欢		
20	自我中心主义和享乐主义很强		冷漠、孤僻		
21	比较独立，好打抱不平		内向		
22	有一些自我中心		各有不同，懂事的、爱学习的、内向些		
23			一般很老实		
24			内向		
25	能够正确认识自己		活泼可爱，没有孤独感，不内向		
26			孤僻、冷漠		要么特别懂事，学习好；要么特别调皮，成绩差，不服管
27			听话，感情稳定		

访谈序号	价值取向	社会公德意识	性　格	管理障碍	具体表现
28			内向，有时不听话		
29	不能正确认识自己				
30	无差别	无差别	内向		
31		不爱说话，不服管教，无抵触情绪	内向		
32	无差别	无差别	无差别		有些不爱劳动
33		好，也较有法律意识			有不良行为，但差异不突出
34			各不相同，内向外向都有		
35			不太懂事，但活泼、调皮		
36			内向外向都有		
37	无差别		开朗		
38	享乐主义和自我中心主义较强		冷漠，孤独内向，郁郁寡欢，暴躁愤怒		
39	有自我中心的感觉				
40	有自我中心的感觉				
41	或自我放纵，或自尊心极强	好，也较有法律意识	自卑	不易管理，较后进，问题儿童多	
42	较自私	无显著差别	或天生内向、守纪律，或较调皮		
43	部分萌生享乐主义	无差别			

访谈序号	价值取向	社会公德意识	性 格	管理障碍	具体表现
44	自我中心观念较强	个人主义强，很少遵守社会秩序	因人而异		
45					
46					
47					
48	因人而异	因人而异	因人而异		因人而异
49		较淡薄	冷漠、内向、孤僻、暴躁		
50	无差别		孤独、内向		
51			冷漠、孤僻		
52	无差别	老实、听话、遵守社会秩序	孤独、内向		
53	因人而异		内向		
54	一般存在享乐主义思想		有些易发脾气，但听得进道理		
55	自我中心观念稍强	在学校认真遵守纪律			抓蛇吓同学，但听老师教育
56	无差别				
57	有一定差异	无差别			
58	有点自我	不好，对社会秩序有反抗的迹象	大部分孤独、内向		
59	自私自利		多孤独、内向		
60	自我中心主义稍强		内向、独立		
61	无差别		较内向		
62	自我中心倾向明显，喜欢领导别人		1/3 的人孤独内向，2/3 的人冷漠、暴躁、愤怒		
63			较内向		

续表 6

访谈序号	价值取向	社会公德意识	性　格	管理障碍	具体表现
64	无差别		无内向、暴躁的现象		
65	无差别		无差别		
66			因人而异，或较调皮，或较沉默		
67					
68			较内向		
69	差别不大	差别不大	差别不大		
70					
71		无差别	无冷漠、孤独、内向的现象		
72	中学后自我中心观念渐强		情绪波动明显		
73				父母在家与否不重要，只管上课，不调皮即可	

　　需要指出，留守儿童表现出来的这些问题的原因多种多样，而父母外出务工造成的子女的留守状态显然是原因之一。同时留守状态本身又是解决这类问题的障碍。直接影响对留守儿童问题的处理及对留守儿童教育的支持力度的障碍有两种：一是日常家庭教育的空缺，二是学校无法跟留守儿童的父母经常联系和沟通。从有效利用社会资源的角度考察，当学校资源不足，家庭教育资源也无法对学校教育资源形成有效补充的时候，由基层教育主管部门、村民委员会，以及其他社会群体或个人构成的较大范围的社会资源应该及时补充学校教育。但从访谈结果看，没有一例访谈对象提及获取这方面资源的可能性和现实条件。这里面的原因有以下两点：一是这种社会资源不存在，或资源不足；二是小学校长和教师尚未意识到这种校外教育资源对于学校教育的促进和补充作用，因此未能积极、主动地去寻求这种资源。

　　需要指出，本次访谈所反映的留守儿童身上存在的问题，并不能直接归因于他们的留守状态。理由有两点：第一，从横向对比的角度看，许多非留守儿童也有留守儿童表现出来的性格、心理、情绪、思想等方面的问题。换句话说，在小学适龄儿童群体身上出现的问题泛化的迹象与中西部农村地区的整个社会、文化、经济背景具有深层次的关联，也与中西部农村地区的学校、社会、家庭三方面的教育资源相对不足有密切的联系。因此，考察中西部农村地区留守儿童的教育问题不能脱离社会背景，也不能跟教育资源相对充足的沿海地区进行简单的对比。准确地说，在整个中西部农村地区的少年儿童均处于较差的教育状态的前提下，留守儿童这一群体的弱势程度更为严重。第二，从纵向回顾的角度看，留守儿童目前出现的问题不少属于习惯行为，因此不能仅仅将视线局限在小学阶段，而应该追溯到留守儿童的学前教育阶段。换句话说，中西部农村地区的许多小学留守儿童存在的问题与学前教育和小学教育的衔接不紧密有关。中西部农村地区的幼儿园等学前教育机构的分布严重不足，部分家长外出务工年龄的提前，又使得本来就处于不系统、无对策状态下的学前教育得不到家庭教育的有效补充和支持。因此可以说，许多留守儿童在小学期间暴露的思想情绪、心理状态、性格发展等方面的问题发端于学前阶段，并逐步由隐性状态发展为显性状态。对于这一问题，绝大部分中西部农村的小学教师既缺乏相应的知识，也缺乏必要的心理准备。

　　3. 家庭教育资源严重匮乏，无法对学校教育起到补充作用

　　家访作为连接学校教育和家庭教育的一种典型方法，在中国的基础教育发展史上发挥了非常重要的作用。我国城市小学一般定期召开家长会，而大多数农村小学则很难采取家长会这样的沟通方式。随着大量农村人口向城市的迁移，要定期将小学生的家长召集起来，通报其子女的学习成绩、在校表现，或寻求家庭教育对学校教育提供适当的帮助，显然是不现实的。如果采取高密度的家访，则可以弥补与家长沟通的不足。访谈结果显示，中西部农村地区的小学教师在家访工作上仍然有很多问题：①家访频率偏低。从表7可以看出，经常进行家访的小学教师有19例，不进行家访和很少进行家访的小学教师有36例，两者的比例达到1∶1.89。这些数量和频率有限的家访活动，它的主要对象并非

表 7　中西部农村地区小学教师对留守儿童的家访情况

访谈序号	家访频率			家访内容		家访效果		
	没有	经常	很少	与家长交流孩子的日常表现	与家长交流孩子的异常事件	好	一般	不理想
1		+						
2			+	+	+	+		
3		+						
4								
5	+							
6			+					
7								
8								
9								
10			+	+	+			+
11			+					
12			+					+
13								
14		+		+		+		
15		+						+
16			+		+		+	
17	+							
18								
19			+					
20								
21			+	+		+		
22			+	+				
23		+			+		+	
24		+		+		+		
25		+						
26			+					
27	+							
28		+						
29			+					

访谈序号	家访频率			家访内容		家访效果		
	没有	经常	很少	与家长交流孩子的日常表现	与家长交流孩子的异常事件	好	一般	不理想
30			+					
31			+					
32		+						
33			+	+				
34			+					
35								
36								+
37								
38	+							
39			+	+				+
40		+						
41		+						
42			+					
43			+					
44		+						+
45			+					
46			+		+			
47		+		+				+
48		+		+				
49								
50			+					
51			+					
52			+					
53		+		+				
54		+						+
55								
56		+		+	+			
57			+	+				
58			+		+			

续表 7

访谈序号	家访频率			家访内容		家访效果		
	没有	经常	很少	与家长交流孩子的日常表现	与家长交流孩子的异常事件	好	一般	不理想
59			+					
60		+						
61				+		+		
62								
63			+					
64			+					
65								
66								
67		+		+				
68			+		+			
69								
70			+					
71			+					
72			+					
73								
合计	4	19	32	17	8	5	2	8

留守儿童所在的家庭，而是学习成绩急剧滑坡，在校表现极端不良的所谓问题儿童的家长。留守儿童能得到的家访支持，无论数量还是质量，都非常有限。②家访的内容包括儿童的日常表现和异常事件。从访谈的结果看，无论哪一种内容都仅仅限于信息通报，至于监护人或家长应该进行何种教育、采取何种补救措施，进行家访的小学教师则很少与家长或监护人谈及。这说明无论家访的形式还是内容都停留在事务性层面。③由于家访的频率较低、家访的内容缺乏建设性对策，因此家访的效果很不理想。从表7可以看出，73例访谈对象中只有15例涉及对于家访效果的评价，其中持负面评价的人达10例，反之，对家访效果持某种肯定态度的人数只有区区5例。

导致上述家访频率不足、家访效果不理想的原因多种多样。虽然中西部农村地区的小学教师的素质不高和家访方法不到位等主观原因不容否定，但访谈还揭示了许多阻碍有效实施家访活动的客观原因。这些客观原因可以归纳如下：①中西部农村地区的教育管理部门尚未对农村小学提出家访的规范性要求，也未将家访纳入"普九"考核的指标体系，因而各小学管理者无法制定相应的工作条例，以使家访变为学校教育的有机组成部分。同时，中西部农村地区的教育管理部门也未在所管辖的小学投入经费和人力，进行家访工作的培训和指导。简言之，许多小学教师的家访活动缺乏最起码的政策、资源和社会的支持。②中西部农村地区的小学教师相对低下的物质待遇导致大多数教师必须同时从教与务农，结果教师的业余时间被挤占。进行家访活动不仅没有物质回报，还要做出较大的牺牲。③绝大多数留守儿童的父母有一种认识上的误区，即认为儿童教育止于校园，没有必要家访。在具体行动上表现为不主动和学校联系，不对学校教育提供道义上的支持，不能积极地跟任课教师联系和及时了解子女的学习、能力、情感、性格的发展轨迹。部分留守儿童的临时监护人（爷爷奶奶、外公外婆）的文化程度很低，不能理解家访的重要性，不能和家访教师进行有效沟通，也无法接受家访教师的意见并付诸行动，从而在客观上挫伤了教师进行家访的积极性，对保持家访的持续性和连续性、提高家访的质量构成了严重障碍。

留守儿童的家庭教育的一个典型特点就是隔代教育。尽管隔代教育并非一无是处，但就家庭教育而言，尤其是在家庭教育与学校教育相结合这个方面，隔代教育的弊端也不容忽视。表8显示，小学校长和教师对于隔代教育的负面评价主要集中在"祖辈的教育方法不对"和"祖辈的思想文化水平有很大局限"这两个方面。在隔代教育的诸多弊病之中，这两点与学校教育的关联性最高。"祖辈的教育方法不对"造成的家庭教育问题，可能滋生出学校教育过程中无法发现或纠正的一些问题，从而抵消学校教育在训练留守儿童遵守纪律，养成健康文明的生活习惯方面的积极作用。"祖辈的思想文化水平有很大局限"这一弊端，则会使祖辈一代陈旧的价值观、过时的生活态度，以及对学校教育的意义和价值的错误认识产生隔代传递，不利于留守儿童的成长和发展。

表8　中西部农村地区小学教师对于留守儿童隔代教育状况的基本评价

访谈序号	祖辈溺爱孩子	祖辈的教育方法不对	易形成代沟	祖辈的思想文化水平有很大局限	容易与父母疏远	导致学习下降和心理不健全
1				+		
2	+	+		+		
3						
4						
5						
6		+	+			
7						
8						
9						
10	+	+		+		
11					+	+
12	+					
13						
14						
15						
16						
17						
18			+	+		
19						
20	+	+		+		
21		+				
22						
23						
24						
25						
26						
27						+
28						
29						
30						

续表 8

访谈序号	祖辈溺爱孩子	祖辈的教育方法不对	易形成代沟	祖辈的思想文化水平有很大局限	容易与父母疏远	导致学习下降和心理不健全
31						
32						
33						
34						
35		+				
36						
37						
38						
39						
40				+		
41						
42						
43						
44						
45		+		+		
46						
47				+	+	
48						
49						
50						
51					+	
52						
53						
54	+	+		+		
55						
56			+		+	
57						
58	+	+		+		+
59						
60						

续表 8

访谈序号	祖辈溺爱孩子	祖辈的教育方法不对	易形成代沟	祖辈的思想文化水平有很大局限	容易与父母疏远	导致学习下降和心理不健全
61						
62						
63						
64						
65						
66						
67			+	+		
68						
69						
70						
71						
72						
73						
合计	6	9	4	11	4	3

4. 对留守儿童的学习表现和学习成绩评价较差，但对造成这种情况的原因缺乏认知

从表9可以看出，认为留守儿童的学习成绩居于中下游的评价比例明显偏高。访谈结果显示，留守儿童的成绩呈现出明显的两极分化。少数留守儿童将家庭教育支持不足的不利条件转化为学习的动力，从而实现了思想意识早熟、学习进步较大的逆向成长。与此形成对照的是：大多数留守儿童由于日常亲情得不到满足，课后学习缺乏有效的家庭辅导，再加上学校教育未能及时发挥增强功能，他们的学习成绩较差。

表9显示：对于留守儿童的课堂表现的正面评价与负面评价的比例分别为10（＋）：38（－）［"是（＋）否（－）积极回答老师的提问"］，13（＋）：37（－）［"是（＋）否（－）遵守课堂纪律"］，6（＋）：35（－）［"是（＋）否（－）和老师进行正常交流"］，11（＋）：39（－）［"作

业是（＋）否（－）能认真完成"]。显然，中西部农村地区的小学教师对于留守儿童的课堂表现以负面评价为主。

留守儿童的课堂表现对于其学习成绩是否构成显著的影响，是一个值得探讨的教育学问题。课堂表现不仅和学习效果、学习成绩有密切的关系，而且影响学生思考问题的创造能力、人际沟通的表达能力，以及对未来工作将产生重要影响的敬业精神等多种重要能力的培养。目前中国推行的素质教育工程必须落实到学校课堂教学的整个过程之中，并有意识地把学生的课堂表现与上述重要能力的培养联系起来。中西部农村地区的小学教育的质量关系到未来中西部地区人口素质的提高，以及中国现代化的全面实现，然而从访谈的结果不难看出，对于小学教育的这种重要意义，有关地区的地方教育主管部门认识不到位，给教师队伍的培训和质量提升带来了很大的负面影响。不少小学教师对学生课堂表现的考察仅仅限于"听话的孩子"、"学习积极性高"、"学习表现不错"等表面现象，缺乏更宏观和更深层次的教育理念，因此面对留守儿童课堂表现不佳的现实，很容易形成埋怨和无奈的教育态度。

上述消极的课堂表现在多大程度上可以归咎于留守儿童的留守状态，目前我们还很难下定论。与非留守儿童组的比较显示：认为跟非留守儿童在课堂上的表现有差异的教师有21例，而持相反看法的教师却有49例，两者的比例为1:2.3。这也说明不能断定留守状态导致了儿童的消极的课堂表现。

在讨论留守儿童的教育支持系统的时候，就适龄在学留守儿童而言，无疑首先应该立足于学校教育。学校教育的主体是教师队伍，而中西部农村地区的小学师资水平普遍较低。访谈结果显示：占压倒多数的小学教师和校长不能对留守儿童在学习成绩、课堂表现等方面存在的问题进行分析，不能找出相关问题的原因。从表9可以看出，在73例访谈中，只有3例能主动分析留守儿童上述问题的形成原因。这一事实说明中西部农村地区的绝大多数小学教师不具有现代的、科学的教育理念和教育方法。在这种情况下，作为后续支持措施，准确定位留守儿童的学习障碍，并采取补救办法，自然提不上学校教育工作的日程，从而使得留守儿童获得的学校教育资源处于极端贫乏的状态。

表9　中西部农村地区小学教师对留守儿童学习状况的判断

访谈序号	留守儿童学习成绩的总体分布			留守儿童的课堂表现				留守儿童的学习成绩和课堂表现与普通同学有(+)无(-)差异	学校对留守儿童的非文化课的学习是(+)否(-)重视	老师是否分析相关问题的原因
	中等以上	中等	中等以下	是(+)否(-)积极回答老师的提问	是(+)否(-)遵守课堂纪律	是(+)否(-)与老师进行正常交流	作业是(+)否(-)能认真完成			
1		+		+	+	+	+	-	+	-
2		+	+	-				-		-
3	+			+	+	+	+	-		-
4		+	+					-		-
5		+						-		-
6		+	+	-	-			-		-
7		+	+					-		-
8					+					
9		+					+	-		
10		+		+			+			
11			+							
12		+	+							
13		+	+							
14		+		-				-		
15	+	+		+		+				
16		+	+	-	-			-		
17		+	+		+					
18		+	+	-	+			-		
19		+						-		
20		+						-		
21	+	+		+	+			-		
22		+	+	-	-				+	
23		+	+							
24		+	+	-		-		-		

续表 9

访谈序号	留守儿童学习成绩的总体分布			留守儿童的课堂表现				留守儿童的学习成绩和课堂表现与普通同学有(+)无(-)差异	学校对留守儿童的非文化课的学习是(+)否(-)重视	老师是否分析相关问题的原因
	中等以上	中等	中等以下	是(+)否(-)积极回答老师的提问	是(+)否(-)遵守课堂纪律	是(+)否(-)与老师进行正常交流	作业是(+)否(-)能认真完成			
25	+	+		+	-	-	-		-	
26		+	+	-	-	-	-		-	
27		+		-	-	-	+		-	
28		+		+	+	+	+		-	
29		+		+	+	+	+		-	
30	+	+	+	-	-	-	-	+		
31		+	+	-	-	-	-	-		+
32		+								
33			+						+	
34	+	+	+	-	-	-	+	+		
35	+	+	+					+		
36	+	+	+					+		
37		+								
38			+					-		
39			+							
40		+	+	-	-	-	-	-	-	
41	+	+	+	-	-	-	-	+	+	
42	+	+	+					+		
43		+	+							
44			+							
45	+	+	+					+		
46	+	+		-	-	-	-	+		+
47	+	+		-	-	-	-	+		
48		+	+							
49			+							
50		+	+	-	+	-	-	-		-

续表 9

访谈序号	中等以上	中等	中等以下	是(+)否(-)积极回答老师的提问	是(+)否(-)遵守课堂纪律	是(+)否(-)与老师进行正常交流	作业是(+)否(-)能认真完成	留守儿童的学习成绩和课堂表现与普通同学有(+)无(-)差异	学校对留守儿童的非文化课的学习是(+)否(-)重视	老师是否分析相关问题的原因
	留守儿童学习成绩的总体分布			留守儿童的课堂表现						
51		+					+	-	-	-
52	+	+	+					+	-	-
53	+	+	+					+	-	-
54	+				+			+	-	-
55		+		-	-	-	-	+	-	-
56		+		+		+	+	+	-	-
57			+	-	-			+	-	-
58			+					+	-	-
59	+	+	+					+	-	-
60	+	+							-	-
61			+					+	-	-
62			+	-	-			-	-	-
63		+	+	-	-			+	-	-
64		+						+	-	+
65	+	+	+					+	-	-
66		+	+					+	-	-
67	+	+	+					+	-	-
68	+	+	+					+	-	-
69	+	+	+					+	-	-
70	+		+	-		-			-	-
71		+	+						-	-
72	+								-	-
73		+	+						-	-
合计	(+)24	(+)59	(+)53	(+)10 (-)38	(+)13 (-)37	(+)6 (-)35	(+)11 (-)39	(+)21 (-)49	(+)4 (-)56	(+)3 (-)70

八　关于留守儿童教育支持系统的思考

留守儿童群体的形成，就其根本原因而言，与中国目前的三农问题、流动人口问题、城乡教育发展不平衡问题等具有内在的关联。从发达国家的发展历史看，在经济发展初期，人口由农村向城市大规模流动也是一个不可回避的社会问题。留守儿童问题的最终解决虽然有待于上述问题的解决，但在这之前，社会各界的支持，尤其是政府、学校、家庭（监护人和父母）三方面构成的系统化支持，是十分必要的。

这一支持系统应该体现出国际社会关于儿童权利保护的基本原则，其中公平原则显得尤为重要。这里所强调的公平原则并非指脱离中国国情的全体儿童的机会均等或权利保护的绝对均等。在处理留守儿童问题的现有条件下，最现实的选择是实现处于相同教育背景或教育环境下的不同儿童个体之间或同一儿童群体内部的公平。换句话说，在同一所小学、同一座村庄，处于基本相同的教育环境下的留守儿童群体和非留守儿童群体应该在课堂学习、课外作业、性格引导、情感呵护等方面得到平等的帮助。由此出发，当其中某一群体在上述某一方面面临保护或帮助不足的情况时，应该通过有效的干预手段来弥补这种情况。具体地讲，当在同一课堂里学习的留守儿童发生显著的障碍，或在家庭里得不到课外学习方面的有效帮助，或在性格形成过程中缺少应有的调节力量，或在亲情方面得不到满足时，那就应该获得相应的替代性或补偿性支持，无论这种支持来自教育主管部门的政策干预，或学校老师的更投入的指导，还是来自家庭内部的适时调整。这一点应该是留守儿童权利保护所奉行的平等原则的一种现实表述。

在贯彻这一平等原则的大前提下，各种有关留守儿童的支持措施或手段首先应该考虑其实施的可行性和有效性。准确定位目标人群的弱势特征和缺失环节，又是开发相关支持手段的基础。

为此，以下几个方面的问题值得优先关注：

（1）全国农村地区的基层教育主管部门，尤其是中西部地区的基层教育主管部门，应该对所管辖的行政区划内的小学的留守儿童进行及时的普查，登记造册，力求观察与干预相结合，并将干预和支持的成效纳入"普九"指标的考核体系，与农村示范学校的建设、教师队伍的评优和考核、学校负责人的奖惩制度等挂钩，逐步形成制度化的管理措施和方法。

（2）针对留守儿童比较集中的小学，进行教师队伍的试点培训。从对留守儿童的教育意识、观察方法、帮助手段等方面系统开发学校与家庭互动的支持工具，分析支持对象的特征，寻找强化留守儿童的弱势环节的有效办法。

（3）加强东西部农村地区在支持和帮助留守儿童问题上的信息交换和经验交流，最大限度地共享关于留守儿童问题的先进理念和科学方法，实现留守儿童救助与教师素质提高的双赢。

（4）尽快建立留守儿童的父母与留守儿童所在学校之间的信息沟通机制。学校方面应将观察到的留守儿童的日常变化及时传达给外出务工的父母，而外出务工的父母应及时给予反馈，共同探讨留守子女的多元化支持方法。学校教师的这项工作可以根据不同学校的情况与教师的晋级、薪酬等指标挂钩。外出务工父母的这项任务可以作为村级后续管理的依据之一。

残疾儿童的教育保障：
特殊教育的点和面[*]

残疾青少年的社会保障体系中最为重要的一条就是教育保障。教育保障的含义，显然不能仅仅理解为残疾儿童义务教育入学率的大幅度提高，还应包括下面几个方面：对于残疾儿童在学前阶段开展有组织的早期教育干预；在义务教育阶段，在保证与普及九年义务教育（以下简称"普九"）完全同步规划、同步实施、同步监督、同步考核的前提下，通过广泛、持久的个别化教育方法，保障残疾学生义务教育的质量；在完成九年义务教育阶段之后，维持相对接近于普通学生的高中升学率，以保障特殊教育的连贯性和后续性；在大规模完成高中阶段的教育后，才应该出现残疾毕业生在就业和升学方面的分流。

特殊教育的对象有广义和狭义之分。狭义的特殊教育对象是指身心明显残疾的青少年，即盲、聋、弱智三类残疾儿童；广义的特殊教育的对象，则包括在听、说、读、写某一方面有严重困难的学习障碍儿童、情绪明显紊乱的儿童（如注意力缺陷、多动症等）、自闭症儿童、身体极端虚弱的儿童等。根据美国《1997 年残疾个体教育法案修正案》的定义，"智力发育滞后、听力受损、言语受损、视觉受损、严重的情绪紊乱、形体矫正受损、自闭症、大脑外伤、其他健康受损、特殊学习障碍，因而需要接受特殊教育的儿童"[①]都属于特殊教育的对象。事实上，不同国家的经济、

---

* 本章内容系作者参加陆士桢教授主持的中直机关课题"城市青少年弱势群体的现状与对策研究"（2003~2004）的部分研究成果。在课题调查期间，我的学生刘泽曦、皮周彦参与了部分访谈调查工作，特此致谢。

① 参见美国教育部官方网站 http：//www.ed.gov/offices/OSERS/Policy/IDEA/the_ law.html 公布的法律文本。

社会、文化发展水平在很大程度上决定了该国的特殊教育对象的范围。中国目前的特殊教育对象仍然限于狭义的残疾儿童，这是我国的现有教育资源决定的，也是我国特殊教育事业在国际上所处水平的客观标志。

一 中国特殊教育的总体状况

对于中国特殊教育工作成绩的评估可以采取两种方式：一是和中国相对较近的历史时期相比较，二是和世界上特殊教育比较先进的国家相比较。按照前一种方式，我国的特殊教育工作从 1990～2000 年，也即从《中国残疾人事业"八五"发展纲要》到《中国残疾人事业"九五"发展纲要》的实施期间，发生了巨大的变化；在《中国残疾人事业"十五"发展纲要》的实施期间，我国残疾人事业的发展，尤其是特殊教育领域的巨大进步，更是不可否认的。按照后一种方式，例如把我国的特殊教育水平和一些发达国家作一比较，就会发现我国的残疾人教育工作还刚刚起步，其间的差距是非常大的。

1. 中国特殊教育的总体成绩*

（1）根据教育部公布的统计数据，从 1990 年到 2002 年，我国的特殊教育学校数量由 746 所提高到 1540 所，增加了 2.06 倍。

（2）根据教育部公布的统计数据，1990 年我国特殊教育学校的在校残疾学生数达到 7.2 万人，2002 年则达到 37.45 万人，增幅高达 420%。此外，还有 20 多万名残疾学生分布在普通学校的特殊教育班和在普通学校随班就读。

（3）根据教育部公布的统计数据，1991 年我国特殊教育学校的专职教师为 1.6 万人，2002 年专职教员的人数达到 2.98 万人，增长了 86%。

（4）根据中国残疾人联合会（以下简称中国残联）的统计数据，2000 年我国残疾儿童的义务入学率达到 77.2%。

（5）根据中国残联的统计数据，截至 2000 年底，全国有 6812 名残

---

* 本章涉及的中国残疾人联合会公布的有关数据来自 http：//www.cdpf.org.cn/，涉及的教育部公布的有关数据来自 http：//www.moe.edu.cn/。

疾学生被普通高等教育院校录取。

（6）根据中国残联公布的统计数据，到 2000 年底，全国有 16 个省市（上海、北京、天津、福建、黑龙江、浙江、辽宁、江苏、吉林、山东、广东、河北、山西、重庆、安徽、湖北）的残疾儿童义务教育入学率达到或超过全国平均水平。

2. 中国特殊教育的"利坏"消息

（1）根据中国残联公布的统计数据，到 2000 年底，全国未入学的适龄残疾儿童少年总数为 390611 人，相当于全部适龄入学儿童的22.8%，其中视力残疾 41260 人，听力残疾 72309 人，智力残疾 126262人，肢体残疾 83237 人，精神残疾 20962 人，多重残疾 46581 人。视力残疾、听力残疾、智力残疾和肢体残疾的儿童少年占总数的 83%。207123 名残疾儿童少年因贫困未入学，占总数的 53.03%。

（2）根据中国残联公布的统计数据，到 2000 年底，西部 12 个省（市、自治区）因贫困未入学的适龄残疾儿童少年 183355 人，占总数的 46.94%。中部经济欠发达的 6 个省（河北、安徽、江西、河南、湖南、湖北）因贫困而失学的适龄残疾儿童少年 135181 人，占总数的 35%。

（3）根据中国残联公布的统计数据，截至 2000 年底，视力残疾、听力言语残疾、智力残疾三类残疾儿童少年接受义务教育的入学率分别为 54.1%、72.9% 和 81.9%。除智力残疾儿童少年的入学率达到指标外，其余均未达到《中国残疾人事业"九五"发展纲要》的要求。

（4）根据中国残联公布的统计数据，2000 年全国特殊教育高中仅开设了 24 所，在校残疾学生 1809 人，其中盲高中 7 所，在校盲生数为344 人，聋高中 17 所，在校聋生数为 1465 人。如果照学制 3 年计算，其就学对象应该涵盖 1998 年、1999 年、2000 年 3 个年度的义务教育阶段的残疾毕业生。而这 3 年的特殊教育学校和随班就读或普通学校附设的特殊教育班的残疾生毕业人数分别为 3.49 万人、3.18 万人、4.34 万人，3 年合计 11.01 万人，升学率仅为 1.64%。

（5）根据教育部公布的统计数据，到 2002 年，我国特殊教育学校的生师比为 12.57:1（1991 年和 1992 年分别为 5.31:1 和 7:1），呈居高不下的趋势。

（6）截至 2001 年底，全国仅有 2166 名残疾学生进入普通高等院校学习，585 名残疾学生进入特殊教育普通院校学习。从 1990 年计算，11 年期间残疾学生的大学入学人数每年平均仅为 250 人。

3. 日本的特殊教育现状

单纯列举我国特殊教育的"利好"和"利坏"信息，并不能完全说明我国特殊教育的现状，中国特殊教育的总体水平还应该放在特殊教育的国际背景下加以考察，才有助于我们弄清中国特殊教育存在的严重问题。这里将中国的特殊教育现状与日本的特殊教育状况作一比较，将不无启发。

（1）根据日本文部科学省公布的统计数据，截至 2003 年，日本盲、聋、弱智三类残疾儿童的义务教育入学率为 100%。①

（2）根据日本文部省公布的统计数据，截至 2003 年，日本盲、聋、弱智三类残疾儿童的初中升学率为 100%，高中升学率为 100%，其中升入盲、聋、养护学校高中部的盲生占 98.3%（男生 98.9%，女生 97.4%），聋生占 95.9%（男生 96.9%，女生 94.8%），弱智生占 95.6%（男生 96.7%，女生 93.6%），其余全部升入普通高中。

（3）根据日本文部省的统计数据，日本 2003 年盲、聋、弱智（养护）三类残疾学校的生师比分别为 1.14:1、1.37:1、1.62:1，三类学校的班级平均人数分别为 2.91 人、3.36 人、3.6 人，接近于一对一的个别化教学条件。

（4）根据日本文部省的统计数据，截至 2003 年，日本三类残疾高中毕业生的大学升学率分别达到 48.1%（盲生）、52.6%（聋生）、1.5%（弱智生）。

综合各类数据，从国际特殊教育的发展水平加以衡量，我国的特殊教育现状面临着极其严峻的挑战。从总体看，我国的特殊教育的现状可以概括为学前教育和高中教育基本空白，义务教育处于数量上的超负荷粗放阶段，高等教育仍然停留于"精英教育"模式。

---

① 本章所引用的日本特殊教育的统计数据主要来自日本文部科学省官方网站 http://www.mext.go.jp/b_menu/kensaku/index.htm 公布的数据。

二 中国特殊教育的因素分析

上文仅仅是对我国特殊教育总体状况的描述，要弄清制约我国特殊教育发展的内在原因，还必须对我国特殊教育的关联要素加以仔细分析。特殊教育问题事实上涉及中国各级主管教育事务的政府部门、各级残疾人联合会（以下简称残联）、残疾儿童就读的学校、残疾儿童所在家庭、残疾儿童居住的社区、残疾儿童面临的社会环境等诸多因素。

需要指出，对于残疾人问题我国从立法到行政都严重滞后。由于缺乏明确的法律界定，各级政府在残疾人事业上的作为首先就缺乏刚性的法律约束，只是从各地的实际条件出发，有所侧重地开展相关工作。虽然中央政府结合《残疾人保障法》制定的《残疾人教育条例》对于推动残疾人的教育事业起到不小的作用，但是根据中国国情确定的特殊教育方针，即普及与提高相结合，着重普及义务教育的指导原则，也成了许多地方政府只抓残疾儿童的义务教育普及率，忽视或放弃学前教育和高中阶段特殊教育建设的理由。残联方面，从中国残联到各地方残联，虽然为推动残疾人事业不遗余力地开展了大量规划、协调、调研活动，但由于政府部门的支持不力、经费紧张、人员编制过少，以及工作人员对于残疾人特性缺乏科学认识等，工作辛苦却成效有限。残疾儿童的就读随着随班就读工作的全面推开，已经由过去在特殊教育学校（以下简称特教学校）单一就读的模式走向多元化就读的格局。这固然有利于广大农村地区的残疾学生就近入学，从而降低了失学率，也有利于残疾生本人的社会融合，并照顾到许多残疾生家长的自尊心理，但残疾学生在普通学校随班就读也带来了许多问题，其中有些问题是我国义务教育阶段的整体环境所决定的，有些则来自所在学校高质量师资及其他特殊教育资源的匮乏。当然残疾学生本身的问题也是不容回避的现实。残疾儿童的父母不仅作为残疾儿童的合法监护人起到维护残疾儿童生命的作用，而且是残疾儿童的第一任教师。后一种职能已经得到许多学术研究成果的证明，却始终没有引起各级政府的重视。究其原因，不能不说和《残疾人就业条例》及相关政府文件的政策误区有关。从全国范围看，残疾儿童可以就读的幼儿园或托儿所的数量少到可以忽略不计的程度，由政府牵头深入残疾儿童家庭开展学前个别化教育支持的措施也几乎为零。残疾儿童在教育上所能获得的社区支持，目前尚未见过相关介绍。这些事实都说明我国的特殊教育在学前阶段几乎是空白。

对于中国特殊教育的各因素进行分析，首先面临的困难就是缺乏有关因素在全国范围的准确、全面的统计数据。上文提到的各个方面，只有残疾儿童的义务教育部分的统计数据在教育部和中国残联的网站上发布过一些。然而关于这方面的数据，教育部的统计结果和中国残联公布的数字出入颇大。例如：关于特殊教育学校的数量和在校残疾学生的数量这两项最基本的数据，根据中国残联的统计，2000 年全国特教学校的数量为 1648 所，而教育部公布的统计数据则为 1539 所，两者相差 9 所；在校残疾学生数，包括普通学校附设的特殊教育班（以下简称特教班）和随班就读的人数，教育部的统计数据为 61.95 万人，而中国残联的统计数据为 58.9032 万人，两者相差 2.78 万人。不仅如此，作为主管全国教育事业的教育部所发布的统计数据绝大部分都没有精确到百位、十位数，更不必说精确到个位数了。虽然《残疾人保障法》明确规定残疾人与正常人一样享有平等的教育权利，但在涉及残疾学生教育的各项规划和统计中，教育部往往缺少和正常学生同样的统计尺度。例如：教育部每年公布全国普通小学升初中、初中升高中的升学率，而残疾学生的初中升学率迄今没有任何统计数据。首都北京的情况也很能说明这一问题。根据北京市教委公布的统计数据，2003 年度北京市特教学校招生人数 647 人，毕业生数 1007 人，在校人数 6177 人。在公布这三项数据的同时，北京市教委显然没有考虑到在校残疾学生的性别比例、残疾种类的分布、年龄差异、出勤率、转学、辍学等方面的因素。对于 1007 名毕业生的去向，是升学还是就业，或者失学等，均没有准确的统计数据。这反映了对于残疾学生的教育缺乏连贯性和跟踪支持的政策意识。

表 1 系根据教育部每年公布的数据资料整理而成，充分反映了教育部在特殊教育的资料统计方面暴露出来的统计过程的非连贯性、统计内容的单薄性，以及统计标准的随意性等问题。从表 1 可以看出，

除 1991 年和 1992 年，其余各年度均没有关于专职教员的统计数据，因此也无法计算出能反映特殊教育师资力量和实施个别化教育基本保障的生师比。1990 年、1991 年、1992 年三年缺乏毕业生人数的统计。虽然其余各年度作了相关统计，但对于毕业生的去向，各年度均没有任何准确的统计数据。统计手段的落后、统计数据的残缺，从某种意义上反映了我国政府对于全国残疾青少年的基本状况缺乏深入、准确的了解。

表 1　中国特殊教育的因素对照表

年度 / 项目	1990	1991	1992	1993	1994	1995	1996	1997	1998	1999	2000
特教学校数量（所）	746	886	1077	1123	1241	1379	1426	1440	1535	1520	1539
当年招生人数（单位：万）	1.62	2	2.95	3.35	3.98	5.63	4.82	4.61	4.91	5.01	5.29
在校学生人数（单位：万）	7.2	8.5	12.95	16.86	21.14	29.56	32.11	34.06	35.84	37.16	37.76
专职教员人数（单位：万）	—	1.6	1.85	—	—	—	—	—	—	—	—
生师比	—	5.31:1	7:01	—	—	—	—	—	—	—	—
随班就读或特教班人数（单位：万）	—	—	—	—	11.53	17.73	9.51	21.15	22.55	23.64	23.93
毕业生人数（单位：万）	—	—	—	1.17	1.43	1.9	2.38	2.8	3.49	3.18	4.34

注：此表根据教育部公布的统计数据编制，表中"—"表示没有相关的统计数据。

从发达国家特殊教育的信息处理水平看，比较完整的特殊教育统计数据应该包括以下参数。

残疾学生方面的统计参数：

（1）全国范围内残疾学生在校人数的总量及残疾类别的分布数据；

（2）全国范围内残疾学生的不同残疾类别的在校人数的性别比和男女生总量分类统计；

（3）全国范围内残疾学生的不同残疾类别的入学和毕业年龄分布统计数据；

（4）全国范围内残疾学生的不同残疾类别所在各年级的人数统计；

（5）全国范围内残疾学生的不同残疾类别所在班级的平均人数、最大班级人数、最低班级人数及在各省、市分布状况的统计数据；

（6）全国范围内残疾学生的不同残疾类别中途辍学、转学的总人数及在各省市的分布状况统计；

（7）全国范围内残疾学生的不同残疾类别义务教育阶段后的去向分布，及在各省市的分布状况统计；

（8）全国范围内残疾儿童的不同残疾类别的入学率，及在各省市的分布状况的统计数据；

（9）全国范围内残疾学生的不同残疾类别的初中升学率统计数据；

（10）全国范围内残疾学生的不同残疾类别的高中升学率统计数据；

（11）全国范围内残疾学生的不同残疾类别的中等专业学校、高等院校升学人数及升学率的统计数据。

特教学校的专职教员及特教班、随班就读所在班级的非专职教员方面的统计参数：

（1）全国范围内专职和兼职特殊教育教师（以下简称特教教师）的总量，及在各省市分布状况的统计数据；

（2）全国范围内专职和兼职特教教师的性别、年龄、学历、资格证书的统计数据；

（3）全国范围内专职和兼职特教教师的特殊教育教龄的统计数据；

（4）全国范围内专职和兼职特教教师所担任课程的分类统计数据；

（5）全国范围内特教学校的校长、教导主任、特殊教育咨询工作者的统计数据。

此外，还应包括特教学校和招收残疾学生的普通学校各种硬件教育资源配置的分类统计数据。

依据现有的残缺不全的统计数据，我们还是可以对各类教育因素逐一加以具体分析。不过这样的分析必须有一个国际化的参照系统，否则很难发现在中国特殊教育的各因素中存在的深层问题。

1. 特教学校的规模、在校残疾学生的人数、生师比和班级平均人数

2002 年日本特教学校的校均人数为 95 人，而我国 2002 年特教学校的校均人数为 243 人，是前者的 2.56 倍。

从理论上讲，特教学校的数量越多，吸收的残疾学生越多，但在校人数过多的话，也会降低人均教育资源的可利用率，影响教学质量。一方面，我国的特教学校在数量上不多，且分布不均匀，中西部地区尤其缺乏。像西部的宁夏回族自治区，全自治区只有一两所特教学校，每年才招收几百名残疾学生就读。这对于有几万名适龄残疾入学儿童的全自治区来讲，无疑是杯水车薪。从中西部的整体情况看，根据中国残联的统计，西部 12 省（市、自治区）因贫困未入学的适龄残疾儿童少年 183355 人，占总数的 46.94%。中部经济欠发达的 6 省（河北、安徽、江西、河南、湖南、湖北）因贫困失学的适龄残疾儿童少年达 135181 人，占总数的 35%。从表面上看，如此高的失学率主要是因为残疾儿童的家庭经济贫困造成的，但特教学校在中西部地区的数量过少，教育成本过高，则是导致许多残疾儿童失学的客观原因。

另一方面，从发达国家的特殊教育的经验看，我国的特殊教育除了学校数量过少外，平均在校学生的人数过多，也是一个值得注意的问题。这实际上是悬在中国特殊教育头顶上的一把双刃剑。适龄入学残疾儿童的绝对数量太多，必然要求大规模增加特教学校，但由于经济、社会、文化发展水平的制约，全国绝大部分地区都不可能在短期内兴建太多的特教学校，结果必然是数量有限的特教学校吸收过多的残疾学生就读。这样一来，有限的教育资源，包括师资队伍、教室、宿舍、教学设备、康复器材等，势必不堪重负，从而严重影响了特殊教育的质量。在没有教育质量保证的前提下，单纯的入学数字无疑只具有统计学的意义。

特殊教育的特殊性之一就是要考虑到残疾学生与身心健全的学生在学习能力上的差别，尤其是智力方面的差别，因而必须采取个别化的教学方法。实施个别化教育的一个根本条件就是生师比，即直接从事特殊教育的教师与受教育的残疾学生的数量比例。根据教育部的统计数据，2002 年全国特教学校的专职教员为 2.98 万人，同期在校学生数为 37.45 万人，平均生师比为 12.57：1。与此相对照，2002 年日

本三类特教学校的在校残疾学生人数为 94171 人，而专职教员多达 59886 人，平均生师比为 1.57：1，接近一对一的比例。与日本相比，我国特教学校的生师比在全国范围平均高出日本的特教学校近 11 个百分点。像北京这样的教育资源相对丰富的地区，根据北京市教育委员会公布的统计数字，2003 年特教学校的生师比仍然高达 9.26：1（在校学生数 6177 人，专职教员 667 人）。因此，要实现真正意义上的个别化教育，在特殊教育领域即意味着一对一的个别化教育，还存在巨大的困难。教育部 1998 年发表的《面向 21 世纪教育振兴行动计划》提出："重视特殊教育，努力为广大残疾少年儿童提供受教育的机会，培养他们自主自强的精神和生存发展的能力。"这类呼吁性的表述与我国特殊教育的实际情况形成巨大反差。

我国的特教学校开设了多少个班级，每班平均人数多少，不同残疾类别的班级人数差额如何，关于这些问题，目前没有任何官方统计数据。教育部每年发布的"中国教育事业统计分析"，只统计普通学校的班级数量和班级平均人数，对于特殊教育却没有相应的统计数据。日本盲、聋、弱智（养护）三类特教学校的班级平均人数也许可以作为参考。

为便于核查，我们把中日两国 2002 年的特教学校的若干参数和日本特教学校班级的平均人数列表如下：

表 2　2002 年度中日两国特教学校的状况对比

国　别	中　国	日　本			
学校类别	（无全国性分类统计数据）	盲　校	聋　校	养护学校	三类学校合计
学校数量	1540	71	106	816	993
在校学生人数	37.45 万（无精确到十位数和个位数的统计数据）	3926	6719	83526	94171
专职教员人数	2.98 万（无精确到十位数和个位数的统计数据）	3449	4920	51497	59886
生师比	12.57：1	1.14：1	1.37：1	1.62：1	1.57：1

注：此表根据中国教育部网站 http：//www.moe.edu.cn/和日本文部科学省网站 http：//www.mext.go.jp/b_ menu/kensaku/index.htm 公布的统计数据编制。

表3　日本2003年度盲、聋、弱智（养护）
三类特教学校的班级平均人数对比

学校类别	班级总数（个）	在校学生人数	班级平均人数
盲学校	1349	3926	2.91
聋学校	1995	6719	3.36
养护学校（弱智）	23146	83526	3.6

注：此表根据日本文部科学省网站 http://www.mext.go.jp/b_menu/kensaku/index.htm 公布的统计数据编制。

2. 随班就读的相关因素

自1989年《关于发展特殊教育的若干意见》发表和实施以来，我国逐步在全国范围内推行残疾学生的随班就读工作。这十多年来，尤其是1993年以来，随班就读工作取得的成绩众所皆知，但存在的问题也非常突出。大面积推行随班就读工作的必要性不容否认，但由于相应的支持系统不配套，随班就读所在班级的任课教师的教学工作量太大，教师受过的特殊教育技能培训不够，以及残疾学生自身的社会适应程度低等因素，"随班混读"的现象普遍存在。同时需要指出，随班就读虽然能够安排个别残疾学生接受教育，但不能以牺牲绝大多数学生接受更好的教育的机会为代价。

根据教育部公布的统计数据，2002年在普通学校随班就读和在普通学校附设特教班就读的残疾儿童招生数和在校生数分别占特殊教育招生总数和在校生总数的65.10%和68.29%。这一比例说明，大部分残疾学生都在普通学校就读。因此残疾学生与普通学生的融合问题就值得特别关注。

残疾儿童随班就读能达到的效果和质量，在很大程度上取决于残疾儿童所在学校的整体状况。目前随班就读的残疾生主要分布在小学阶段，而小学阶段是对残疾学生普及义务教育的关键时期。从理论上讲，如果一个地区的小学在校人数或入学人数每年递减，教育经费和专职教员的数量没有相应地减少，反而增加，那么残疾学生随班就读所在班级的人数就有可能减少，教师的生均教学负担就有可能减轻，从而对残疾学生进行个别化教学的可能性就会加大。相反，如果小学的入学人数和在校人数呈上升趋势，而专职教员的人数、学校数量、现有学校的教室和其他教学资源的增长不能和小学的入学人数、在校人数的增长同步，甚至滞后，那么教师的生均教学负担就会加大，对随班就读的残疾学生进行个别化教学的可能性就会大大减小。

小学阶段的义务教育的实际状况如何呢？根据教育部公布的统计数据，2002年全国共有小学45.69万所，比上年减少3.44万所；在校生12156.71万人，比上年减少386.76万人。就整个"九五"计划期间的情况考察，全国小学的在校学生总数平稳下降，2000年比1995年减少180余万人。小学生减少的省、直辖市、自治区达到16个，主要分布在京、津、沪及沿海省份。与京、津、沪及沿海省份不同，西部省份（自治区）的小学在校生数量增长较快，其中西藏、甘肃、青海、新疆2000年与1995年相比，增长率在10%以上。

从上述统计数据看，就残疾学生在全国范围内的教育机会和教育质量的保障而言，喜中有忧。西部地区的小学在校学生数量如此快速增长，固然反映了教育落后地区的小学阶段入学率的提高，但如果教育投资没有增加，在校小学生的教育质量就会受到很大影响。普通学生如此，随班就读的残疾学生的教学效果和质量就更难得到保证了。

北京地区的情况也非常能说明问题。根据北京市教育委员会公布的统计数据，北京市自1991至2002年，小学入学人数和在校人数呈非常明显的递减趋势，小学校的数量也在相应锐减，专职教员的数量虽然在这期间有增有减，但最近几年，尤其是2000年以后，也在逐年递减。这样同步递减的趋势意味着北京地区小学的生师比在较长一段时间内不可能有太大的变化，因此残疾学生随班就读的实际教学环境和可得的教育资源改善和增加的空间不大，针对每一个残疾学生的特点实施个别化教学的可能性仍然不大。总之，在经济发展落后的西部地区，随班就读的残疾学生所处的总体教育环境形势非常严峻，在像北京这样的经济增长率较高、教育经费投入绝对值较大的大城市，情况也不容乐观。

由于残疾儿童身心障碍的特殊性，无论在专门的特殊教育学校学习还是在普通班随班就读，良好的教学效果都有赖于整体教学环境的改善和各项教育要素的合理配置，其中合理的生师比是决定能否对残疾学生进行个别化教学的基本条件。要保证残疾儿童随班就读所在班级的教师有足够的空间开展系统、长期的个别化教学，就需要减轻随班就读班级任课教师的工作强度。根据教育部公布的统计数据，从目前全国范围的平均水平看，2002 年全国小学专职教师有 577.89 万人，整体生师比为 21.04∶1，这一比例到 2003 年基本没有变化；全国初中阶段的专职教师有 346.77 万人，整体生师比为 19.29∶1。与发达国家相比，我国小学和初中阶段的生师比偏高，这就决定了各小学和中学的班级人数过多，尤其是初中阶段，大班现象有增无减，也是需要认真面对的问题。可以说，义务教育阶段的整体教育环境，对我国目前特殊教育的宏观格局构成了很大的制约。目前我国特殊教育的发展方针是普及和提高相结合，重点普及残疾学生的义务教育，而高达特殊教育全部招生人数 65.1%（2002 年的比例）的残疾儿童正通过随班就读和特教班的方式分布在义务教育阶段的普通小学和中学。居高不下的生师比和难以改变的大班教学模式，必然给担任随班就读教学工作的广大中小学教师带来巨大的压力，使得对残疾学生进行个别化教学在客观上成为不可能的。当然北京、上海等大城市的情况相对而言要好一些，这也是这些城市开展随班就读工作较有成效的一个客观条件。

在残疾生义务教育的后期阶段——初中阶段，提高随班就读的残疾生的教学质量所需要的资源更加缺乏。根据教育部发布的权威统计，在 1996～2000 年的"九五"计划期间，由于"普九"工作的积极推进，全国初中在校生的总数量 2000 年达到 6167.65 万人，比 1995 年增长 32.4%，其中有 16 个省、自治区的增长率超过 30%，主要分布在中西部地区，东部地区因学龄人口下降，增长不明显，其中北京的增长率为 -2.54%。

从全国总体状况看，初中阶段的一个突出问题是大班现象，而且最近几年来普通初中的大班现象愈发加剧，连续几年呈现增长态势，从而给个别化教学带来了巨大的困难。根据教育部公布的统计资料，2002 年全国普通初中的班数为 116.51 万个，其中 56～65 人的大班有 32.21 万个，比 2001 年增加 0.74 万个，占总班数的 27.65%，超大班（66 人以上）27.24万个，比上年增加2.69万个，占总班数的23.38%。大班和超大班的数量之和已经突破50%。根据在校初中学生和班级总数推算，2002年全国普通初中有在校学生66040600人，有1165100个班，平均每班人数56.7人。在这样的教育格局下，如何保证随班就读的残疾学生的教育质量，对教育规划的制定者和学校的管理者、教师都提出了非常严峻的挑战。

当然我们也应该看到，我国义务教育阶段的师资力量在整体上跟日本相差不大。有的地区，如北京，随着学龄儿童数量的锐减，小学阶段的生师比明显低于全国平均比例。根据北京市教育委员会公布的数据，2003年北京市小学的在校学生人数为546530人，专任教师有49843人，生师比为10.97:1。为醒目起见，我们把中日两国基础教育阶段从小学到高中的部分数据列表对照如下：

表4　中日两国基础教育状况对比

国　　别		中　　国	日　　本
年　　度		2002	2003
小学	在校学生人数	121567100	7226910
	专职教员人数	6340200	413890
	生师比	21.04:1	17.46/1
初中	在校学生人数	66040600	3748319
	专职教员人数	3430300	252050
	生师比	19.29:1	14.87/1
高中	在校学生人数	16838100	3809827
	专职教员人数	946000	258537
	生师比	17.80:1	14.7/1

根据中国教育部网站 http://www.moe.edu.cn/和日本文部科学省网站 http://www.mext.go.jp/b_menu/kensaku/index.htm 公布的统计数据编制。

从表4可以看出，虽然我国基础教育各阶段的生师比普遍高于日本，但两者的差距并不像特教学校的生师比那么大。因而在普通学校推行随班就读，并开展个别化教育的潜力依然是存在的。

在分析随班就读的结构要素的时候，有必要引入我国学者有关随班就读问题的一些研究成果，这对于准确把握随班就读工作的深层结构性问题不无裨益。

覃海琪等人的《北京市残疾儿童、少年随班就读调查报告》[1] 一文介绍了北京市昌平县弱智儿童的学习情况和适应行为的评价指标，对于残疾儿童随班就读的学习效果的评估初步提出了量化的方法。具体内容如下：

随班就读的弱智儿童的学习评价指标体系：①学习态度（学习兴趣、学习情绪、学习意志）：0.20 分；②学习习惯（预习、听讲、复习、作业）：0.20 分；③学习成绩（语文、数学、其他科目）：0.60 分。

随班就读的弱智儿童的适应行为评价指标体系：①自我管理和劳动能力（管理学习用具、生活自理能力、家务劳动、公益劳动）：0.32 分；②思想品德（热爱集体、做好事）：0.20 分；③生活习惯（守纪律、爱护公物、有礼貌、自我教育、诚实、专心）：0.48 分。

尽管这些评估指标仍然很粗疏，很不全面，但对于系统地掌握北京市随班就读儿童的在校表现，以及随班就读的教育效果起到了不小的作用。

此外，该文还提出了一条非常有价值、在当时很超前的建议："应着手考虑或试办高中随班就读学校，创造条件，发展残疾学生的高等教育和成人教育，吸收视力、听力语言和肢体残疾的学生在高等学校随班就读，开办高等特殊教育学校或大专班，建立残疾人的学前教育、九年义务教育的随班就读体系。"[2] 需要指出的是，这样一条有价值的建议却把弱智学生升入高中、大学继续学习的可能性排除在外。与日本智力残疾学生高达 98% 的高中升学率，大学入学率接近 2% 的特殊教育水平相对照，这样的建议从另一方面也反映了我国特殊教育工作者自身视野的局限性。特殊教育的专业工作者尚且如此，许多不熟悉特殊教育规律的政府官员在制订特殊教育的相关政策和措施时受到的局限，更可想而知了。

---

[1] 覃海琪等：《北京市残疾儿童、少年随班就读调查报告》，《中国特殊教育》1997 年第 4 期。

[2] 覃海琪等：《北京市残疾儿童、少年随班就读调查报告》，《中国特殊教育》1997 年第 4 期。

周卫等人的《上海市残疾儿童、少年随班就读工作调研报告》① 总结了上海市随班就读的主要教学管理模式："随班就读＋巡回指导；随班就读＋资源（辅导）教室；有分有合式的随班就读；随班就读渗透职教，早期分流。"该文说明上海的随班就读工作虽然起步晚，开展的进程相当谨慎，但积累的经验不少，无论在教学管理上还是在组织建设上，均领先于全国。

该文提出的一些非常有价值的建议，体现了目前国际上关于残疾儿童教育的一些先进理念，兹梳理如下：

（1）"必须尽快编写一本《随班就读工作手册》，以便在全市指导使用。"

以政府为主导制定操作平面上的特殊教育指南，这样的工作美国早在 1990 年代初就已经做了。日本 2004 年发表的《学习障碍、注意力缺陷或多动性障碍、高机能自闭症儿童特殊支援教育指导方针》也具有类似的性质。文章所提的建议体现了国际社会以政府为主导积极应对特殊教育的重要原则。

（2）"普通班班额大（一般在 50 人左右），在班级授课制中，如何对弱智儿童因材施教和实施个别化教育计划需要深入探讨。"

这一问题我们上文已经作过详细分析。

（3）"如何搞好小学与初中的衔接，加强初等职业技术教育，为弱智学生自立自强，掌握适合其特点的谋生本领，做好进入社会的准备，在办学模式、课程内容和劳动部门招工政策上均有待进一步改革。"

这一建议实际上忽略了残疾儿童进入高中阶段学习的必要性。

（4）"如何加强普通儿童与特殊儿童的交往，在课堂上尽量满足特殊儿童的特殊教育需要，促进弱智儿童的社会化进程，有待从理论与实践的结合上很好解决。"

这一建议实际上涉及随班就读具体成效的检验标准。目前大量的"随班混读"的情况影响了随班就读的社会适应性效果。

（5）"随班就读的对象需逐步从轻度弱智儿童拓展到轻度视障、听

---

① 周卫等：《上海市残疾儿童、少年随班就读工作调研报告》，《中国特殊教育》1997 年第 4 期。

障儿童和学习困难儿童。"

这一建议强调了广义特殊教育的必要性。

此外，对306名随班就读的课堂教师和282名随班就读的学生家长作的问卷调查的结果也是该文值得注意的一个重要方面。

根据该文作者的调查，有50.16%的随班就读的课堂教师认为，残疾儿童"在课堂上有时会干扰课堂教学秩序"；有58.82%的随班就读的课堂教师认为"工作负担较重"；有75.50%的随班就读的课堂教师认为，"随班就读的工作负担主要来自个别教学辅导"；有71.24%的随班就读的课堂教师认为，"弱智儿童小学毕业后的理想去向是特殊初职（初级职业技术学校）"；有51.82%的随班就读的课堂教师认为，"随班就读最大的困难和障碍是班额过大"；有77.79%的随班就读的课堂教师认为，"弱智儿童家长选择进普通学校随班就读的原因是避免歧视"；有67.24%的随班就读的课堂教师认为，"开展随班就读工作，首先要做的是师资培训"。根据五级量表算术平均分核定，随班就读对于"弱智儿童教育实效"的得分值为2.7分，基本属于作用不大（作用很大5分，作用较大4分，有作用3分，作用不大2分，没有作用1分）。

根据该文作者的调查，有41.54%的家长回答"学生随班就读前是在家照看"；有48.36%的家长"对孩子智力障碍的态度"是"竭尽努力帮助"，有33.45%的家长的态度是"忧心忡忡"；有81.9%的家长认为"对自己孩子最好的安置形式是随班就读"；有51.61%的家长认为"同学对弱智生的态度一般"；有82.08%的家长认为"教师与家长的关心同样重要，应多配合"；有67.38%的家长对于"孩子跟不上，如何安排"这个的回答是"随班升级"；有57.71%的家长认为"孩子小学毕业后的理想出路是升入中学"；有61.3%的家长"选择随班就读的主要原因"是有利于学生发展；47.2%的家长认为目前"随班就读中的突出问题"是"班额过大"。

上述调查数据反映了以下几个问题：

（1）随班就读的课堂教师与残疾学生的家长对随班就读所持的态度差距很大。随班就读的课堂教师由于残疾学生干扰课堂教学秩序、工作负担较重、班额过大、个别化教学困难、缺乏专业培训等原因，对随班就读持比较消极的态度。而绝大多数残疾学生的家长为了让自己的孩子获得发展机会，都赞同随班就读。

（2）无论随班就读的课堂教师还是残疾学生的家长，都认为学生小学毕业后应该升入初中阶段学习。

（3）绝大多数家长认为，在残疾学生的教育问题上教师和家长同样重要。

（4）无论残疾学生的家长还是随班就读的课堂教师，都普遍认识到"班额过大"是制约随班就读的教学效果的一个突出问题。

这些问题与我们上文分析的影响随班就读效果的各种因素基本一致。

2002年12月召开的全国随班就读工作经验交流会系统地总结了随班就读工作取得的成绩和存在的问题，以及造成这些问题的主要原因。会议认为目前随班就读存在的主要问题是：

（1）从整体上看，随班就读的教学质量不高，还处于低水平、低层次的发展阶段。

（2）随班就读的人数偏少，发展规模不能适应残疾儿童少年接受教育的需要。

（3）教学质量偏低，普通中小学教师队伍中熟悉残疾儿童少年的特点的教师不多。

（4）有相当一部分学生是在"随班就座"，或"随班混读"。

（5）专门服务于随班就读学生的设备、设施严重短缺，对随班就读工作的经费保障体系也未有效建立起来，投入明显不足。

（6）各地随班就读的工作发展不平衡，有一些地方仍未积极开展，有的地方甚至没有开展，出现了随班就读工作的盲区。

（7）部分地方放松了对随班就读工作的管理。随着"普九"验收的通过，有些地方又出现了残疾儿童辍学率的反弹回升，随班就读的学生数量也在减少，甚至有的中小学校公开拒绝符合条件的残疾儿童少年随班就读。

会议还认为产生这些问题的主要原因是：各级政府思想认识不到位；行政管理上随意性大，缺乏一套严密、科学的管理制度；教育教学的管理措施不力。

其实会议所指出的这些问题在全国是普遍存在的。产生这些问题的原因是多方面的，政府管理体系不健全，管理制度不完善，管理缺乏针对性，固然是其中的一些主要原因，但最根本的原因还是特殊教育的主管人员缺乏对随班就读的调查和研究，不了解制约随班就读工作的深层因素，对于随班就读的工作缺乏科学、合理的规划。

3. 高中阶段的特殊教育

完成九年制义务教育之后，普通学校的非残疾毕业生面临升入高中继续学习的问题。从理论上讲，有特殊教育需要的残疾儿童在完成九年制义务教育后也面临升学的问题。事实怎样呢？根据教育部公布的统计数据，从 1990 年到 2002 年，普通学校初中毕业生的高中升学率由 40%增加到 58.3%（见表 5），但与发达国家的升学率（日本、美国的升学率都达到 100%）相比，我国的基础教育在普及率和提高率上尚有很大的差距。普通学校初中毕业生的高中升学率尚且如此之低，残疾学生的高中升学率更不可能提到议事日程上来了。从这一角度看，我国高中阶段的特殊教育到目前为止几乎处于空白状态这一事实，就很容易理解了。

表 5   全国普通学校初中毕业生高中升学率对照表

年　　份	初中升高中的升学率	年　　份	初中升高中的升学率
1990	40.6	1997	51.5
1991	42.6	1998	50.7
1992	43.6	1999	49.5
1993	44.1	2000	51.2
1994	46.4	2001	52.9
1995	48.3	2002	58.3
1996	48.8		

注：此表根据教育部公布的统计数据编制。

根据中国残联公布的统计数据，2000 年全国特殊教育高中仅开设了 24 所，在校残疾学生 1809 人，其中盲高中 7 所，在校盲生数为 344 人，聋高中 17 所，在校聋生数为 1465 人。如果照学制 3 年计算，其就学对象应该涵盖 1998 年、1999 年、2000 年这 3 年的义务教育阶段的所有残疾毕业生。而这 3 年特教学校和随班就读或普通学校附设的特教班的残疾生毕业人数分别为 3.49 万人（1998 年），3.18 万人（1999 年），4.34 万人（2000 年），3 年合计 11.01 万人，高中升学率仅为 1.64%。2001 年的情况更为严峻：特殊教育高中在校生人数下降到 1521 人，其中盲高中减少 1 所，变为 6 所，在校盲生 404 人，聋高中减少 5 所，变为 12 所，在校聋生下降到 1117 人。与日本几乎高达 100% 的残疾生高中升学率相比，我国的特殊教育在义务教育阶段之后的水平非常低，而且如此低的残疾生高中升学率还仅仅包括三类残疾生中的盲生和聋生，到目前为止，三类残疾学生中比例最大的弱智生的高中升学率依然为零。

根据日本文部科学省 2003 年的统计数据，全日本升入盲、聋、养护学校高中部或普通高中的盲生达 98.3%，聋生达 99.3%，弱智生达 96.1%。具体情况参见表 6。

表6　日本盲、聋、弱智三类残疾学生初中（中学部）毕业后的主要去向

类别		升入高中的人数		升入专修学校（高等课程）的人数	升入专修学校（一般课程）的人数	升入公共职业能力开发机构的人数	就业人数	无法归类人数	转学至其他省份人数	高中升学率	
			函授教育者除外后							（%）	函授教育者除外后
盲学校中学部（人）	男	95	93	93	—	—	—	—	2	5	97.9	97.9
	女	79	78	78	—	—	—	—	1	6	98.7	98.7
	合计	174	171	171	—	—	—	—	3	11	98.3	98.3
聋学校中学部（人）	男	324	321	321	—	—	—	—	3	6	99.1	99.1
	女	272	271	270	—	—	—	—	1	7	99.6	99.3
	合计	596	592	591	—	—	—	—	4	13	99.3	99.2
养护学校中学部（人）	男	4066	3907	3899	7	—	6	—	141	29	96.1	95.9
	女	2371	2276	2256	4	—	2	1	84	24	96	95.1
	合计	6437	6183	6155	11	—	2	7	225	53	96.1	95.6

注：此表根据日本文部科学省 2003 年的统计数据编制。

与中国不同，日本早在 20 世纪 50 年代就已经建立了盲校、聋校、养护学校（培智学校）幼儿部、初中部、高中部一贯制的特殊教育体

系。这个体系避免对其中某一阶段的忽视和对另一阶段的过分强调，而是注重各阶段连贯、平衡的发展。日本特殊教育的成就很大程度上来自对特殊教育相对合理、科学的总体规划，以及政府持有的关于特殊教育的进步理念。我国关于特殊教育的普及与提高的方针是根据中国的经济发展水平制定的，并不完全符合特殊教育的发展规律。目前按照这一方针推行的特殊教育工作越来越暴露出两方面的问题：一是完全忽视残疾儿童学前阶段的教育，导致义务教育阶段的教学质量无法得到保证；二是忽视义务教育阶段之后的高中和高等教育，导致许多残疾学生毕业即失学或失业。许多残疾学生初中毕业后又回到了原先的生活状态，为以后的就业带来了巨大困难。

4. 残疾学生高中毕业后的高等教育

上文曾经指出，目前我国残疾学生的高等教育仍然停留于"精英教育"阶段，全国大专院校每年录取的残疾考生不到三百名，相对于几十万的残疾少年，无疑是杯水车薪。关于残疾学生的高等教育问题，关键是要把残疾学生的高等学校的升学率放在残疾学生完成义务教育之后的去向这个背景下加以考察。

日本的经验对于我们分析这方面的问题很有启发意义。日本的特殊教育体制在高中阶段之后表现出这样一些特点：①与义务教育和高中阶段明显不同，残疾学生的毕业去向开始朝多元化的方向发展。三类残疾学生里面，盲生和聋生的主要去向为升入大学继续学习，弱智生的主要去向则为就业和其他无法跟踪的分流形式。②三类残疾学生里面，聋生的大学升学率最高，其次为盲生，最低的是弱智生。从就业率来看，聋生的就业率最高，其次是弱智生，盲生的就业率最低。

与日本的情况对比，可以看出我国残疾学生的分流格局到初中阶段就已经形成。这意味着高中阶段和此后的大学教育与绝大多数残疾生无缘。从升学与就业分化的角度考察，日本的情况与我国差别也很大。我国的弱智学生在三类残疾生中就业率最低，升学率也最低（高中阶段即为零纪录）；而日本的弱智学生高中毕业后的就业状况好于盲生。

我们把日本2003年盲、聋、弱智三类残疾生高中毕业后的主要分流情况列表如下：

表7　日本盲、聋、弱智三类残疾学生高中（高等部）毕业后的主要去向

类别		升入大学的人数			升入专修学校（专门课程）的人数	升入专修学校（一般课程）的人数	升入公共职业能力开发机构的人数	就业人数（除左侧各项）	无法归类人数	大学升学率		专修学校（专门课程）升学率（%）	就业率（%）
				函授除外后						（%）	函授教育者除外后		
盲校高等部（人）	男	217	106	106	1	1	6	31	72	48.8	48.8	0.5	14.7
	女	120	56	55	—	1	3	9	51	46.7	45.8	—	7.5
	合计	337	162	161	1	2	9	40	123	48.1	47.8	0.3	12.2
聋校高等部（人）	男	277	147	147	2	2	15	82	29	53.1	53.1	0.7	29.6
	女	193	100	100	6	3	23	38	23	51.8	51.8	3.1	20.2
	合计	470	247	247	8	5	38	120	52	52.6	52.6	1.7	25.7
养护学校高等部（人）	男	7198	92	86	34	12	211	1486	5359	1.3	1.2	0.5	20.7
	女	4311	83	78	22	15	98	733	3353	1.9	1.8	0.5	17
	合计	11509	175	164	56	27	309	2219	8712	1.5	1.4	0.5	19.3

注：此表根据日本文部科学省2003年的统计数据编制。

5. 学前教育的家庭支持系统的必要性

我们在上文已经指出，作为特殊教育的一个重要环节，残疾学生的学前教育对于残疾学生的残疾康复、智力开发，以及今后的义务教育的质量都会产生重大的影响。从这一意义上说，残疾儿童的教育本身就是一个系统工程。对于残疾儿童的教育保障，既要考虑到教育支持体系的持续性和后续性，又要考虑到残疾儿童的身心特点，以便在教育计划的实施和操作上体现出超前性。这样的特殊教育理念在教育体制的构建上表现为同等重视残疾儿童的学前教育和高中、大学教育。当然，理想的特殊教育理念并不能代替严峻的现实。

从全国范围看，我国残疾儿童的学前教育处于不系统、无组织的状态，基本上是由残疾儿童的父母承担的。从政府的责任归属的角度讲，目前残疾儿童的学前教育既缺乏严密的组织保证，又没有相应的有成效的干预措施。与对正常儿童进行早期教育不同，残疾儿童的家长要对残疾儿童进行学前教育，一方面要承受巨大的心理压力和经济压力，另一方面他们又缺乏对残疾儿童实施早期教育的知识。巨大的心理压力和沉重的物质负担使得众多家长在义务教育阶段对特教学校或随班就读的所

在学校过分依赖，在配合学校教育方面被动应付，甚至常常推诿责任。因此，对于残疾儿童的父母给予及时、必要和充分的支持，不仅能够减轻残疾儿童的父母所承受的巨大的物质和精神的压力，而且也体现了对于残疾儿童的教育特性的深刻认识。政府在这种情况下应该承担的责任是重大和关键的。从政府层面对于残疾儿童的家庭给予必要的教育支持，而不是仅仅停留于发放最低生活保障费之类的物质救济的层面上，也是一个国家的教育水准、文明程度的重要标志。从国际社会通行的新型残疾人观念看，残疾人的问题并不是残疾人自身和残疾人家庭本身的问题，而是一个全社会都需要关心和参与的综合性问题。

回顾国际社会关于家庭在残疾儿童的成长过程中所起作用的一系列重要文件，对于我们深入理解建立残疾儿童家庭支持体系的必要性和迫切性，也许不无裨益。

1989 年联合国通过了《儿童权利公约》，重申了儿童优先的原则，并明确阐述了儿童，包括残疾儿童，与家庭的重要关系。《儿童权利公约》在序言中说："……儿童有权享受特别照料和协助，深信家庭作为社会的基本单元，作为家庭的所有成员，特别是儿童，成长和幸福的自然环境，应获得必要的保护和协助，以充分负起它在社会上的责任，确认为了充分而和谐地发展其个性，应让儿童在家庭环境里，在幸福、亲爱和谅解的气氛中成长……"

与国际社会普遍接受的基本原则相对照，我国政府虽然也注意到残疾儿童学前教育的重要性，但在具体的实施方法和责任归属上，往往缺乏中央政府主导的意识，也没有制定出像美国那样由联邦政府主导的全国范围的家庭特殊教育支持计划，更没有从组织、经费上采取切实有效的措施。虽然各地的残疾人联合会每年都对残疾儿童的家长进行一定的培训，但由于缺乏专家小组的支持和培训经费，培训方法不到位，结果往往流于形式，成为工作汇报中的空洞数字。由于缺乏中央一级政府主导的个别化教育家庭支持计划的导向，虽然部分幼儿教育机构的教师出于对残疾儿童的同情或朴素的敬业精神，尝试过一些学前教育的方法，但这些方法大多零散不成系统，效果也不明显。

近几年，我国部分特殊教育专家在残疾儿童的学前教育方面，特别是在残疾儿童的父母承受的心理压力的研究方面，提出了许多非常有价值的观点，为残疾儿童的学前教育奠定了坚实的理论基础。这些学术成果何时能转化为政府的行为，是我们特别关注的问题。

张宁生等人认为，残疾儿童的父母对于残疾子女一般经过五个阶段的心理变化：否认、自责和罪恶感、困惑、沮丧、接纳。对于父母如何调整自己的心态，作者提出可以依靠三个方面的支持：自我理性支持（情感支持、行为支持、自我发展），家庭情感支持（夫妻共担责任，保持身心健康），社会服务支持（医院、学校、社会服务）。[1] 但是作者忽视了一个非常关键的支持系统，即政府有组织的支持系统。

关于残疾儿童的父母承受的心理压力，张宁生等人认为残疾儿童的父母承受着五个方面的心理压力，从大到小依次为：终身照顾、经济负担、个人与家庭问题、缺乏成就感、过分保护。这五个方面又与个人发展受限、家庭生活受到影响、经济负担加重、对孩子的前途担忧、情绪低落、担心孩子的安全、自尊心等七个因素发生多向度的关联。例如：个人与家庭问题的压力就有可能产生个人发展受限、家庭生活受到影响、情绪低落等现象。[2]

由此可见，对于残疾儿童的父母的教育支持，不仅是残疾儿童身心发展的需要，也是解决好部分家庭生存与发展问题的需要。家庭作为社会的基本构成单元，对于整个社会的稳定和发展都起到至关重要的作用。因此，对于残疾儿童教育的家庭支持系统能否尽快建立，并有效地发挥作用，是一个严峻的社会问题，决不是可以等闲视之的事务。

三　部分省市特殊教育调查的启示

笔者于 2003 年 8～10 月在江苏如皋市、上海市黄浦区和长宁区、河北保定市、北京海淀区等地方就残疾青少年的教育和就业问题进行了实地调查，发现了一些从全国性、公开的统计数据之中无法发现的问题，也加深了我们对于我国特殊教育现状的认识。

---

① 参见张宁生等：《残疾儿童父母如何调适心路历程》，《心理科学》1997 年第 20 卷。
② 参见张宁生等：《残疾儿童父母心理压力问卷》，《中国特殊教育》1999 年第 1 期。

（一）江苏如皋市的特殊教育状况

如皋市的特殊教育调查活动包括：

（1）访问如皋市残疾人联合会，并对理事长进行访谈；

（2）访问如皋市教育局的小学教育科，并对小学教育科科长、部分随班就读的小学校长、任课教师进行访谈；

（3）访问如皋市聋哑学校，并对学校校长、教导主任、任课教师、残疾学生代表、残疾学生家长进行访谈；

（4）对残疾学生随班就读所在班级的任课教师、普通学生、残疾学生、残疾学生家长、普通学生家长进行访谈。

如皋市作为苏北的一个刚刚改制几年的县级市，其经济发展水平在江苏省不算太高。然而在如皋市残联和市政府的努力下，如皋市的残疾人事业，包括残疾儿童的特殊教育，都取得了显著的成绩。不过存在的问题也不容忽视，这些问题在某种意义上也反映了中国中小城市残疾人事业的共同特性。

本次调查发现了以下几个非常突出的问题。

1. 高入学率下隐藏的问题：失学救助与随班就读的"有教无类"

2003 年如皋市聋儿童和弱智儿童的入学率高达 94% 和 97%，盲儿童的入学率也达到 76%。《江苏省残疾人事业"十五"计划纲要》（2001～2005 年）提出了特殊教育的总体目标：残疾儿童入学率达到 98% 以上。不可否认，在为残疾儿童创造受教育的机会方面，尤其是在提高残疾儿童义务教育的普及率方面，如皋市政府、如皋市残联的努力都是难能可贵的。然而由于全国范围内"普九"的达标体系过于强调残疾儿童入学数量的提高，而很少注意残疾儿童的教育质量的保证，因此如皋市的特殊教育也面临着许多无法化解的矛盾。

如皋市目前仅有一所聋校，9 个班，招收了聋哑学生 97 人，另外招收了弱智学生 11 人；唯一的一所弱智学校仅有 2 个班，招收了弱智学生 9 人。特教学校的规模如此之小，决定了绝大多数残疾儿童，尤其是弱智儿童，要到普通学校去随班就读。截至 1995 年，如皋市 7～12 岁的残疾儿童共有 556 人，已入学的残疾儿童 518 人，未入学的 38 人。其中视力残疾儿童 28 人，已入学 18 人，未入学 10 人；听力语言残疾儿童 78 人，已入学 65 人，未入学 13 人；智力残疾儿童 450 人，已入学 435 人，未入学 15 人。13～15 岁的残疾儿童共有 326 人，已入学 231 人，未入学 95 人。其中视力残疾儿童 25 人，已入学 14 人，未入学 11 人；听力语言残疾儿童 53 人，已入学 32 人，未入学 21 人；智力残疾儿童 248 人，已入学 185 人，未入学 63 人。总计残疾儿童人数 882 人，已入学 749 人，未入学 133 人。从统计数据可以看出，《中国残疾人事业"八五"发展纲要》实施期间，如皋市残疾儿童义务教育的入学率仅为 84.9%。从 1995 年的 84.9% 的入学率提高到 2003 年平均 89% 的入学率（三类残疾儿童中，聋儿童的入学率 94%，弱智儿童的入学率 97%，盲儿童的入学率 76%），成绩显然是主要的。

不过有一个特别值得注意的问题：在许多教育资源比较丰富的大城市所采取的主要吸收低度弱智儿童随班就读的模式，在如皋市实施起来却特别困难。从如皋市 2000 年秋季智残儿童测试表里可以看出，总数 101 人的弱智学生里，轻度弱智生 64 人，占 63.4%，而中度弱智生多达 37 名，占弱智生总数的 36.4%。中度智力残疾儿童在普通学校随班就读，其教学质量能否保证，令人担忧。这种情况说明了如皋市的特殊教育还处于数量上的粗放型阶段，而没有建立起针对不同残疾类型、不同残疾程度的分类教育体系；同时也说明了在如皋这样的中小城市，特殊教育的资源非常有限。这种情况可以看作全国的一个缩影。

我们还注意到：一方面是较高的入学率，另一方面，在如皋市的许多农村地区或城乡结合部，仍然存在着残疾儿童因贫困失学的严重问题。根据 2002 年如皋市贫困失学残疾儿童征求社会各界救助名单（2002 年 5 月 18 日《如皋日报》），到 2002 年，仍有 87 名残疾儿童因贫困不能入学，其中有的残疾儿童年龄已经达十五六岁，相当于九年义务教育的毕业年限。具体情况如下。

2002 年度如皋市贫困失学残疾儿童征求社会各界救助名单：

总数 87 名。残疾类型：肢体残疾 23 名，占 26%；视力残疾 11 名，占 12%；听力语言残疾 19 名，占 22%；智力障碍 21 名，占 24%；精神残疾 6 名，占 7%；综合残疾 8 名，占 9%。性别差异：男 56 人，女 31 人。年龄结构：1986 年出生（16 岁）5 人，1987 年出生（15 岁）8 人，1988 年出生（14 岁）6 人，1989 年出生（13 岁）15 人，1990 年出生（12 岁）9 人，1991 年出生（11 岁）7 人，1992 年出生（10 岁）

12 人，1993 年出生（9 岁）9 人，1994 年出生（8 岁）5 人，1995 年出生（7 岁）9 人，1996 年出生（6 岁）1 人，1998 年出生（4 岁）1 人。

2. 特教学校的资源严重不足，而示范学校的创建呼声甚高

调查发现：一方面，如皋市的特殊教育受到经济发展水平的制约，教育资源严重不足；另一方面，在实施《江苏省残疾人事业"十五"计划纲要》（2001～2005 年）期间，要有 50% 以上的特殊教育学校达到现代化示范学校的标准，如皋市教育行政部门不得不忙于特教示范学校的建设。为此，如皋市教育局考察了常州市聋哑学校、武进市特殊教育学校、无锡市盲聋哑学校、无锡市聋儿听力语言康复中心、如东县逸夫特殊教育学校等特殊教育的先进或示范单位，得出两点经验：

（1）残疾学生毕业后能否尽快就业，实现社会化，直接取决于特殊教育的质量。例如：常州市聋哑学校由于有丰富的教育资源做支撑，教学质量较高，其毕业生几乎都能到福利企业就业。

（2）向从事特殊教育工作的一线教师提供较高的物质待遇，是调动教师积极性的关键因素之一。如苏南几所特教学校的教师津贴已经由国务院规定的标准工资津贴的 15% 提高到 25%，再外加 4000 元左右的年终奖金，已经使特殊教育岗位在职业门类中具有较强的竞争优势。

3. 特教一线的艰难心声与政府一级的远大规划

如皋市《关于加快发展特殊教育事业的意见》提出："到 2005 年，全市视力、听力、智力残疾适龄儿童的入学率达到 95% 以上，7～15 周岁的残疾儿童接受九年义务教育的比例稳定在 95% 以上。创造条件帮助解决好学生毕业后的就业问题以及就业后的残疾职工教育、继续教育问题。尽快启动聋哑学校的'创建'工程，努力建成一所高质量、有特色、现代化的特殊教育示范学校。"姑且不论市政府提出的这些目标能否实现，即使这些指标实现了，实际效果又会如何？与政府的远大规划形成鲜明对照的是工作在特殊教育第一线的特教学校校长、教师的困惑。

在访谈中，聋哑学校的校长、教导主任、教师代表反映了基层特殊教育的现实困难，提出了许多值得我们反思的重要问题，归纳起来有以下几点：

（1）绝大部分残疾学生都属于后天药物致残

从调查中发现：残疾学生致残的原因主要是后天的药物使用不当，

其中后天药物引起弱智的情况大约占80%，在广大农村地区，产前筛查不到位和医疗条件落后是大量儿童致残的原因。这反映了我国广大农村地区的医疗保障仍然处于较低水平，政府在这方面的主导作为不多。

（2）教育资源严重不足，制约和影响了特殊教育的质量和效果

如皋市聋哑学校平时的课堂教学手段基本上还停留于简单的图片展示，或通过一些日常替代性实物，结合抽象的文字进行教学。学校的特殊教学法就是看图识字，或模仿超市等进行情景教育。但模拟情景教学常常由于经费问题而不能实现。至于多媒体辅助教学，既缺乏必要的设备，又缺少懂操作的教师。在实地观察中我们发现：该校仅有为数很少的几台电脑，集中在电脑房里供教师和学生轮流使用，普通教室则未配备任何电脑、投影仪等基本的多媒体教学设备。

教室资源有限，一个班的名额太多，也对进行一对一的个别化教学构成很大困难。该校学生总数108名，每班10个学生左右。从全国的普遍情况看，班额大的问题似乎不突出，但和发达国家对比之后就可以发现：目前我国以10人左右为一个班的特殊教育单位，对于特殊教育的对象残疾儿童而言，仍然不符合特殊教育的基本规律，要实施个别化教学有很大障碍。

弱智儿童的特殊教育在如皋市的特殊教育体系中也是一个比较突出的问题。上文我们曾经指出，由于教育资源不足，许多弱智儿童，包括中度智障儿童，都被安排在普通学校随班就读，教学效果令人担忧。在特教学校就读的弱智儿童同样也面临许多问题。由于师资缺乏，住宿问题无法解决，目前如皋市聋哑学校只招收了12名弱智儿童，分为两个班：五年级一个班，九年级一个班。每班学生的年龄跨度较大。

学校教学资源的扩充有赖于必要的资金投入。学校资金的来源一般看地方官的情绪。教育实行包干政策，教育局负责主要部分。社会力量对学校帮助不大，有的上百人的大公司在助残日只给学校捐2块钱。总之，学校的信息比较闭塞，缺乏资金，缺乏社会共建的渠道。

学校负责人指出：学校的资金来源本来就少，有限的教育经费又经过层层盘剥，真正拨到聋哑学校的只占其中一部分。教师的工资大概是每月1000到1500元，如此有限的工资还必须每年上缴700～800元作为城市下岗职工再就业或交通问题的补助款项。地方政府的种种令人不解

的做法，对于特殊教育教师的积极性产生了负面影响。

（3）有组织的家庭教育支持非常必要

部分教师代表反映，孩子的学习情况因个体差异与家庭条件不同而有很大差距。除个别家长外，在功课方面，一般家长根本无法和孩子沟通，更谈不上帮助、指导学生完成家庭作业。有的老师认为：家长对学校不理解，以为送孩子来特教学校，就是让他们学会加减乘除和基本知识。有些重度弱智的孩子，学习了九年仍然不会简单的数学，家长怪罪学校无能。在学校老师做了行为矫正以后，家长没有在家里积极配合，因此教育成效不明显。还有的家长只关注孩子的知识掌握了多少，不懂得关注孩子的社会适应能力的发展。许多家长在孩子身上花的精力比较少，有的家长对残疾子女只管给钱，具体的学习、生活全部推给学校，一概不管。也有的教师特别指出：残疾儿童进入学校越早，认知能力越强，越有可能获得身心康复和补偿，学习效果也越好。

残疾学生的特殊教育是采取特教学校的方式还是随班就读，取决于多方面的因素。调查发现：特教学校由于专门从事残疾儿童的教育，比普通学校积累了更多的特殊教育经验，实际上更适合残疾学生就读。然而很多残疾儿童的家长出于面子，更愿意把自己的孩子送到普通学校随班就读，最后由于跟不上普通学校的学习进度，不得已才转到特教学校就读。

由此可见，家长必须懂得残疾子女的教育特点，因而有必要就特殊教育接受系统、科学、合理的家庭培训。然而恰恰在这方面，政府没有任何作为。

（4）残疾学生问题很多，有待于特殊教育研究者提供具体、有效的对策

在调查中我们发现聋哑学生存在一些特殊的问题，面临一些特殊的困难，有待特殊教育理论从教育方法上提供具体、有效的指导。这些问题主要是：①残疾学生的心理障碍是身体残疾的副产品，残疾儿童的特殊教育必须加大心理咨询、心理教育的力度。如聋生一般比较敏感、多疑，这一问题似乎是聋哑人这一群体的共同特征。目前学校的教师经过这方面专业训练的不多，在开展有针对性的教育方面存在诸多困难。②聋哑学生的社会融合问题比较突出，缺乏有效的对策。聋哑学生有一个相对封闭的圈子，他们彼此对话非常多，和外界却相对隔绝。关于这

个问题，我们在许多学术文献中注意到有关的研究成果。问题在于，对于残疾学生，尤其是聋哑学生，在强调社会融合的同时，是否应该尊重他们通过独特的手语交流系统所形成的准文化模式？事实上，许多聋哑人在和正常人交流时因交流手段的差异而屡屡受挫，从而更倾向于和聋哑人进行交流，寻找心理上的平衡。这个问题既是一个实际的教育问题，也是一个重要的理论问题。有的老师指出：部分残疾学生之所以转到聋哑学校学习，除学习跟不上普通学校的进度外，一个主要原因就是在普通学校随班就读遇到许多歧视，和普通学生无法融合；来到特教学校后，大家的情况基本相同，反而心情愉快，减少了心理压力。

（5）弱智儿童的一个明显特点是情绪波动大，自尊心的维护需要各方面的努力

根据任课老师的看法，弱智儿童一般情绪波动较大，非常敏感，而且是非分辨能力不强。弱智儿童情绪波动的原因是多方面的，其中残疾儿童的父母和教师对孩子的态度是影响弱智儿童情绪的主要原因。因此，对于弱智儿童的教育，有必要特别关注其心理健康，维护其脆弱的自尊心，在教育方法和教育技巧上多下工夫。这里也涉及对于弱智儿童的父母的教育支持问题。

4. 残疾方与非残疾方各执一词：普通儿童家长存在忧虑

围绕随班就读问题的访谈，使我们发现了以下一些重要的问题。

（1）关于随班就读残疾生的成绩是否应该和任课教师的教学水平评估挂钩，尚没有明确的政策

有的小学实行残疾学生的成绩不计入班级总分，而是加分的办法，解决了教师的后顾之忧；同时也给残疾生教学效果的考核带来了困难。有的学校没有把残疾学生的成绩和正常学生的成绩分开，而是把他们的成绩结合起来对教师的教学效果进行考核。这样做固然有利于促进教师对残疾学生的教学投入，但也给教师在评优、提升方面带来了压力，容易导致教师拒收残疾生。

如皋市教育局主管随班就读工作的小学教育科科长认为：应该积极推进个性化的教学方法；同时必须转变思路，看到弱智儿童和差生也是一种宝贵的教学资源，弱智儿童和差生的教学是对老师的挑战、促进，教师的师德、能力、教学水平等都可以通过弱智儿童的教育效果加以检验。

（2）残疾生义务教育期间的辍学问题堪忧

根据如皋市教育局小学教育科科长的分析，许多残疾儿童之所以不能在小学毕业后继续升入初中学习，而是在义务教育的前半阶段就辍学了，是因为家庭的经济条件较差。该科长指出：许多弱智儿童的家长由于家庭经济状况的制约，都希望子女小学毕业后辍学，只有少数家庭经济状况较好者才能让孩子完成九年制义务教育；聋生的情况则是大都入学时间较晚，上学时间长，需就业，也很难继续上学。

（3）随班就读的残疾学生面临的教育软环境存在诸多问题

随班就读的残疾学生面临的教育软环境包括学校、教师、同学、家长等多个方面。通过对小学校长、残疾生家长、任课教师、正常同学及其家长的访谈，我们发现如皋市随班就读的残疾生面临的教育软环境并不理想。

有的小学校长指出：不少教师在接纳残疾生的问题上存在程度不同的抵触情绪，这种情绪大多出于现实因素的考虑；但一旦接受，绝大多数教师都能认真教学，关爱残疾学生，努力为残疾学生营造一个良好的学习氛围。

有的任课教师反映：不少残疾儿童的家长出于面子和社会舆论压力，为自己的孩子尽量争取随班就读，而不送到聋哑学校。残疾孩子能上普通小学，父母心理也获得了平衡。可很多父母，尤其是农村地区的家长，对子女并无过高期待，孩子放学回家后，基本得不到辅导。

（4）残疾学生对正常学生的负面影响不容忽视

残疾学生随班就读的政策，就其出发点来讲，固然无可非议，但在吸收何种类型的残疾生就读这一点上，实际情况千差万别。教育部的有关文件仅仅规定了随班就读的小学可以接受低度弱智儿童，条件不具备的地方可以放宽到部分中度弱智儿童，对于残疾儿童的行为表现是否作为接受的一项条件，并没有明确的规定。从调查中我们发现：部分行为表现极端异常的智力残疾学生随班就读之后，不仅带来很多教学上的困难，而且严重影响到正常学生的学习和生活。对于这种情况，任课教师仅靠同情和耐心是不能完全解决问题的。在充分考虑残疾学生接受教育的同时，不能以牺牲绝大多数正常儿童的教育发展为代价来追求较高的残疾生义务教育入学率。

弱智生吴×的情况非常具有典型性。根据任课教师和同班同学的介绍，该生年龄较大，15 岁，性格暴躁，喜欢打人，调戏女生，自控能力极差。在上课时也经常拉扯女生进行骚扰，不让别人做作业，经老师批评后无改正迹象。受骚扰者讨厌他，没有与之交流的意愿，且部分受骚扰的女生心理压力重，学习成绩下降。该生基本没有参与集体活动的能力，无集体意识。该生的数学成绩一两分，其他科目基本是零分。上课从不举手，课堂提问无反应，无法辅导帮助。该生家长从不到校过问其具体情况，从不和老师联系，完全采取放任自流的态度。

面对这样的残疾学生，任课教师多次呼吁学校采取切实措施，解决这一问题，校方却拿不出解决的办法。随班就读所在班级的正常学生的家长也对此表示担忧，他们希望自己的孩子平时少理该生。如果这种情况得不到纠正，影响到自己孩子的学习成绩，给日后升学带来不利影响，就要和学校商量调班。不管结果如何，保证自己的孩子的学习成绩是头等大事。由此可见，随班就读的残疾生对正常学生的负面影响不可低估。

（二）上海市特殊教育透视

在上海，我们走访了黄浦区残联、黄浦区晨光学校（辅读学校）、长宁区初级职业学校，并和相关单位的人员进行了座谈。通过调查发现：上海的特殊教育无论教育理念还是具体的教育实践，都走在全国的前列，其中有许多措施和做法基本与国际接轨；但存在的问题也是显而易见的。黄埔区作为上海最大的市区，其特殊教育的实践非常具有典型性，可以看作整个上海市特殊教育的缩影，而长宁区的特殊教育经验则以其鲜明的特点对前者形成补充。

1. 黄浦区特殊教育统计数据的启示

根据黄埔区残联提供的统计数据，截至 2002 年，黄埔区的特殊教育状况如下：①有 2 所特教学校（晨光、曙光），1 所幼儿园，1 所聋儿语训部，其他随班就读普通学校。②残疾儿童入托 17 名，入园 11 名，共 28 名，占 0～7 岁残疾儿童总数（40 名）的 70%；2 所特教学校的学生人数 239 名，随班就读学生 377 名，两者合计 616 名，占适龄入学残疾儿童总数的 95.5%，另有实行送教上门的重残脑瘫儿童 12 名。③特教学校的平均生师比为 1.58:1。

上述统计数据代表了上海市特殊教育的基本状况，其中值得注意的是，对于残疾儿童学前教育的干预反映了上海市特殊教育工作的领先性。与各地侧重提高残疾儿童义务教育入学率的一般做法相比，上海已开始把特殊教育的介入点提前到学龄前儿童，对所有学龄前残疾儿童进行系统筛查，登记造册，安排入托、入园，进行以康复和教养为主的学前教育，初步形成了学前教育、义务教育、职业技能教育一体化的特殊教育体系。根据上海市黄浦区残联的《黄浦区残疾人事业"十五"计划中期检查自查评估报告》，黄埔区对于学前残疾儿童的特殊教育主要采取了这样一些措施：①在对残疾儿童实行早发现、早诊断、早康复的基础上，与区儿童保育所制定了定期交换残疾儿童名单的制度。②与区教育部门一起在本区的托幼机构、小学内联合开展残疾儿童入幼、入学的情况调查，掌握残疾儿童接受康复支持和教育干预的实际情况。③委托半淞园肢残康复站为12名学龄前残疾儿童建立了康复档案。④由区特殊教育康复中心面向残疾儿童家庭开展指导和培训。⑤对无法入学的重度残疾儿童，由特教学校的教师送教上门，并指导父母进行家庭训练和教育。一句话，黄浦区对于所有的残疾儿童均实行"零拒绝"的教育政策。

其次，个别化教育的理念开始转化为有成效的实践。统计数据显示，目前黄浦区特殊教育的生师比为 1.58:1，接近发达国家的水平，为实施个别化教学提供了充足的师资保障。

2. 教育主管部门有针对性地主动应对

根据黄埔区残联负责同志的介绍，区教育主管部门充分认识到对残疾学生实施个别化教学是保证特殊教育质量的关键，要使每个学生都能获得进步和发展，必须加强个别化教育。为此，区教育局采取了以下一些措施：

①要求开展随班就读的学校为残疾学生建立随班就读的个别教学档案，记录学生成长与进步的轨迹。②为残疾学生制定个别教育计划，提出可行的目标和策略；同时加强特殊学生的个案研究，积累经验。③以学生为主体，配备兼职辅导老师，集中对随班就读的残疾学生进行专门的训练和辅导。④通过检查教案、作业、个别教学档案、随堂听课、座谈等多种形式，对随班就读的学校和教师进行教学活动的跟踪监管。⑤在教学方法上推行"三多"、"三优"的教学模式。所谓"三多"，即

多一点关心爱护，多一点个别辅导，多一点鼓励表扬；所谓"三优"，即课堂上优先发言，优先黑板演示，优先作业面批。

3. 部分学校的特殊教育经验

（1）晨光学校（辅读学校）

晨光学校的基本经验可以概括如下：①注重残疾学生的心理健康教育，在各年级开设心理辅导课，并通过心理辅导课大奖赛探索心理辅导课的教学规律。②各年级建立社会服务点，做到定时、定点、定内容开展社会实践服务，并由老师带队，打分评估。③不定期举办家长汇报课，让家长了解学生在学校的学习情况，并检验教师的教学效果，务求相互沟通、支持。④以科研促教研，做到人人有课题。目前开展的研究课题有《中度弱智儿童课堂行为问题现状调查及教学策略的研究》（区级重点课题）和《对中度弱智学生性格发展的探索和研究》（市级课题）。通过学术研究，在科学的研究方法指导下，开展残疾学生课堂行为跟踪调查，制订相应的个别教学计划，积累个案资料，探索特殊学生的教育方法。

晨光学校的经验对于全国的特殊教育都具有一定的借鉴意义。首先，残疾生的心理问题是特殊教育的一个棘手的环节。各地残疾学生的教育水平千差万别，对于残疾学生的心理障碍既缺乏深入的研究，也没有行之有效的对策，更缺乏从事残疾学生心理教育的专业教师。其次，残疾学生的社会融合问题是残疾生教育过程中的一个重要组成部分，制度化、经常性的课外实践，是发展残疾学生的社会适应能力的有效活动。第三，以科研促教学，是上海许多特教学校的一大特色。科研课题的开展为总结教学经验、指导教学实践提供了理论和方法的保障。

（2）文庙路小学

在学习上对随班就读的残疾学生降低要求，淡化分数，增强他们的自信心。根据残疾学生的特点，开展有针对性的教学，也是个别化教育理念的一种体现。

（3）篾竹路第一小学

教师与随班就读的残疾学生结队交友，关心他们的学习和生活。超越师生之间在年龄、职业等方面的界线，真正做到尊重残疾学生的人格尊严，建立平等、互动的师生关系，而不是采取一方教育，另一方受训的传统教育模式。

4. 特殊教育中的盲点

在这次调查中我们也发现：上海的特殊教育虽然在很多方面保持全国领先水平，但由于国家宏观环境的制约，在特殊教育体制上仍然存在一些问题。

（1）对于特殊教育高中阶段的理解仍然不充分

上海市虽然已经从学前教育到义务教育，再到职业教育，初步形成了相对完整的残疾儿童教育体系，但往往把义务教育结束后的高中阶段简单等同于职业准备，所以开设了一部分职业教育学校，重点放在劳动态度的养成和职业技能的培训上。残疾儿童有没有必要接受高中阶段的教育，实质上涉及残疾儿童就业时期的界定问题。从目前上海市的特殊教育体制看，基本上持这样的观点：残疾儿童只要完成九年义务教育，知识储备就足够了，剩下的问题就是为就业进行有针对性的培训。从目前社会各职业门类对知识结构的需求考察，九年义务教育形成的知识结构只能满足体能性工种，而无法从事技术性、创新性工作。因此上述观点实际上是宣布残疾儿童的就业去向只能是社会底层的简单体力劳动。此外还必须注意到：由于不少特教学校和普通学校的随班就读班级考虑到残疾儿童的知识接受能力和社会适应性，在教学进度、教学难度上对残疾学生都采取比较宽松的标准，结果绝大多数初中毕业的残疾儿童的实际水平仅相当于正常的小学毕业生的水平，甚至低于小学毕业生的水平。在这样的知识水准下，接受适合残疾学生特点的高中阶段教育显然是非常必要的。日本的特殊教育采取从幼儿部到中学部（初中）和高等部（高中）连贯的体制，对于我国的特殊教育不无启发。

（2）教育资源的配置仍然不尽合理

通过调查我们发现：上海的特殊教育资源在硬件和软件两方面均比较丰富，仅特殊教育的师资力量就已经接近发达国家的水准，平均生师比达到1.58：1；但不同学校的生师比差别较大。例如：晨光特教学校共有残疾学生106人，分成10个班，平均每班10.6人，专职教师35名，生师比为3：1；长宁区初级职业技术学校（以下简称长宁初职）共有智力残疾学生199名，专职教师36人，每班11人，生师比为5.5：1。上海市的特殊教育在采取一对一的个别化教学模式上和许多经济落后地区相比，没有表现出过多的优势。

5. 长宁初职的特殊教育模式

在调查中，通过座谈、实地考察、查阅学校内部资料等方法，我们发现长宁初职的特殊教育模式具有很高的研究价值。其教育理念、教学实践、学生培养等都体现了一定的国际化视野，同时又比较贴近上海的具体情况，在上海很具有代表性。长宁初职的特殊教育经验可以概括为以下几点。

（1）务实、独特的教育理念

长宁初职招收的学生主要是在辅读学校或普通学校随班就读完成九年义务教育之后的大龄弱智生。在上海市目前还没有太多专门的特殊教育高中，大量的弱智学生在完成九年义务教育之后并不能很快适应就业需要的宏观格局下，长宁初职必须同时实现特殊高中教育和弱智学生职业教育的双重目标。面对这样的挑战，长宁初职提出了"三不让"和"五会"的独特教育理念。所谓"三不让"，即不让一个学生无奈失学，不让一个学生误入歧途，不让一个学生学无发展。"不让一个学生无奈失学"，是针对弱智生很少享有连贯的教育机会提出来的；"不让一个学生误入歧途"，是针对弱智学生往往缺乏明辨是非的能力提出来的；"不让一个学生学无发展"，是针对目前社会上对于弱智学生的教育效果普遍存在的悲观思想提出来的。所谓"五会"，即学会参与、学会服从、学会负责、学会吃苦、学会协作。"五会"的教育理念体现了长宁初职对于弱智学生的学习特点和认知能力的独到理解。

从"三不让"到"五会"，反映了学校的教育理念转变为学生的日常实践。这样的转化过程也体现了任何教育理念必须以学生为本，最终落实到受教育对象的行动之中，才有实践的价值。

（2）家庭教育支持系统中的责任因素

和许多特教学校只是不定期举办家长学校，或者与残疾学生家长保持经常性的联系，随时通报残疾生的学习、生活情况的做法有很大区别，长宁初职在对残疾学生家庭教育的支持方面，更加注重家长、学校、残疾生三方面的义务约束，并对残疾生的家庭教育情况进行长时期的跟踪督促，力求保持家庭教育的持续性，不断开发残疾生的发展潜能。他们采取了由残疾学生、家长、学校三方签订"行为心理干预合同"的做法，无论在观念上还是效果上，都很有创意。该合同以切实保障残疾学生家庭教育的持续性为宗旨，通过市场经济时代常见的合同形式，明确三方面的责任和义务，并以"代币积分系统表"① 的方式把残疾生在学校和家庭的学习和社会适应性方面的表现量化，根据积分多少及时进行奖励。年终或学期末时，将所有残疾学生的积分纪录制成"行为心理干预合同积分榜"，查找不同学生之间的差距，大大提高了残疾生心理和行为教育的针对性和科学性。

（3）有针对性的校本教材开发和多元评价的课程体系建设

针对我国弱智学生教学大纲和统编教材整齐划一的缺陷，长宁初职结合本校的教学理念，以及上海市大龄弱智学生在完成九年义务教育后的具体情况，组织编写了《实用语文》、《实用数学》、《园艺》、《烹饪》、《面点》、《计算机》、《英语》等各门类校本教材，并在课程设置和教学实践中注重多元考核的评价方法，初步形成了"初职教育支持式课程"体系。

内部资料《初职教育支持式课程学生发展手册》显示，长宁初职的课程包括通用基础课程、专业技术课程、岗位体验课程、人与社会课程。其中"岗位体验课程"的具体内容分为每人一日一岗、每月社会实践、假期社会实践等几个方面。"人与社会课程"具体包括心理健康教育、职业指导教育、兴趣课等内容。对于所有课程，均分别从考核项目、学习态度、学科成绩和效果等几个方面进行日常考评、学期总评、学年总评、单科评价等立体多元化的评估，从各个方面掌握学生的学习效果。在对各门课程进行多元评估的同时，还对学生的"五会"精神及其表现进行系统评估，以衡量教育理念的实际效用。在对课程成绩进行系统测评之后，再结合学生的具体表现，详细记载学生从起始阶段到变化阶段，再到最终阶段的整个学习过程，并辅以大量的案例分析，对照学生自述、老师评价、家长意见，建立了学生在校期间的综合、系统的学习档案，为特殊教育的改革和探索积累了丰富的素材。

（4）科研对教学的促进：从个案分析到理论创建

以科研作为教学的支撑，积极申报全国、上海市、长宁区的特殊教

---

① 所谓代币积分系统表，即给学生的行为表现打分，然后换算成相应的币值，在学期末统计每个学生的总积分。

育科研课题，是长宁初职的又一亮点。目前已经完成的课题有《智障学生"支持式"课程的研究与开发》（上海市教育科学研究课题）和《大龄弱智学生职业准备和校本课程结构的研究》（长宁区重点课题）等。课题的研究过程就是系统总结教学实践的过程，反过来，课题研究的成果和结论又对实际教学活动起到指导作用。课题的理论建设来自大量的个案分析，而个案分析又给长宁初职的独特教育理念提供了坚实的基础。

（5）特殊教育者看随班就读

值得注意的是，我们在对长宁初职的负责人、教师进行访谈的时候，听到了许多针对随班就读的教育模式的批评。这种批评给了我们理论上的启示。他们认为：从总体上看，随班就读的教学效果并不好，原因是多方面的，比如老师无暇关心残疾学生，家长不愿承认自己的孩子残疾，学生本人缺乏学习的主动性，最终导致教育效果不明显。他们建议拓展随班就读的概念，尽量多开设特殊教育班。随班就读最好以小学毕业为限，取消初中阶段，尽量避免初中阶段开始的各种不良行为对残疾生的影响和心理伤害。

这种看法给我们的启发是：残疾学生的社会融合方式应该多样化，要从被动融合过渡到主动融合，而随班就读所设定的社会融合格局主要是一种由大量正常学生所代表的强势群体与个别残疾学生所代表的弱势个体的力量不均衡的社会融合形态。在这样的社会融合格局之中，残疾生受到的巨大心理压力抵消了本来就不显著的社会融合效果。与此相对照，特教学校的社会融合格局是：作为弱势个体的一个个残疾生结成了相对强势的群体，使得原本处于弱势状态下的个体具有对强势群体的归属感，从而有助于弱势个体形成自信、自强的观念，并为最终与社会强势群体或强势个体的融合奠定了基础。

（三）保定市的特殊教育：经济不发达地区的启示

2003 年 8 月下旬，我们调查了保定市部分地区的特殊教育工作，走访了保定市残联、保定市教育局、保定市聋哑学校等单位，发现保定市作为经济欠发达地区，在特殊教育工作的开展上存在诸多困难，虽然取得了一定的成绩，但存在的问题也非常突出。

1. 特殊教育的相关数据

根据保定市教育局的有关资料，保定市特殊教育的有关数据如下：

残疾儿童总人数：7~15周岁的残疾儿童3745人。总入学人数3431名。特教学校24所，分布在各县、市、区，在校生923人。有2508名残疾儿童在普通学校随班就读。初等义务教育的入学率为91.6%。在这些残疾儿童中，视力残疾儿童254人，占残疾儿童总数的6.8%，入学205人，入学率为80.7%；听力语言残疾儿童1185人，占残疾儿童总数的31.6%，入学1065人，入学率为89.9%；智力残疾儿童2303人，占残疾儿童总数的61.5%，入学2159人，入学率为93.3%。

从上述统计数据看，保定市的特殊教育取得的成绩不容置疑。但是结合其他有关资料进行分析，可以发现不少问题。首先，对于初等义务教育入学率的统计，就现有的三类残疾儿童的入学率计算，保定市的残疾儿童义务教育的平均入学率为88%，而不是91.6%。其次，通过查阅保定市残联的有关资料，我们发现保定市未入学的儿童达1560名。如果义务教育的适龄残疾儿童总数为3431人，残疾儿童的义务教育入学率又高达91.6%的话，这1560名未入学的儿童归到哪一类别，自然成了很大的疑问。统计数据的不一致或矛盾，反映了保定市在残疾儿童的教育管理上的严重滞后。

2. 学前教育和初中、高中阶段的教育严重不足

保定市教育局的内部资料显示：保定市大部分县（市、区）的特教学校因受校舍、师资、设备等办学条件的限制，只能满足残疾儿童接受小学阶段的教育，只有易县、南市区等特教学校能够为部分残疾儿童提供初中教育。目前全市绝大多数残疾儿童仍无法接受初中、高中阶段的教育。至于学前阶段的教育，目前还没有一家专门招收残疾儿童的幼儿园。保定市聋哑学校虽然有这方面的计划，但何时实现，还取决于许多因素。

3. 特殊教育面临的突出问题

本次调查发现：保定市把相当多的残疾儿童分散到普通小学随班就读，但由于经济条件的制约，普通学校专门用于残疾儿童教育的特殊教育资源非常有限。充分利用特教学校的教学资源，让更多的残疾儿童受益，是保定市教育主管部门目前正在考虑的问题。保定市教育局的唯一一名兼职（目前尚无专职编制）管理特殊教育工作的女同志在访谈中指

出：目前由于师资、设备、班容量等因素的影响，全市绝大部分视力、智力残疾儿童在普通学校随班就读，不能接受正规的特殊教育。

此外，保定市的特殊教育还面临一些非常突出的矛盾。一方面，特教学校的经费严重不足，1993年和1994年保定市政府对特教学校曾给予建设补贴，现在却取消了这项政策。虽然校办工厂为特教学校提供了一定的支持，但政府对这方面重视不够，许多校办工厂的经营状况很不理想。另一方面，在办学规模上又存在严重的资源浪费现象。根据保定市的规定，人口在30万以上的县必须建特教学校，因此现在各县都有特教学校，结果造成了人力、财力的分散和浪费。如果集中力量建几所特教学校，跨县、跨地区的协调又有很多困难。

随班就读的情况怎样呢？保定市教育局的看法是：目前小学师资水平一般，每班人数过多是一个非常严重的问题。随班就读对于师资的要求特别高，对师资做过很多培训。目前的问题是一方面特殊教育师资缺乏，另一方面很多培训过的特殊教育师资又未从事特殊教育工作，造成资源的浪费。目前残疾生在普通班级随班就读，所在学校不存在升学的压力，教师压力不大，积极性也不高。

4. 保定市聋哑学校的个案分析

设立在南市区的保定市聋哑学校是目前保定市唯一的一所聋哑学校，在校学生仅64人，对于听力、语言残疾儿童的数量高达1185人的保定市来讲，无疑是聋哑学生中的"贵族"学校。保定市聋哑学校对于特殊教育事业的积极探索精神在教学条件如此落后的情况下显得难能可贵。他们的中长期规划是：①2002年9月至2003年2月，积极筹资购买学前语言训练及助听器设备，在学校开展多媒体听觉、语言康复训练工作。2003年2月至2003年8月，开展聋儿学前语言康复训练，建立1个聋儿学前语言训练班，招收3~6岁的聋儿，探索学前管理模式。②研讨与制订3个高中阶段的教学培养目标和计划，推行师资学历与专业进修。在2003年9月至2004年8月，高中开班，招收1个班的高一学生。2004年9月至2005年8月，高中扩招至两个班，学前语言训练扩招至3个班，小、中、大班齐开。但是在我们进行调查的2003年8月下旬，聋哑学校的规划，包括学前语言训练班和高中班，由于教育设备没有到位，都未能实现。

保定市聋哑学校是众多经济落后地区的特教学校的一个典型缩影。学校的教师大多对特殊教育事业满腔热爱，学校的负责人为学校的发展多方奔走，竭尽全力，但客观的办学条件使他们一次又一次地遭受挫折。

根据我们和聋哑学校的校长、教师代表的座谈，至少发现以下一些突出的问题。

（1）特殊教育专业毕业的师资力量严重短缺

保定市聋哑学校现有专职教师23人，相对于64名学生，生师比不到3∶1，开展个别化教育的师资力量有保障。但这23名专职教师中，真正是特殊教育专业毕业的人为数甚少。对此，聋哑学校的校长有独特的理解：特教学校的毕业生目前短缺，是制约师资结构的一个现实问题；但普通学校的教师的知识面较宽，经过特殊教育的培训后，他们的教学效果更好。另外，特殊教育专业学校的课程设置不尽合理，语文、数学科目较好，其他科目薄弱，不能完全满足特殊教育工作的需要。

（2）硬件教育资源十分短缺

聋哑学校的硬件建设是保证特教学校教学质量的基本前提。参考教育部颁发的《特殊教育学校建设标准》，保定市聋哑学校的资源教室严重短缺，其中语言训练小教室、律动辅助房、视听电化教室、生活与劳动教室、科技活动室、阅览室、多功能活动室、体育康复训练室、听力测听室、卫生保健室等均未建设。所有这些仅靠每年两万元的办学经费，显然不可能解决。我们在实地考察中还发现，目前该校尚未配备电脑，多媒体教学还是空白。这种情况和上海市形成巨大的反差，和县级市如皋比较，也显得十分落后。尽管保定是一个地区级的城市，但由于地处经济落后的省份，在特殊教育的投入上存在资金严重不足的现实困难。

（3）教学手段不足，影响教学效果

由于缺乏多媒体教学设备及其他辅助教学手段，目前聋哑学校的教学基本上靠手语和对口形进行。在这样的条件下，聋哑学校的教师还是努力创造条件，改进教学效果。聋哑学校校长说，聋哑学校的日常教学以口语为主，手语为辅。轻度残疾生配助听器，重度残疾生对口形，因此对老师的口型有较高要求。每班十人左右。考虑到聋哑残疾对于残疾生智力的影响程度，教学中有意识地扩大阅读量，提高阅读能力，重点纠正学生的语序错误。书面语的语序问题和口语有关，口语得不到发展，影响了学生的书面表达能力；手语体系不完善，也是一个很重要的原因。

（4）家庭与学校：各有说法

根据聋哑学校的校长和部分教师的介绍，我们了解到残疾学生的家庭教育目前在保定市是一个相当严重的问题。目前的状况是：部分家长对学校了解不够，对教学效果的要求和期望太高，把孩子的语言能力发展不理想的问题一味归咎于学校的教学工作，而忽视了造成聋哑学生的语言能力发展水平滞后的关键因素，即许多学生丧失语言能力的时间过长。这位校长还指出：许多残疾学生的家长出于面子、顾虑等把孩子放到普通学校随班就读，因为教学效果不理想，又将孩子转学到聋哑学校，这就使得不少聋哑残疾生错过了语言矫正和能力培养的最佳时期。为及时和家长沟通，校方每年举办一次家长座谈会，让家长参观、了解学校的教学活动；同时坚持执行教师和家长交接孩子的必要手续，不断与家长沟通学生的学习、生活情况。此外，每年还做一次问卷调查，设立家长联系信箱。为此付出了很多努力，但效果不明显。

（四）北京市特殊教育的盲点：来自第三聋人学校的报道

根据北京市教委的介绍，北京市的特殊教育在全国处于领先水平，目前已经形成了从学前幼儿教育到义务教育，再到高中、大学的相对完整的特殊教育体系。首先，0~6岁的学前康复教育体系已经基本完善。全市城镇地区80%以上的视力、听力、语言、智力等残疾幼儿均接受了2~3年的康复训练，远郊区县采取在普通小学或特教学校开设学前班的形式接收残疾幼儿。其次，在保证残疾儿童接受九年义务教育的基础上，加大了发展中等职业技术教育的力度，职业高中、中专和普通高中班的招生比例逐年增加。第三，残疾人的高等教育有了突破。1998年在北京联合大学开办了视力、听力残疾人高等职业教育班，并于2000年9月正式成立北京联合大学特殊教育学院，面向全国招生，当年招收新生120名。

目前，北京市有特教学校24所，普通学校特教班50多个，学生8400多人。全市残疾儿童的义务教育入学率达到与正常儿童同等的水平，视力、听力、语言、智残儿童少年的入学率达到97.48%，有6个区县的残疾儿童入学率达到100%。同时通过送教上门的活动，使少数没有能力接受学校教育的残疾儿童少年同样获得了教育的权利。

对于北京市的特殊教育再作评论，似乎多余。不过，通过对北京市海淀区教育局、第三聋人学校、通州区残联等机构的走访，我们认为：从师资力量、教学设备、信息资源等各个方面看，北京的特殊教育享有得天独厚的优势，在现有基础上进一步提高特殊教育质量的空间依然很大。问题是，由于全国特殊教育的整体格局的影响，北京市的特殊教育事业存在一些深层次的问题，还需要把教学第一线的经验上升为政府平面的规范性、指导性政策。在上述走访中，第三聋人学校教育处主任的意见很有研究价值，可以作为我们透视北京市特殊教育的一个很有启发意义的视点。

1. 北京市第三聋人学校代表的连贯性教育体制

根据学校的有关资料，目前北京市第三聋人学校在校学生共有276人，其中小学部144人，职高部132人。学生残疾类型包括聋哑和肢体残疾。

北京市的特殊教育体制相对系统、完善之处在于，除学前教育比较普及之外，许多特教学校还开设了高中部。这一完善的特殊教育体制是全国绝大多数省市所不具备的。北京市第三聋人学校在这方面就很有代表性。根据该校教育处主任的介绍，该校的教育体制分成小学部和职高部两类。小学部主要是解决部分残疾程度较重的残疾儿童的就学问题，而职业高中部的设立，则接纳了部分完成义务教育之后的残疾儿童。

2. 教学方法和教学手段

北京市第三聋人学校的教学手段既包括传统的手语加对口形的教学模式，也注重引进多媒体教学辅助手段。在教学方法上，除了个别指导和语言康复训练以外，还将学生分为 AB 两种班，分别设定不同目标，实施分层教学。这是北京市第三聋人学校在个别化教学上的特色。就本次调查的大多数特教学校的情况看，基本上实行的是分班教学，还没有引进分层次教学的模式。北京市第三聋人学校的做法无疑是一种大胆的试验，至于分层次教学的模式是否可取，是否可以大面积推广，这一问题可以继续探讨。

3. 对残疾学生的基本评估

对于残疾人的评价，国际社会越来越倾向于注重残疾人潜在能力的开发，而不是仅仅关注其身心缺陷。北京市第三聋人学校教育处主任的看法却反映了中国的现实，也道出了大多数特殊教育工作者心中的无奈。

根据这位主任的介绍，残疾生的学习、精神、生活状态表现出这样一些特点：课堂上较好，课下相对散漫，学习积极性不高，没有升学和就业的压力，期望值低。他们基本没有理想，很少考虑问题，谈不上精神危机。一般和聋人交往，和正常人交往少，且有戒备心理、多疑。表达和理解能力差，聋哑导致智力退化，信息量少限制了理解力的发展。有时易暴躁，破坏公物。容易误会学校的一些举措。看问题特别片面、简单，对钱财特别在意。总而言之，缺少正常人的价值判断。

究其原因，这位负责人认为：残疾生本身易受外界影响，社会歧视又很严重，再加上学校的课程多、活动少，学习生活很枯燥等诸多因素，残疾生的学习积极性和精神状态受到很多负面影响。对于是否可以通过适当的公益活动增加学生与社会的接触机会，调节学生的心理状态，这位负责同志指出，公益活动的开展受到两个因素的制约：一是经费，二是安全问题。

此外，这位负责人还坦率地分析了目前聋哑学生面临的一些非常严重的社会问题，以下几点值得特别注意。

（1）聋人犯罪较多的原因主要在于就业难，福利工厂倒闭、家庭贫困使得这一问题愈发严重。目前一个值得注意的现象是：外地的聋哑人来京，与北京的聋哑人结帮共同犯罪。犯罪类型以抢劫和偷窃为主，个别人有吸毒现象。法律对残疾人犯罪的惩罚力度相对小一些。社会对残疾人不理解、歧视，导致残疾人恨社会，这也是引发残疾人犯罪的一个重要原因。

（2）普遍不健康的社会风气对残疾学生的价值观的形成产生了负面影响。这位负责人给我们举了两个例子：一个是中央电视台来聋哑学校采访，记者和节目主持人不讲礼节，卫生差，麻烦多，给许多残疾学生留下了很坏的印象。二是本校一学生在公共汽车上发现一个小偷，提醒被偷者，结果被小偷刺伤，却未能得到执法部门的公正处理。这位负责人强调，职高生源差，很大程度上是由于社会风气所致。

（3）家庭教育严重滞后。残疾生的家长对子女普遍持放弃态度，一般不来学校了解情况，有的甚至不愿意学生回家。一旦遇到麻烦事，尤其是涉及孩子利益的事情时，则频繁地来学校摆条件、提要求。

国际背景下中、美、日三国有关
残疾人的法律体系之比较[*]

　　世界上有 6 亿多残疾人，占世界总人口的 10%，其中 2/3 的残疾人在发展中国家。中国的残疾人总数，目前没有任何权威的官方统计数字，根据 1987 年全国残疾人抽样调查的结果推算，已经超过 6500 万。也就是说，世界上每 10 个残疾人里，就有 1 个是中国人。在如此庞大的残疾人群体里面，中国残疾儿童的数量之大，无疑居世界首位。根据中国 13 亿总人口推算，0～18 岁的残疾儿童数量为 1396 万，0～14 岁的残疾儿童有 1062 万，6～14 岁义务教育学龄阶段的残疾儿童约 975 万，其中视力残疾儿童 20 万，听力语言残疾儿童 126 万，智力残疾儿童 668 万，肢体残疾儿童 75 万，精神残疾儿童 1.8 万，综合残疾儿童 86 万。

　　与其他许多国家一样，残疾人群体正面临着观念排斥、教育排斥、就业排斥、环境排斥等一系列有形和无形的歧视，使得残疾人的尊严和基本权利得不到充分的保障，社会边缘化的趋势愈益严重。社会的协调发展要求全社会，从政府到民间，高度关注残疾人的问题，并采取切实有效的措施，从立法到政策，从国家行动到个体支援，迅速、认真、持续、全面地应对残疾人的问题。要让残疾人群体回归主流，共享社会、经济、文化成果，并贡献于社会，归根结蒂，需要对这一弱势群体提供综合性的社会保障系统。这一社会保

---

* 本章内容系作者参加陆士桢教授主持的中直机关课题"城市青少年弱势群体的现状与对策研究"（2003～2004）的部分研究成果。在写作过程中得到了陆士桢教授、吴鲁平教授多方面的指点，谨致谢忱。

障系统，应该涵括立法、国家行动、民间支持三个方面，贯穿从婴儿、幼儿到少年、青年，再到老年等残疾人必须经过的人生阶段。在这几个发展阶段，从零岁到青年这一过程，是社会保障系统优先考虑的领域，这一点已经成为国际社会的共识。这一期间，对于残疾人的社会保障体系除持续不断的康复、养护之外，关键因素就是教育和就业。教育和就业相辅相成，前者是后者的准备，后者是对前者成效的检测。

对于中国残疾青少年群体的社会保障系统，从国际社会的基本理念和通行标准出发，针对中国的特殊国情，作出及时的评估，不仅是为了对中国在这方面取得的成就进行总体回顾，更重要的是为了对有关残疾人的问题进行研究，并确立我国今后残疾人事业的发展方向。

一　国际社会关于残疾人问题的基本原则及其发展过程

（一）从"医学模式"到"人权模式"

以联合国为代表的国际社会对于残疾人问题的认识，自20世纪60年代至21世纪初，发生了巨大的变化。20世纪80年代以前，国际社会对于残疾人这一特殊群体的认识，基本上着眼于残疾治疗和康复，对于残疾人问题的思考更多地局限于残疾人本身身心缺陷的补偿。这一时期国际社会通行的残疾人观念体系最典型地反映在所谓"医学模式"中。"医学模式"主要关注人的医学特征，对于残疾人主要关注其生理、心理缺陷或损坏。这种模式容易导致这样的结果，即把残疾人问题定位或限定在残疾人自身。反过来也可以看到，"医学模式"在残疾人问题上包含了广泛和深刻的社会态度，即把残疾人自身问题化，把残疾人视为需要进行临床干预的客体。"医学模式"是通过把残疾人的身心和健全人加以对照逐步形成的。这一模式决定了国际社会对于残疾人问题的传统认知：残疾人的脆弱状态首先来自其身心的残缺，健全人所能做的是采用医疗手段对其生理和心理进行补偿。当残疾人在社会中遇到障碍、丧失机会、生活发生困难时，人们首先做的就是给予最低水准的物质帮助，因此带有很典型的救济特点。

过去20年，国际社会对于残疾人的态度发生了革命性的变化，即从单纯的施舍或救济转向对残疾人自身固有权利的尊重。国际社会逐渐认识到，残疾人和其他健全人一样，享有基本的政治、社会、经济、文化权利。对于残疾人问题的处理，应该放在国际社会普遍承认和接受的人权框架之中加以考虑。从本质上讲，国际社会对于残疾人所持的这种人权视点，意味着残疾人不再是可以采取一定方式加以处理的客体，而是具有自身尊严和价值的主体。换句话讲，在残疾人问题上，人们正在逐渐转变思维惯性，越来越倾向于把残疾人看做是权利的拥有者，而不是把他们当作问题群体。重要的是，人权视角把残疾人的问题定位于残疾人的外部环境，明确指出，在多种多样的社会和经济进程里面，应该容纳残疾人所表现出的差异。

20世纪80年代标志着国际社会对待残疾人的态度由照顾、救助向权利模式的不可逆的转变。1981年被联合国宣布为残疾人年，提出的口号就是"充分参与和平等"。1983年至1992年被联合国大会宣布为国际残疾人十年，并于1982年通过了具有里程碑意义的《关于残疾人的世界行动纲领》。事实上，《关于残疾人的世界行动纲领》首次以成文的形式宣告了国际社会在残疾人态度上长期奉行的"医学模式"的终结和新的"人权模式"的形成。需要指出的是，原有的"医学模式"中的部分内容在新的"人权模式"之中得到了扬弃和发展。对于残疾的医学诊断、治疗及康复，是残疾人事业的一项长久任务，但不是全部或唯一的主题。因此，两种模式之间的差别反映了国际社会对于残疾人问题的处理方式发生了深刻变革。与"医学模式"不同，"人权模式"首先关注人自身固有的尊严，其次，在有必要的时候才关注人的医学特征。"人权模式"把个体人置于决策的中心地位，更为重要的是，把人的主要问题定位于人的外部环境或社会。因此在这一模式下，残疾人问题被归因于国家或公民社会对于残疾人所表现的差异缺乏应对的现实。国家或政府有责任消除社会设置的种种障碍，以确保对人的尊严的充分尊重，以及所有人的平等权利。

值得一提的是，和人权模式相似的还有"社会形成模式"。"社会形成模式"认为，人的差异并非先天的，而是社会形成的，是社会通过许多分类标签，比如"残疾"等名称，外加在残疾人身上的。因此人并不是生来就是"黑人"、"女人"、"残疾人"，这些类别是社会参照一些心照不宣的标准，诸如男人、白人、身体健全人等对人所贴的分类标签。正是因为人们以男性、白人、身体健全作为参照标准，所以才有所谓的女性、黑人、残疾人的分类。确定这种分类标准，并推行这种分类标准的往往是权力机关。从这个角度立论，是社会导致人的残疾。现有的教育、工作、家庭或社会的结构基本上是参照身心健全人的标准形成的，凡是不符合这一标准的往往遭到排斥。例如：建筑环境基本上是为能走路的四肢健全者设计的，而很少考虑到轮椅使用者；通讯环境大多假定利用者具备基本的听、说能力；教育环境也很少考虑到学习者的多样性。

"社会形成模式"指出，在制定参与主流社会的规则的时候，社会往往忽视或低估了残疾人的差异性，因此实际上把占世界人口近10%的残疾人排除在主流体系之外。这种做法不仅从经济角度看是不合理的，而且违背了所有人都具有固有的尊严这一国际社会的基本共识。

我们说《关于残疾人的世界行动纲领》标志着国际社会对于残疾人态度的根本转变，这并不意味着此前以联合国为代表的国际社会对于残疾人的基本权利没有觉察，没有给予一定程度的关注。事实上，此前通过的一些联合国决议，包括《世界人权宣言》在内，已经多次强调人的尊严、自由以及人的权利的平等性是所有人，包括残疾人在内，固有的、不可侵犯的神圣权利。只是就残疾人群体而言，此前联合国的各项决议都没有像《关于残疾人的世界行动纲领》那样，非常明确地对残疾、缺陷、障碍等基本范畴作了非常严格的区分，对于残疾人具有的各项权利界定得那么仔细，对于各会员国的约束力表述得那么清晰。要真正弄清《关于残疾人的世界行动纲领》的巨大意义，有必要对构成这部重要决议的理论准备过程作一简短的交代。换句话讲，没有早期联合国其他一些相关决议的通过，就不可能形成在国际社会取得广泛共识的《关于残疾人的世界行动纲领》。

此前，联合国大会及其下设的经济、社会理事会通过了一系列关于残疾人问题的决议，内容主要集中在残疾的预防和康复方面。其中有两个决议标志着国际社会对于残疾人的态度从照顾或救助向权利享有的初步转变，值得特别提及。一是《智力迟钝者权利宣言》（1971）。该宣言第一条明确声明残疾人和其他人一样享有同样的权利，并将这些权利细化为教育、培训及康复等方面的具体权利。1975年联合国大会通过的《残疾人权利宣言》则是另一个非常重要的决议。该宣言贯穿的基本精神和基本原则，有一些在后来的《关于残疾人的世界行动纲领》中得到了保留和发展。可以说，这两份宣言，尤其是后者，构成了《关于残疾人的世界行动纲领》的直接理论基础。《残疾人权利宣言》将残疾人的权利分为两个主要方面：一是残疾人享有和其他人一样的公民和政治权利，二是残疾人和其他人一样享有经济、社会和文化权利。针对前一方面的权利，后来联合国专门通过了《公民权利和政治权利国际公约》；针对后一方面的权利，后来联合国通过了《经济、社会和文化权利国际公约》。不可否认，这些决议之间存在非常密切的理论联系，同时也反映出国际社会对于残疾人各项权利的认识经过了一个由模糊到清晰的漫长时期。值得注意的是，《残疾人权利宣言》在强调残疾人所拥有的各项权利的时候，开始考虑社会环境对于实现此类权利的影响和障碍，并且认识到这些权利的保障对于残疾人能力的发展，以及融入社会至关重要。特别值得提及的是，该宣言还强调，在经济和社会规划的各个阶段，必须考虑到残疾人群体的特殊需要，保护残疾人免受剥削和其他不公正的待遇。这就把残疾人的权利保障与社会、经济的整体规划联系起来，克服了此前的《智力迟钝者权利宣言》中过多的呼吁性条文的局限性。

但是，在具体界定造成残疾人机会丧失的障碍因素时，《残疾人权利宣言》基本上还是将主要原因归于残疾人自身的缺陷，还没有像以后发表的《关于残疾人的世界行动纲领》那样，从人权的角度，将残疾人遇到的各种障碍完全定位于社会，而不是残疾人自身直接造成的这些障碍。这一点从两部文本的措词中不难看出。《残疾人权利宣言》第一条对于"残疾人"的定义是这样的："'残疾人'一词的意义是指任何由于先天性或非先天性的身心缺陷而不能保证自己可以取得正常的个人生活和社会生活上一切或部分必需品的人。"而《关于残疾人的世界行动纲领》则明确区分了缺陷、残疾、障碍三个范畴，并对它们作出了新的界定，体现出国际社会对于残疾人问题的认识发生了新的变化。《关于残疾人的世界行动纲领》第6条指出：缺陷"是指心理上、生理上或人体结构上，某种组织或功能的任何异常或丧失。"残疾"是指由于缺陷而缺乏作为正常人以正常方式从事某种正常活动的能力。"障碍"是指一个人，由于缺陷或残疾，而处于某种不利地位，以至限制或阻碍该人发挥按其年龄、性别、社会及文化等因素应能发挥的正常作用。"第7条指出："因此，障碍的有无及程度是由残疾人与其生活环境之间的关系所决定的。当残疾人遭受到文化、物质或社会方面的阻碍，不能利用其他人可以利用的各种社会系统时，就产生了障碍。因此，障碍是指与其他人平等参加社会生活的机会的丧失或是这种机会受到限制。"

（二）人的基本价值与残疾人群体的关联

国际社会对于残疾人权利的认识，对于残疾人问题的应对态度，并不是随着一个又一个联合国决议的通过就自动深化、自动发展的。事实上，国际社会围绕残疾人权利的争论几十年来始终没有停息过。争论的焦点是：残疾人是否能不受歧视地享有人人都有的基本权利。引发这种争论的问题是，人权的基本价值能否得到全面、充分的实现。这些基本价值包括：每一个人都具有的固有尊严，自主和自决的理念，不管人的差异如何而生来固有的平等。

人的尊严是人权保障的价值根源和基础。它的含义是：每一个人都需被善待，每一个人作为人就应受到尊重，每一个人应获得必要的生活条件，享有基本的生存保障。认识到人的尊严是每一个人生而固有的，也就是提醒人们：残疾人与我们所处的社会息息相关，对残疾人的理解和尊重必须摆脱经济效益或社会有用性的考虑。残疾人本身构成目的，而不是达成他人目的的工具。这一基本立场与从人的实际用途出发对残疾人进行分类的传统社会行为根本对立。把人的尊严视为一种基本价值，这对于在残疾人问题上转向人权视点意义重大。以往由于社会对于残疾人比较漠视，残疾人通常被当作需要保护和怜悯的客体。根本的转变在于残疾人自身主体意识的觉醒，以及社会不再把他们视为客体，而是把他们当作具有尊严和价值的主体。

自主或自决的理念基于这样的假定：人具有自我控制、引导自己行为的能力。就残疾人而言，自主或自决权利的实现面临着两大社会问题：一是传统上社会过分倾向于把残疾人，尤其是智力残疾人，等同于丧失道德自决能力的群体；二是社会常常没有认真对待那些享有充分法律能力的残疾人的自主性。他们的生活选择通常被视为不具备和身心健全的人同样的支持价值。社会对于残疾人所持有的较低的期待感，也使得人们往往忽视残疾人为处理自己的生活，并像自己希望的那样生活所需要的物质条件。也就是说，社会没有让残疾人行使自己的自决权，而这些残疾人恰恰具有道德的自决权。

关于人的平等概念，问题显得更加复杂。对此，存在三种不同的理解。

第一种理解主要关注在立法上对于残疾人是否公平。然而，立法上的公平并不能满足不同的人的具体诉求，尤其是与健全人身心有所差别的残疾人的具体诉求。过于强调残疾人和健全人的绝对平等，往往容易忽视两者之间实际存在的差异。

第二种解释是机会均等。事实上，由于残疾人自身的身心缺陷以及社会的种种障碍，许多残疾人往往无法控制和获得均等的机会。实现机会均等面临诸多障碍，因此要求政府采取适度的干预。具体而言，机会均等意味着对以下几方面的诉求：

（1）机会均等意味着要求清除对残疾人构成结构性排斥的各种有形和无形的障碍，如交通、社会公共设施和服务、通讯等。

（2）机会均等意味着残疾人应该得到适当的培训，以便在公民社会中承担积极、负责任的角色。这就决定了教育体系应该建立在真正平等的基础上，并在需要的时候提供必要的辅助手段。从这一意义上说，教育的全纳性过程既是手段也是目的。对于身心健全的儿童来讲，教育的一个重要任务就是要让他们学会如何与残疾儿童相处。

（3）机会均等意味着要消除对于残疾人的各种歧视现象。这就要求各国制订出表述明确，容易执行的反歧视法律。目前各国的法律大多只涉及就业歧视，关于社会障碍和教育歧视方面的立法相对不足。

（4）机会均等还意味着，要消除社会上长期以来形成的陈旧的残疾人观。机会均等的哲学理念有一个潜在的前提：每个人都会对社会有所贡献，合理的社会结构应该能使每一个人都发挥其能力，而不是只考虑身心健全的人或少数精英人士。

第三种理解是结果均等。这种理解认为：每一个人不管其对社会的贡献大小和自身能力的高低，只要对社会做出贡献，都应该获得最低限度的经济和社会权利。

在机会均等原则下的残疾人的社会福利保障，必须考虑到残疾人的特殊性。对于身心健全的人来讲，社会福利保障可以停留于保障其迈进劳动力市场的门槛，并挣得超过一定水准的工资；而对于残疾人来讲，社会福利保障必须考虑到残疾人持续的医疗和社会支持的必要性。因此，采取积极的福利支持措施，以满足残疾人在获得工作之后发生的一些附加的需求，已成为国际社会的共识。

（三）残疾人权利的全面界定

对于残疾人的基本权利问题，国际社会有相对一致的认识。不过对于这些权利的具体规定，往往还因阐释的角度不同而存在一些表述上的差别。就原则而言，与身心健全的人一样，残疾人具有基本的公民权利、政治权利，以及经济、社会、文化权利。对于残疾人享有的公民权利和政治权利，各会员国的认识趋于一致。对于经济、社会、文化权利，最近几年，部分联合国会员国在联合国相关决议的框架内达成了一定的谅解。

残疾人的公民权利，目的在于保护和促进人的尊严和自由。在促进公民权利的实现过程中，关键是要把公共权力与公民社会或个人领域明确区别开来。在公民社会里，人们享有作出生活选择的自由。公民权利的保护还有一层意思，即保护公民防止公共权力的侵犯。从这一意义上说，公民权利的保障为个人实现自身的价值开辟了广阔的空间。具体而言，公民权利包括以下权利：

（1）生命权：是免于拷打，免于非人道待遇的自由权利。生命权的获得和保持是其他各项权利的基本前提。身心的完整和健全，是积极生活，实现自身价值的基础。

（2）自由权：对于内部自我引导能力的保护与外部自主行动空间的保障。

（3）联系权：对于和他人结成合法交往范围的保护。具体而言，包括经济上加入工会的权利，政治上组成或参加政党的权利，社会上和他人结成亲密关系的权利。

（4）平等权：对于国家行为或立法性质的限制。如机会均等的原则要求国家在保证实质性的机会均等方面扮演积极的角色，在保证人人平等的前提下，尤其是在教育等领域，对社会资源进行分配和调整。对于各种歧视残疾人，阻碍他们参与社会生活的行为和现象，国家应通过法律加以限制。

如果说公民权利是为了保护公民的基本权利不受国家权力的侵犯，那么政治权利则是每个公民都有权利直接或通过自由选择的代表参与公共事务，都有选举权和被选举权，都有权在平等的条件下参加本国公务。残疾人也有同样的政治权利。

残疾人的经济、社会及文化权利则包括：

（1）为积极参与社会生活接受各种准备式支持的权利，包括接受教育和职业培训的权利。

（2）工作的权利：享有公正、适宜的工作条件的权利，与他人结成一定关系的权利，集体争取工作待遇的权利等。在保证这些平等的工作权利的同时，不能单纯以个人能力作为录用的标准，而应兼顾残疾人的差异。

（3）健康权：残疾人享有身心补偿、康复的权利。

（4）住宅权：残疾人享有获得基本的居住条件的权利。

（5）文化表现的权利：残疾人享有运用适合其身心特点的表达方式进行文化、艺术表现的权利。

需要补充的是，在联合国有关残疾人问题会员国报告中，把残疾人的经济、社会及文化权利基本上归结为四个方面：不受歧视的权利，工作的权利，受教育的权利和文化参与的权利。这四个方面的权利又具体地表述如下：

（1）不受歧视的总体权利，包括不受歧视的权利和男女平等的权利。

（2）便利参与的权利，包括受教育的权利和保护健康的权利。

（3）参与工作的权利，包括工作的权利、获得公正和有利的工作条件的权利、组成和加入工会的权利。

（4）其他有关权利，包括获得社会保险的权利，保护家庭、父母、儿童的权利，享有充分生活水准的权利，参加文化生活的权利等。

此外，对于这些国际社会普遍认同的残疾人的基本权利，该报告还强调指出：有关会员国的对策和态度要体现出尊重、保护、履行三条基本原则。尊重，就是要尊重残疾人固有的尊严和价值，以及和其他身心健全的人同样具有的各种权利；保护，就是要充分考虑到残疾人群体在社会中处于的弱势地位，制定必要的保护政策和措施；履行，意味着要求各国政府采取切实有效的措施，从各个方面帮助残疾人实现这些基本的权利。

（四）20 世纪 90 年代以后的新进展

事实上，在评估《关于残疾人的世界行动纲领》的执行情况的时候，国际社会普遍发现，许多国家在执行这项国际社会的公认条约时存在着许多不尽如人意的地方，有的国家或地区在国际残疾人十年期间甚至没有任何作为。

1990 年，联合国通过了《残疾人领域人力资源开发塔林行动指南》，将残疾人的能力发展上升到整体人力资源开发的高度给予关注。其基本观点是：残疾人领域的人力资源开发长期以来不受重视，应该把这项工作当作帮助残疾人行使人权，承担社会责任的一项有效途径切实加以推进。这份文件还采纳了几项具有重大影响的残疾人人力资源开发策略，包括消除社会的物质和通讯障碍，增强残疾人自我帮助的基础能力，推进教育和培训，促进就业、社区意识，加强区域性合作和国际合作。

1993 年，联合国大会又通过了一项具有里程碑意义的文件：《残疾人机会均等标准规则》。不过该文件所确定的有关残疾人问题的各项规则并不构成正规条约的内容，因此缺乏硬性的法律效果。这些规则虽然不是强制性的，但在联合国会员国今后处理残疾人问题的时候会起到国际习惯法的作用。从某种意义上讲，该文件更多地诉诸会员国应该承担的道义、政治的责任而非法律的责任。

联合国在评估《残疾人机会均等标准规则》执行情况的报告中指出，很多国家在制定与残疾人相关的政策时，更多地着眼于残疾的预防和康复，而不是就反对歧视残疾人的现象进行必要和有效的立法。也就是说，传统的残疾人观在很多国家仍然普遍存在。

除了上述直接涉及残疾人问题的决议、宣言及其他文件外，联合国还在不同场合通过了许多间接涉及残疾人问题的决议和文件。这些文件有1993年世界人权会议通过的《维也纳行动宣言和纲领》，1995年在哥本哈根举行的社会发展世界峰会上通过的《关于社会发展和行动纲领的哥本哈根宣言》等。

2001年，联合国大会又通过了一个名为《促进和保护残疾人权利与尊严的一揽子国际公约》，其目的仍然是重申《残疾人机会均等标准规则》在国家和国际范围内发挥的作用，并决定成立一个特别委员会，以便在国际范围内综合考虑保护残疾人的权利和尊严的问题。

此外，联合国的专家小组会议也发挥了不小的作用。残疾人问题的专家小组会议已经分别在美国加州的伯克莱、中国的香港、瑞典的斯德哥尔摩和美国的纽约召开了不同主题的专门会议，举办了相应的辩论性论坛。

二 中、美、日三国有关残疾人的法律体系的异同

对于残疾人——包括残疾青少年在内——的社会保障系统的出发点和最高原则应该上升为国家的法律体系。有关残疾人问题的立法，不能脱离开有关国家的特殊国情；同时各国在对残疾人问题进行立法时，应该充分考虑到国际社会对于残疾人问题已经达成的共识，以及在立法精神、立法标准上的通行原则。我国的残疾人立法是在对广大残疾人实施扶贫行动的宏观格局下进行的，这就决定了我国有关残疾人的立法背景和美国、日本等发达国家在有关残疾人问题上的立法背景明显不同。需要指出的是：经济、社会、文化的发展水平固然会影响到关于残疾人的立法，但法律条文是否完整，立法门类是否齐全，法律是否能随着社会的发展适时修订等问题，与一个国家的经济、社会、文化的发展水平没有必然的联系。因此，通过对于中、美、日三国有关残疾人的法律体系的比较，除了可以弄清哪些特点属于由中国、美国、日本各自的特殊国情所决定的差异以外，更重要的是，还可以确定哪些特点是由有关国家

在残疾人问题上的不同认识造成的，哪些特点反映出有关国家在立法行动上的滞后。

（一）中、美、日三国有关残疾人的法律体系一览

从中、美、日三国有关残疾人的法律体系对照表（见表1）可以看出，中国的残疾人法律体系仍然处于关于残疾人问题的一般立法阶段。除作为残疾人一般法的《中华人民共和国残疾人保障法》（以下简称《残疾人保障法》）之外，涉及残疾人的不同残疾类型、残疾人事业的不同侧面的专门性立法仍然处于空白状态。换句话讲，在残疾人问题的各个重要方面，如教育、就业、康复医疗、公共设施利用、通信、住宅等方面，尚未制定法律层面的规则。在缺乏国家平面的法律的前提下，关于残疾人问题的不同侧面的政策，只能完全委托政府加以规定，或者由中央政府委托地方政府加以规定。法律建设的严重滞后必然削弱解决残疾人问题的力度，同时对于有关残疾人的政策、措施的监督就缺乏必要的法律依据，从而对进一步推进残疾人事业的发展构成了障碍。

表1 中、美、日三国有关残疾人的法律体系对照

一般法
中国：《残疾人保障法》
日本：《障碍者基本法》
美国：《1990年美国残疾人法案修正案》等
专门法（针对不同的残疾类型）
中国：无
日本：《身体障碍者福利法》、《智力障碍者福利法》
美国：无
专门法（针对残疾人问题的不同侧面）
中国：无
日本：《促进障碍者雇佣关联法》、《促进高龄者、身体障碍者便利利用的特定建筑物关联法》、《促进高龄者、身体障碍者乘坐方便的公共交通工具关联法》、《促进身体障碍者便利利用的通信、广播事业关联法》、《特别儿童扶养补助支付关联法》等。
美国：《1997年美国残疾个体教育法案修正案》、《公平住宅条件法案》、《航空器利用法案》、《供养机构收容对象法案》、《1973年残疾人职业康复法案》、《建筑物障碍法案》等。

与中国的立法状况相比较，日本和美国有关残疾人问题的法律体系不仅考虑到不同类型残疾人的差异，而且认识到仅靠一部基本法并不能充分解决残疾人群体的各个不同方面的问题，必须就残疾人问题的相关侧面制定法律。事实上，没有相对完善的法律体系，就不可能充分实现真正意义上的残疾人社会保障系统。

残疾人问题从根本上讲是一个复杂的社会系统工程，因而关于残疾人问题的任何法律体系的制定，必须考虑到国家、政府（中央和地方）、民间团体、残疾人家庭、残疾人自身、一般社会民众等各个方面对于残疾人问题应该履行的职责和义务。在这多种因素里面，政府应该承担起绝大部分责任和义务，正如《关于残疾人的世界行动纲领》所指出的，"对残疾人的状况的分析，必须根据不同的经济和社会发展水平和不同的文化具体进行。但无论在什么地方，处理致残后的种种后果的最终责任，都要由各国政府来承担。政府应该担当领导责任，促使人民认识到，让残疾人参与社会、经济和政治生活的各个领域，每个个人和整个社会都能得到好处。政府还应保证，那些因重残而确实不能自立的人也有机会取得与其他公民相同的生活水平。"另一方面，对于残疾人的相关义务和责任，是否从国家层面用法律形式对残疾人的权利保障和福利救助作出明确、具体的规定，也是一个国家的文明程度的标志之一。

（二）对《中华人民共和国残疾人保障法》的初步评价

《残疾人保障法》是我国残疾人立法工作上的一项重大的成就。但这只是相对于中国法制建设的历史而言的，与美国、日本等发达国家的相关法律相比较，这部法律至少存在以下不足。

1. 立法条文过于粗疏，操作性不高

该法律缺少针对不同残疾种类的，如聋哑、肢体残疾、智力残疾等，分别表述和规定，缺少对于国家、社会、残疾人家庭、残疾人自身等不同侧面的职责划分。与美国《1990 年美国残疾人法案修正案》长达数百页的详尽法律条文相比较，《残疾人保障法》只有区区 5600 字，只能停留于一般法律原则的表述。

2. 反对或禁止歧视残疾人的法律意义不强

对于残疾人在教育、就业、社会参与方面遭遇的歧视现象和不公正待遇，缺少硬性、具体的规定。

3. 对于残疾人的福利保障缺少国家层面的硬性规定

对于国家应该给残疾人提供的福利和支持，缺少特别明确、具体的规定；对于中央政府和地方政府用于扶助残疾人的财政支出的分配比例，也未作具体的规定。未能从建立国家对于残疾人的积极支持系统的角度确立残疾人的具体福利和权益。

4. 法律条文未能随着社会进步及时作出必要的修订

该法律自1991年颁布，1992年开始实施，至今已经12年。在这期间，中国的经济、社会、文化等各个方面发生了历史性的变革，有关法律条文应该适应社会发展的需要，进行修订，但事实是迄今没有任何修订该法律的计划。

所有这些都反映出《残疾人保障法》带有软性法的特点。

就部分条文加以具体分析，也许有助于准确评价这部有关残疾人的法律。

（1）《残疾人保障法》第二条对于残疾人的定义，是对《关于残疾人的世界行动纲领》中的"缺陷"和"残疾"这两条范畴的综合。但《关于残疾人的世界行动纲领》中对于"障碍"的界定，即明确指出造成残疾人问题的根本原因是社会环境的限制这一点，《残疾人保障法》在定义上明显作了回避。不过第四条规定："国家采取辅助方法和扶持措施，对残疾人给予特别扶助，减轻或者消除残疾影响和外界障碍，保障残疾人权利的实现。"这一规定在一定程度上弥补了上述不足。但是在定义中作出明确规定，与补充说明性的条文在法律意义上不可同日而语。为醒目起见，兹将《关于残疾人的世界行动纲领》和《残疾人保障法》的相关条文对照如下。

《中华人民共和国残疾人保障法》

第二条 残疾人是指在心理、生理、人体结构上，某种组织、功能丧失或者不正常，全部或者部分丧失以正常方式从事某种活动能力的人。残疾人包括视力残疾、听力残疾、言语残疾、肢体残疾、智力残疾、精神残疾、多重残疾和其他残疾的人。残疾标准由国务院规定。

第四条　国家采取辅助方法和扶持措施，对残疾人给予特别扶助，减轻或者消除残疾影响和外界障碍，保障残疾人权利的实现。

《关于残疾人的世界行动纲领》

第6条　世界卫生组织根据卫生工作的经验，对缺陷、残疾和障碍三者区分如下：

缺陷：是指心理上、生理上或人体结构上，某种组织或功能的任何异常或丧失。

残疾：是指由于缺陷而缺乏作为正常人以正常方式从事某种正常活动的能力。

障碍：是指一个人，由于缺陷或残疾，而处于某种不利地位，以至限制或阻碍该人发挥按其年龄、性别、社会与文化等因素应能发挥的正常作用。

第7条　因此，障碍的有无及程度是由残疾人与其生活环境之间的关系所决定的。当残疾人遭受到文化、物质或社会方面的阻碍，不能利用其他人可以利用的各种社会系统时，就产生了障碍。因此，障碍是指与其他人平等参加社会生活的机会的丧失或是这种机会受到限制。

(2)《残疾人保障法》总则规定，"保障残疾人平等地充分参与社会生活"。这个规定体现了《关于残疾人的世界行动纲领》的两条基本精神：充分参与和价值平等。两者的异同对照如下。

《中华人民共和国残疾人保障法》

第一条　为了维护残疾人的合法权益，发展残疾人事业，保障残疾人平等地充分参与社会生活，共享社会物质文化成果，根据宪法，制定本法。

《关于残疾人的世界行动纲领》

第1条　《关于残疾人的世界行动纲领》的宗旨是要推行有关残疾预防和康复的有效措施，促进实现以下目标：使残疾人得以

"充分参与"社会生活和发展，并享有"平等地位"，也就是说具有与全体公民同等的机会，平等分享因社会和经济发展而改善的生活条件。对所有国家来讲，无论其发展水平如何，这些概念所适用的范畴都是一样的，也都同样是刻不容缓的。

（3）《残疾人保障法》第三条关于残疾人权利的界定，基本上是在《世界人权宣言》、《公民权利和政治权利国际公约》、《经济、社会和文化权利国际公约》等联合国的文件框架下进行的，体现了中国作为国际社会的一个重要成员，在进行相关立法时对于国际社会关于残疾人问题的基本态度的重视。但对于残疾人具有哪些方面的政治、经济、社会、文化权利，《残疾人保障法》没有作出具体的规定，因此在对残疾人权益的保障方面操作程度不高，这也是不争的事实。与联合国有关文件不同的是，《残疾人保障法》把"家庭生活"权利与其他政治、经济、社会、文化权利并列，[①] 体现了《残疾人保障法》的立法特色。联合国的相关决议虽然也在不同条款里涉及家庭的作用，明确指出家庭是社会最基本、最天然的组成单位，意识到家庭对于残疾人各项权利的保障具有基础性作用，但没有把它上升到和政治、经济、社会、文化权利并列的地位。

（4）营造全社会关注、重视、支持残疾人事业的良好风气，不能停留于一般呼吁阶段，关于政府在媒体宣传、信息传达、印刷资料派送等方面可以起到哪些作用和应该起到哪些作用，《残疾人保障法》第七条缺乏比较明确的规定。

（5）《残疾人保障法》第九条规定了残疾人的家庭，或残疾人的监护人、扶养人对于残疾人应该承担的责任和义务，然而对残疾人的扶养和监护不应由残疾人的家庭自身全部承担。从国际社会的通常做法考察，政府对于残疾人的家庭或监护人、扶养人应该提供全方位的支持，包括健康、经济、教育等各个方面的支持。

（三）对日本《障碍者基本法》的初步评价

制定于昭和 45 年（1970 年），并经过 6 次修订（最后一次修订是

---

① 参见《中华人民共和国残疾人保障法》第三条。

平成 14 年，即 2002 年）的《障碍者基本法》①，是日本有关残疾人的法律体系中的基本大法。这部重要的法律阐述了国家对残疾人的基本态度和残疾人所应享有的基本权利，体现了关于残疾人的立法的福利原则。此后相继制定和修订的部门法，如《身体障碍者福利法》、《智力障碍者福利法》、《特殊儿童扶养补助关联法》、《促进障碍者雇佣关联法》、《促进高龄者、身体障碍者便利利用的特定建筑物关联法》、《促进高龄者、身体障碍者乘坐方便的公共交通工具关联法》、《促进身体障碍者便利利用的通信、广播事业关联法》等，都继续体现和发扬了《障碍者基本法》中提出的福利精神。日本的残疾人法律体系在立法精神上和美国的残疾人法律体系相比较，明显缺乏对于残疾人歧视问题的深刻意识，因而在有关法律中缺少对于歧视残疾人的现象和行为的具体处置和规定。这也反映了日本社会对于残疾人问题的认识与西方社会的重大差别。

《障碍者基本法》共分四章，包括"总则"、"关于残疾人福利的基本对策"、"关于残疾预防的基本对策"、"地方残疾人对策推进协议会"等四个方面。

该法律对于残疾人（障碍者）的定义，与美国、中国等国家对于残疾人的界定基本相同。虽然明确指出残疾人在日常生活和社会生活中长期受到相当的限制，但仍将造成这一限制的原因归于残疾人自身的身心缺陷。对于国际社会自 20 世纪 80 年代以来将残疾人障碍的原因定位于社会环境的认知，基本上持谨慎的态度。②

在基本理念方面，该法律重申了《世界人权宣言》、《公民权利和政治权利国际公约》、《经济、社会和文化权利国际公约》等重要文件中所规定的残疾人享有个人尊严，作为社会的平等一员享有参与社会，分享社会、经济、文化成果的权利。

该法律有一个重要的特点，即在第一部分明确规定了国家及地方公共团体、社会民众、残疾人及其家庭等几方面分别应该承担的责任和义务。具体地讲，国家和地方公共团体的责任主要表现为促进残疾人的福

---

① 参见 http：//www. houko. com 公布的法律文本。
② 参见日本《障碍者基本法》第一章第二条。

利和预防残疾；普通社会民众，依据社会连带的理念，应积极协助推进残疾人福利；残疾人自身应充分发挥自己的潜能，积极参加社会经济活动；残疾人的家庭应努力促进残疾人的自立。

关于残疾人的政策，该法律体现了个别性和综合性的特点：

（1）个别性：残疾人的福利政策要根据残疾人的年龄、残疾的种类和程度分别制定。

（2）综合性：残疾人的福利政策，应在有机协调的原则下统筹考虑，综合制定，综合实施。

该法律对于推进残疾人福利政策的组织架构和实施办法，采取从中央政府内阁到都、道、府、县（省），直至市、町（街道）、村垂直部署的格局，分别制定具体的推进计划。这一点与我国的做法基本相似。与该法律不同的地方是：我国的《残疾人保障法》虽然也明确规定了各级人民政府应在残疾人事业上履行相应的职责，但对于中央政府和地方政府的分工没有特别明确的规定，而且对于地方政府的要求多，对于中央政府的职责界定少，导致职责模糊，不利于具体实施。

对于残疾人的福利政策的规定，构成了该法律的核心内容，体现了日本的残疾人福利政策的综合性、系统性的特点。这一部分的内容涉及"医疗"、"福利设施的入住与住家残疾人的支援"、"重度残疾人的保护"、"教育"、"职业指导"、"雇佣促进"、"残疾程度的鉴定及咨询"、"政策实施后的指导"、"相关机构的建设与完善"、"年金制度的实施"、"住宅的确保"、"专门技术人员的确保"、"公共机构的利用"、"情报信息的利用"、"经济负担的减免"、"相关政策的特殊考虑"、"文化条件的准备与完善"、"国民的理解"等众多方面，充分体现了非常连贯的福利原则。

除了明确规定有关残疾人福利的一系列指导原则，该法律还对具体落实残疾人福利的方法和手段作出了明确的规定。如第十条第二款规定：国家和地方公共团体对于采取什么方式访问残疾者的家庭要提供必要的指导方法，对于残疾人日常生活的必要条件要提供必要的便利。第十条第三款也规定：国家和地方公共团体对于残疾人用于补偿缺陷的必要的残疾用具及其他福利用具，乃至盲犬的利用等，都要制定无偿提供或借用的政策。

关于残疾人的就业问题，该法律明文规定：国家和地方团体要采取优先雇佣残疾人的原则，适合残疾人就业的工种、职业场所要优先雇佣残疾人。各企事业单位要基于社会连带的理念，根据残疾人的能力提供适当的就业岗位，进行适当的岗位管理，保证残疾人就业岗位的稳定性。同时，国家和地方公共团体要减轻雇佣残疾人的业主的经济负担，并投入必要的经费，补助雇佣单位建设必要的残疾人设施。

为了保证残疾人生活的安定，国家和地方公共团体要为残疾人制定年金、补贴制度。该法律第二十二条明确规定：为保证残疾人生活的安定，国家和地方公共团体必须采取措施，确保残疾人有住宅居住，并针对残疾人日常生活的特殊需要，配备相应的住宅设施。这一点是该法律所贯穿的福利原则进入操作层面的标志性特征。除此之外，该法律第二十三条还明确规定：国家和地方公共团体要采取切实有效的办法减轻残疾人本人以及残疾人的扶养人的经济负担，包括税收减免、公共设施利用费用的减免等具体的措施。

该法律第二十四条还规定了在制定和执行残疾人政策时需要考虑的一些特殊因素，例如，要充分考虑到残疾人的父母或其他扶养人对于残疾对象在自己亡故之后生活无着落的顾虑。这一点不仅体现了在残疾人问题上的充分的人道主义精神，也反映了该法律关于残疾人的政策的连贯性和持续性，成为日本《障碍者基本法》的非常特殊的亮点。

（四）对美国《1990年美国残疾人法案修正案》的初步评价

《1990年美国残疾人法案》[①] 的内容涉及就业、公共服务设施（国营）、公共服务设施（私营）、通讯、其他杂则等五个方面，在立法宗旨上明显针对造成残疾人障碍的社会因素，尤其是针对有关残疾人的各种社会歧视行为，比较充分地体现了《关于残疾人的世界行动纲领》中所提出的国际社会有关残疾人问题的主要原则和理念。

1. 该法律的背景——国会的调查结论

（1）立法当时，美国共有4300万身体或心理存在缺陷的残疾人，

---

① 本章对该法律的引用，依据美国司法部官方网站 http://www.usdoj.gov/crt/ada/statute.html 公布的法律文本。

而这一数字随着人口整体老龄化的加剧在不断增加。

（2）在历史上，社会总是倾向于将有残疾的人孤立和隔离开来，对于残疾人的种种歧视现象和行为依然很严重，成为一个带有普遍性的社会问题。

（3）对残疾人的歧视主要表现在就业、住房、公共设施、教育、交通、通讯、娱乐、隔离措施、健康服务、投票选举、对于公共服务的利用等关键方面。

（4）与其他因种族、肤色、性别、籍贯、宗教、年龄等因素而遭受的歧视相比，因残疾而遭受的歧视往往缺乏相关的法律手段去获得相应的补偿。

（5）残疾人一直面临各种形式的歧视，这些歧视包括公开、有意图的排斥，建筑物、交通工具、通讯设施等方面的障碍，过度保护性规则和政策，排斥性资格标准，对残疾人的隔离措施，在服务、项目、活动、利益、工作或其他机会上的较少参与和分享。

（6）人口普查以及其他一些研究表明，残疾人作为一个群体在美国社会中所处的地位依然低下，在社会、职业、经济以及教育等方面处于严重的不利地位。

（7）残疾人在各个方面遭受的限制，究其原因，既有遭受不公平对待的历史原因，也有在美国社会中处于弱势地位，其自身状况和特征非个人所能左右的客观原因，还有对于残疾人的陈旧观念，比如认为残疾人没有参与社会、为社会做贡献的能力。

（8）国家有关残疾人的基本目标就是保证公平机会，充分参与，独立生活，经济自足。

（9）目前在社会上持续存在的对于残疾人不公正、不必要的歧视和偏见，剥夺了残疾人参与公平竞争的机会和追求这些机会的可能，以公正、自由著称于世的美国社会不得不为此付出高达数十亿美元的代价。这些不必要的代价，很大程度上是由于依赖性、非生产性导致的。

2. 立法目的

（1）为消除对残疾人的歧视提供一部明确、全面的全民法律；

（2）为解决对残疾人的歧视问题，提供一系列明确、坚决、连贯、可执行的标准；

（3）保证联邦政府在执行相关标准时代表残疾人的利益发挥核心作用；

（4）诉诸国会的权威，解决残疾人每天面临的一些主要的歧视现象。

3. 对于残疾的定义

（1）生理或心理上受到损害，从而对主要的生活活动构成限制；

（2）有生理或心理受到损害的病史记载；

（3）被认为受到了此类损害。

4. 对于歧视残疾人的行为的界定

该法律对于歧视残疾人的行为的界定主要着眼于和就业相关的歧视现象，涉及就业程序的各个环节。

（1）一般规则

任何实体均不可对符合就业资格的残疾人因为其残疾而在工作的招聘程序、雇佣、晋升、解聘、工作补贴、工作培训、就业状况和筛选标准等各个环节进行歧视。

（2）对在就业方面歧视残疾人的行为的界定

①限制、隔离或对工作应聘者进行分类导致应聘者在雇佣机会方面受到影响的情况，视为歧视。

②签订一定的契约，或缔结其他协定，从而使有关单位符合工作条件的残疾人遭受歧视的做法，视为歧视。

③采取一定的标准或行政手段对残疾人造成歧视，或采取共同的行政措施导致他人歧视残疾人的做法，视为歧视。

④排除或拒绝给予符合工作条件的残疾人以同等工作或利益的做法，视为歧视。

⑤对于已知的残疾人应聘者或就业者不提供合理的设施的做法，视为歧视。

⑥拒绝给予符合工作条件的残疾人应聘者就业机会的做法，视为歧视。

⑦采取一定的资格标准、就业测试，或其他筛选标准淘汰残疾人就业者的做法，视为歧视。

⑧未对有关就业测试加以有效监管，因而无法保证这样的测试目的在于反映应聘工作或已经就业的残疾人的技能、水平或其他因素，而不在于测试残疾应聘者或就业者受损的感官技能、动作协调能力、语言技能的做法，视为歧视。

（3）对在公共服务方面歧视残疾人的行为的界定

任何公共实体不得排除或拒绝符合条件的残疾人参与该实体所提供的服务、计划或其他活动，或施加任何形式的歧视。

（4）对在交通工具、生活设施的利用方面歧视残疾人的行为的界定

公共交通工具的制造、改装，必须配备适合残疾人利用的辅助装置，否则视为歧视；公共交通路线（包括航空和地面）的运营，包括各种交通手段的使用，无论公共汽车、铁路还是轮船、飞机，必须提供能为残疾人了解的服务规则，以及满足残疾人需要的各种条件，否则视为歧视。此外，餐馆、酒吧、保龄球馆、体育场等向公众开放，从事商业运营的私营实体，也要提供能为残疾人利用的各种条件，否则即视为歧视。通讯领域也必须为视听障碍者提供相应的辅助工具和技术支持，否则视为歧视。

在公平、正义的基础上对残疾人基本权利的社会保障，从某种意义上说，等于消除有碍于残疾人实现其权利的各种有形和无形的障碍。这一点在《1990年美国残疾人法案修正案》中得到了充分体现。另一方面，该法律对于残疾人权利的维护还体现了连续性、一贯性的原则，在残疾人的教育保障上如此，在就业领域也如此。该法律强调，对于残疾人就业权利的保障，并不仅仅限于提高残疾人每一时期的就业率，而且要在残疾人就业后工作的保持、晋升、培训等各个方面继续实施反歧视的保障政策。

这部法律在美国历史上是一部典型的反残疾歧视法律。它的主要精神就是从就业、公共设施的利用、公共服务的提供、商业设施的利用这些方面，包括交通工具的制造、改装，交通线路的运营，通信、电视等电器的辅助技术的配置等各个方面，强制要求有关机构或实体增加或完善可供残疾人方便利用的各种硬件和软件条件，否则即以歧视残疾人的名义对有关机构或实体给以法律的处置。美国的这部法律与日本的有关法律和中国的《残疾人保障法》在反对歧视残疾人行为的基本出发点上

显然有很大的不同。

（五）对部分部门法的初步评价

中国目前的法律体系中尚无关于残疾人的不同类别、残疾人的不同问题侧面的专门法律。

与此形成对照，日本颁布了针对肢体残疾、聋哑残疾的《身体障碍者福利法》，针对智力残疾的《智力障碍者福利法》，以及针对残疾儿童的《特别儿童扶养补助支付关联法》。此外，还有关于残疾人社会障碍的法律，如《促进障碍者雇佣关联法》、《促进高龄者、身体障碍者便利利用的特定建筑物关联法》、《促进高龄者、身体障碍者乘坐方便的公共交通工具关联法》、《促进身体障碍者便利利用的通信、广播事业关联法》等。美国虽然也没有针对不同残疾种类的部门法，但就残疾人利益的不同侧面的立法自成体系，如《1997年美国残疾个体教育法案修正案》、《公平住宅条件法案》、《航空器利用法案》、《供养机构收容对象法案》、《1973年康复法案》、《建筑物障碍法案》等。

在此类部门法之中，特别值得提及的是日本的《特别儿童扶养补助支付关联法》和美国的《1997年美国残疾个体教育法案修正案》。《特别儿童扶养补助支付关联法》将残疾儿童作为一个需要特别关注和对待的群体单独加以考虑，从法律制度上作出了相应的规定，这是日本残疾人法律体系的福利性原则与国际社会儿童优先的基本理念相结合的产物。该法律不仅详细规定了国家对于残疾儿童必须负担的补助方式，包括每月的补助金额，而且还将残疾儿童和残疾儿童的扶养人，即残疾儿童的父母，结合起来考虑，分别给予相应的经济补助。因此该法律将福利补助的范围分成"特别儿童扶养补贴"和"特别儿童福利补贴"两个方面，充分反映了对于儿童及其家庭和两者关系的高度法律意识。

长达一百五十余页的《1997年美国残疾个体教育法案修正案》① 分成四大部分：一般条款，帮助所有残疾儿童获得教育机会，残疾婴儿和残疾幼儿，改善残疾儿童教育的全国性活动。该法律的特点是：关于残

---

① 参见美国教育部官方网站 http：//www.ed.gov/offices/OSERS/Policy/IDEA/the_law.html 公布的法律文件。

疾儿童的教育在立法上充分考虑到残疾儿童身心发展的各个阶段，并对各个阶段给予同等程度的重视。这和我国有关残疾儿童教育的基本方针明显不同。我国在《残疾人保障法》和《残疾人教育条例》里将残疾儿童的教育明确规定为着重发展义务教育，积极发展学前教育，努力推进中等职业教育和高等教育。教育的主次之分一方面反映了我国的经济、社会发展水平，同时也反映了在立法层面对于特殊教育的认识和美国有本质的区别。

《1997年美国残疾个体教育法案修正案》的主要形成背景是依据国会的调查结论。这些调查结论是：

（1）残疾是人类发展进程中一个不可回避的自然组成部分，不能因为残疾而剥夺残疾人参与社会、贡献社会的权利。改进残疾儿童的教育成果是保证机会平等、充分参与、独立生活、经济自足的国家政策的一个基本要素。

（2）在《1975年全体残疾儿童教育法案》实施之前，美国残疾儿童的特殊教育需求未能得到充分满足。有一半以上的美国残疾儿童没有获得适当的教育服务，而这种服务正是使这些残疾儿童获得平等机会的保障。有100万美国残疾儿童被完全排除出公立学校体系，因此没有像同龄人那样经历过完整的教育。有许多残疾儿童虽然受到了常规教育，但由于自身的残疾而妨碍了他们获得成功的教育经验。由于公立学校体系中缺乏充足的服务资源，残疾儿童的家长不得不在公立学校体系之外寻求服务的机会，常常把孩子送到远离居住地的学校读书，并且自己承担相应的费用。

（3）自从《1975年全体残疾儿童教育法案》实施以来，在保证残疾儿童及其家庭有机会接触到自由、适宜的公共教育和改善残疾儿童的教育效果方面取得了一定的成功，但由于人们期望值不高，对残疾儿童的教学方法研究不够，该法案的施行受到了一定程度的阻碍。

（4）过去20年的研究和实践证明，残疾儿童的教育要取得成效，必须注意以下几点：

①提高对残疾儿童的期望值，保证最大限度地让残疾儿童接触到普通课程。

②增强残疾儿童的父母的角色，并保证残疾儿童的家庭有机会在学

校参与残疾儿童的教育过程。

③将此法案与地方教育机构、州、联邦有关学校的改善措施结合起来，以保证残疾儿童从这些措施中获益，并且保证特殊教育成为一种服务，而不是单纯地把残疾儿童送到一定的场所就读。

④在适当的情况下，在普通班级为残疾儿童提供适宜的特殊教育及其相关服务和支持。

⑤对从事残疾儿童工作的所有从业人员进行高质量、密集性的专业训练，以保证他们有足够的技能和知识最大限度地满足发展的目标，实现对于所有残疾儿童的富有挑战的期望。

⑥鼓励全面、连贯的教育方法，增强残疾定性前的干预措施，以减少残疾儿童定性的必要。

⑦增强教学资源，减少无助于提高教育效果的条条框框的限制。

（5）美国最近几十年来的种族、民族结构发生了巨大变化，到2000年，全国总人口中有1/3的比例将是西班牙裔、非洲裔、拉丁美洲裔、亚裔等少数民族，其子女在部分州就学的人数比例越来越高，而需要实施特殊教育的对象很大部分属于这些少数民族群体。

制定《1997年美国残疾个体教育法案修正案》的目的是：①保证所有残疾儿童能获得自由、适当的公共教育，而这种公共教育着眼于特殊教育及其他相关的服务，以期满足残疾儿童独特的需要，并为其就业和独立生活打下基础。②保证残疾儿童及其父母的权利得到保护。③帮助各州、地方当局、教育机构以及联邦政府的相关部门为所有残疾儿童提供教育服务。④帮助各州对残疾婴儿和幼儿及其家庭推行覆盖全地区的综合、协同、跨学科、跨机构的早期干预服务体系。⑤保证教育工作者和残疾儿童的父母有必要的辅助工具来改善对残疾儿童的教育效果，具体地讲，可以借助支持系统的革新、协调有序的科研合作和人员培训、调整过的技术辅助、技术开发和媒体服务等等。⑥评估并保证残疾儿童的教育效果。

第二部分"帮助所有残疾儿童获得教育机会"里，规定了联邦政府资助金额的签署、分配、发放办法，申请者的资格和申请程序，以及地方政府之间的分配额度。除了经济补助之外，还规定了联邦政府和各州应该采取的其他应对措施。

值得注意的是第三部分——"残疾婴儿和幼儿"。这一部分的有关法律条文从广义上界定了残疾儿童的范围：因智力发育滞后、听力受损、言语受损、视觉受损、严重的情绪紊乱、形体矫正受损、自闭症、大脑外伤、其他健康受损、特殊学习障碍而需要接受特殊教育的儿童。

这部法律还从儿童身心发展的不同阶段，对残疾儿童进行了有针对性的分类，并规定了相应的特殊教育方法和措施。对于 0～3 岁有特殊教育需要的残疾婴儿和幼儿实施全国性的家庭支持计划。对于 3～9 岁在体能发展、认知能力发展、交流能力发展、社会适应能力发展、情感发展和调节能力发展等方面严重滞后，有特殊教育需要的残疾儿童，实施全国性的家庭支持计划和个别教育计划。

该法律对于美国教育界普遍倡导的特殊教育计划和个别化家庭服务计划也作了明确的规定。

该法律还有以下三个特点：①涵括了残疾儿童身心发展的各个阶段——从零岁到成年。②对于联邦政府和地方州政府的资金补助金额，针对不同年龄、不同残疾类型、不同残疾儿童个体的个别教育计划和个别化家庭服务计划等措施的具体实施细节，都作了非常严格的硬性规定，操作性很强。③体现了对于残疾儿童教育的连贯性和持续性的高度重视。强调要让每一个获得教育机会、处于教育过程中的残疾学生保持其教育机会，而不是丧失这种机会，如辍学、退学、休学等。在每一个已经获得教育机会的残疾学生完成一定阶段的教育之后，教育权利的保障还要体现在采取相应的措施，以保证每一个暂时结束一定教育阶段的学生继续升学、就业或进入一定的社会福利机构。

总之，这部法律充分体现了美国社会的儿童优先的理念，并带有浓厚的福利色彩。

（六）对部分政府法规、文件、政策、行动计划的初步评价

中国的经济、社会发展水平决定了与残疾人教育相关的法律、政策建设的局限性。国务院 1994 年颁布的《残疾人教育条例》对于残疾人的教育，主要是残疾青少年的教育，提出了普及和提高相结合的教育方针，以及以普通学校附设特殊教育班和在普通班级随班就读为主体，以特殊教育学校为骨干的关于特殊教育格局的基本思路。该条例指出：在

目前或今后一个较长时期内，我国的特殊教育事业将"实行普及与提高相结合，以普及为重点的方针，着重发展义务教育和职业教育，积极开展学前教育，逐步发展高级中等以上教育"。考虑到中国各地经济、社会发展水平的不平衡，国家财力有限等因素，在特殊教育的各个阶段采取有所侧重的方针，本来无可厚非。但这样一来也带来了一些负面的后果：割裂了教育的连贯性，违背了特殊教育需要连续性的普遍规律。对于义务教育阶段的强调，容易忽视对于残疾儿童学前阶段的有效干预，导致教育、教养支持体系的严重缺陷，实际上也给残疾儿童的义务教育带来了更加沉重的负担，影响了义务教育的效果。从各地的贯彻情况看，除少部分大中城市外，全国大部分地区基本上没有开展残疾少年高中阶段的教育。造成这种情况的一个主要原因，就是《残疾人教育条例》的导向性方针。

日本政府于平成 5 年（1993 年）发表的《障碍者对策新长期计划》[①] 很值得研究和借鉴。这份文件有这样几个特点：

（1）在基本理念上明确宣布要促进障碍者（残疾人）的主体性和自立性的确立，建设一个由社会全体成员参加，为社会全体成员共享的平等社会。

（2）意识到造成残疾人社会障碍的几个比较突出的方面：交通工具、建筑物等社会环境方面的物质障碍；资格限制方面的制度障碍；盲文、手语服务欠缺等方面的文化、情报障碍；存在着将残疾人视为单纯庇护、救助的对象，而不是和其他身心健全者一样享有同等权利的观念上的障碍。

（3）注意到整个社会的高龄化或老龄化趋势必将伴随残疾人群体的高龄化和老龄化。

（4）明确了在向全社会宣传残疾人事业，促进全社会理解残疾人状况时必须注意的政策要点：残疾人并不是和正常人不同的一种特殊群体或个体，而是和正常人一样都属于社会的一员；残疾人作为一个独立的个体，享有基本的人权，没有理由因残疾而遭受歧视；残疾人具有很大的潜力；残疾人的问题是和全社会所有人密切相关或属于每个人的

---

① 参见 http://www.houko.com 公布的正式文本。

问题。

（5）充分认识到针对心身残疾儿童成长的各个阶段，以及每一个残疾儿童的特点，必须采取多样化的教育培养方针，建立最适宜残疾儿童成长的教育培养场所。

此外，2004 年日本文部科学省颁布和实施的《学习障碍、注意力缺陷或多动性障碍、高机能自闭症儿童特殊支援教育指导方针》[①]（以下简称《方针》），也是非常值得注意的一份政府文件。该文件的主要内容和制定原则充分体现了政府在广义的残疾儿童教育方面所应发挥的积极作用。该文件旨在实现由特殊教育向特殊支援教育的重大转变。这标志着日本特殊教育界，包括政府相关部门，开始改变传统上的把特殊教育局限于身心有明显残疾的儿童的做法，把特殊教育的对象推广到各类有学习障碍的儿童，从而拓宽了特殊教育的范围，为传统的特殊教育赋予了新的意义。

《方针》突出体现了支援性、操作性、全面性的特点，使特殊教育的组织保证落到实处。

该文件分成五个部分，针对特殊教育行政负责者、特殊教育关联学校、特殊教育专家、监护人和障碍儿童本人五个重要环节，制定了便于对照和使用，相当于工作手册性质的指导方针。从各部分的具体内容考察，这份文件几乎涉及特殊教育的所有方面，有关规定极其详细。

"教育行政负责者使用"的部分的具体细目有：特别支援协调协议会的设置，巡回咨询的实施与专家小组的设置；为提高教员的指导能力和理解水平而开展的研修计划及其实施；特别支援教育体制的整体把握。

"学校使用"的部分的细目又细分为校长使用、特别支援教育协调员使用和教员使用三部分。关于各自的职责，校长使用部分包括特别支援教育的学校经营、校内委员会的设置、特别支援教育协调员的推荐、校内教职员理解的促进等内容。特别支援教育协调员的职责包括：与校内外相关人员和机构进行联络和协调，为有特殊教育需要的学生的监护

[①] 参见日本文部科学省官方网站 http：//www. mext. go. jp/b_ menu/kensaku/index. htm 公布的相关文件。

人提供咨询，对专职人员给予支援等。教员的职责是：注意学生的情况，加强对学生的理解，灵活运用个别教育计划等。

"专家使用"的部分由巡回咨询员和专家小组两部分内容构成。巡回咨询员的职责是：对专职人员予以支援，在校内委员会中发挥推进者的角色；准确理解巡回咨询的目的和作用，对学校工作给以支援，与专家小组进行合作。专家小组要履行的职责是：准确把握专家小组的目的和作用，判断和鉴别学习障碍、注意力缺陷或多动性障碍、高机能自闭症，对特殊教育进行指导和提出建议等。

在"监护人和本人使用"的部分，明确规定了监护人在家庭内的努力、与学校的合作、学校外的支援等几个关键方面的职责；本人使用的部分则包括了解自己，对学习、行为、生活等方面应该注意的问题，以及及时从老师和专门机构获得支援等内容。

美国布什政府最近提出了《新自由提案》，明确要求联邦政府相关部门在康复、教育、就业等各个方面制定并切实有效地落实关于残疾人权益保障的具体计划。政府各部门需每年向总统提交关于所管辖领域的残疾人保障措施的执行情况的年度报告，并通过相应的公示制度，让全社会了解和参与残疾人的工作。这些都值得我们注意和借鉴。

附录　《日本儿童福利法》*（节译）

第一章　总　　则

第一条

1. 所有国民必须以身心健康为标准对待儿童的出生和养育。

2. 所有儿童必须平等地得到生活的保障和爱护。

第二条

国家及地方公共团体与儿童的监护人一起，负有促进儿童身心健康的养育责任。

第三条

上述两条的规定是儿童福利保障的原理所在。这一原理在实施有关儿童的法令之际必须经常得到尊重。

第一节　定　　义

第四条

1. 本法律所针对的儿童，指年龄未满 18 周岁者，又细分为三个范畴：

（1）婴儿：未满一周岁的儿童；

（2）幼儿：满一周岁至小学入学前的儿童；

（3）少年：从小学入学起至 18 岁以下的儿童。

2. 本法律所规定的残疾儿童，指身体有残疾或智力存在障碍的

---

* 这部法律于昭和 22 年（1947 年）12 月 12 日作为第 164 号法律颁布，最终修订于平成 18 年（2006 年）6 月 7 日，法律文本编号第 53 号。本书中译本依据日本官方网站"法律文献提供系统"（http：//law. e－gov. go. jp/htmldata/S22/S22HO164. html）发布的法律文本译出。

儿童。

第五条

本法律所规定的孕产妇，指妊娠期间和产后一年以内的女子。

第六条之一

本法律所规定的保护人，指作为父母权利的行使者、未成年人的托管人等目前对儿童履行监护职能的人。

第六条之二

1. 本法律所界定的残疾儿童咨询支援事业，指涉及相关地域的残疾儿童福利的各种问题，尤其是应居家生活的残疾儿童及其保护人的要求开展咨询、提供必要的情报和建议，并根据第二十六条第一项第二款和第二十七条之一第一项第二款的规定实施指导，市、町、村的儿童咨询所设立，以及从事《残疾者自立支援法》（平成17年法律第123号）第五条第一项所规定的残疾人福利服务事业，也包括与儿童福利机构进行联络和协调，及从事厚生劳动省政令所规定的其他综合援助的事业。

2. 本法律所界定的儿童自立生活援助事业，指第二十七条第七项措施所涉及的人员，根据该项规定开展居住及日常生活上的援助、生活指导以及就业支援，同时对解除该项措施的人员开展的咨询等援助事业。

3. 本法律所界定的放学后儿童健全养育事业，是指针对在小学就读，大体未满十岁，其保护人因工作关系白天不在家的儿童，依据政令规定的标准，在放学后利用儿童福利健康机构等提供适当的游玩和生活场所，致力于儿童健全养育的事业。

4. 本法律所界定的儿童养育短期支援事业，是指针对因保护人患病及其他原因在家庭里养育一时困难的儿童，根据厚生劳动省的有关规定，帮助其入住儿童养护机构及厚生劳动省政令规定的其他机构，并对其实施必要的保护措施的事业。

第六条之三

本法律所界定的收养人，是指对无保护人的儿童或认定为保护人监护不适当的儿童（以下称为需要保护的儿童）提出养育希望，得到都、道、府、县知事认定的人。

第七条

本法律所界定的儿童福利机构，是指助产机构、婴儿院、母子生活支援机构、保育所、儿童福利健康机构、儿童养护机构、智力障碍儿童机构、智力障碍儿童就学机构、盲聋哑儿童机构、身体残疾儿童机构、重症心身障碍儿童机构、情绪障碍儿童短期治疗机构、儿童自立支援机构以及儿童家庭支援中心。

第二节　儿童福利审议会等

第八条

1. 根据本条第七项、第二十七条之一第六项、第四十六条之一第四项以及第五十九条之一第五项的规定，为审议权限内的有关事项，各都、道、府、县设立儿童福利问题审议会及其他合议制机关；但根据《社会福利法》第十二条第一项以及该法第七条第一项的规定，责成地方社会福利审议会就儿童福利事项进行调查审议的都、道、府、县，不受此限。

2. 前项所规定的审议会及其他合议制机关（以下称为都、道、府、县儿童福利审议会），除本项规定的事项外，还可以审议儿童、孕产妇及智力障碍者的福利事项。

3. 市、町、村（含特别区，下同），为对前项的有关事项进行调查审议，可以设立儿童福利审议会及其他合议制机关。

4. 都、道、府、县儿童福利审议会置于都、道、府、县知事的管理之下，前项所规定的审议会及其他合议制机关（以下称为市、町、村儿童福利审议会）置于市、町、村长的管理之下，可分别接受相关咨询，或向相关行政机关提出意见。

5. 都、道、府、县儿童福利审议会和市、町、村儿童福利审议会（以下称为儿童福利审议会）在认为特别有必要的情况下，可以要求相关行政机关提出所属职员出席状况的说明以及相关资料。

6. 社会保障审议会和儿童福利审议会，根据必要，需要在交换资料等方面保持密切的联系。

7. 社会保障审议会和都、道、府、县儿童福利审议会，为实现儿童和智力障碍者的福利，可以推荐文艺表演、出版物、玩具、游戏等，或者对于制作、贩卖或举办上述产品或活动者给予必要的忠告。

第九条

1. 儿童福利审议会由 20 名以内的委员组成。

2. 在有必要对特别事项进行调查审议时，可在儿童福利审议会内设立临时委员。

3. 儿童福利审议会的委员和临时委员，从从事儿童和残疾人福利事业，且学识、经验丰富者中产生，由都、道、府、县知事或市、町、村长分别任命。

4. 儿童福利审议会设委员长和副委员长各一人，由委员互相选举产生。

第三节 实施机关

第十条

1. 围绕本法律的实施，市、町、村开展以下业务：

（1）为了儿童和孕产妇的福利，致力把握必要的实情；

（2）为儿童和孕产妇的福利提供必要的情报；

（3）就儿童和孕产妇的福利，接受来自家庭的咨询，进行必要的调查和指导，开展相关的业务。

2. 市、町、村长在前项第三款列举的相关业务中需要专门知识和技术时，必须征求儿童咨询所的技术援助和建议。

3. 市、町、村长在开展第一项第三款列举的相关业务之际，在必须作出医学、心理学、教育学、社会学及精神保健上的判定时，必须征求儿童咨询所的鉴定。

4. 市、町、村须致力于为依据本法律妥善开展相关事务而需要的体制建设，与此同时，须要采取必要措施，以确保从事有关业务的职业人才，并提高其工作素质。

第十一条

1. 都、道、府、县围绕本法律的实施须要开展以下业务：

（1）围绕前条第一项各条款所列举的市、町、村开展的相关业务，进行市、町、村之间的联络协调，给市、町、村提供相关的情报以及其他必要的援助，并开展与此相关的业务活动。

（2）关于儿童和孕产妇的福利，主要开展以下业务：

甲 从超越各市、町、村所辖区域的更广泛的角度努力把握实情；

乙 在接受家庭或其他方面有关儿童的咨询时，对于必要的专门知识和技术给予解答；

丙 对儿童及其家庭进行必要的调查，作出医学、心理学、教育学、社会学及精神保健上的鉴定；

丁 对儿童及其保护人，基于丙款的调查或鉴定进行必要的指导；

戊 对儿童进行临时保护。

2. 都、道、府、县知事，在认为有必要确保妥善开展前条第一项各条款所列举业务的时候，可以对市、町、村提出必要的建议。

3. 都、道、府、县知事，可以委托下属的行政厅负责处理第一项或前项规定的都、道、府、县的全部或部分相关业务。

第十二条之一

1. 都、道、府、县须设立儿童咨询所。

2. 儿童咨询所围绕儿童的福利问题，主要开展前条第一项第一款列举的业务、同项第 2 款乙和丙所列举的业务，以及《残疾人自立支援法》第二十二条第二项、第三项，第二十六条第一项所规定的业务。

3. 儿童咨询所可以根据需要巡回开展前项规定的各类业务（前条第一项第 2 款丙类业务除外）。

4. 儿童咨询所所长可以委托管辖区域内开展《社会福利法》所规定福利业务的事务所（以下称为福利事务所）所长（以下称为福利事务所所长）进行必要的调查。

第十二条之二

1. 儿童咨询所设所长和所员。

2. 所长接受都、道、府、县知事的监督，掌管所里业务。

3. 所员接受所长的监督，负责开展前条规定的业务。

4. 儿童咨询所，除第一项规定的成员外，可以配备必要的职员。

第十二条之三

1. 儿童咨询所的所长和所员属于事务官员或技术官员。

2. 所长必须是相当于以下任一类型的人员：

（1）医生或在精神保健方面具有学识和经验者。

（2）在依据《学校教育法》（昭和 22 年法律第 26 号）设立的大学或符合旧大学令（大正 7 年敕令第 388 号）的大学里专攻心理学专业或修完相当于本专业的课程，且毕业者。

（3）社会福利士。

（4）担任负责儿童福利业务的职员（以下称为"儿童福利士"）两年以上，或取得儿童福利士资格后作为所员工作两年以上者。

（5）与前述各款所列举者具有同等以上能力，且得到认定，符合厚生劳动省令规定者。

3. 所长必须依据厚生劳动大臣制定的标准，接受相应的培训。

4. 在负责鉴定的所员里必须分别包含一名以上符合下列条件的人员：符合第二项第一款者或具有同等资格者，符合该项第二款者或具有同等资格者。

5. 负责咨询和调查的所员必须拥有儿童福利士资格。

第十二条之四

在儿童咨询所里，根据必要的情况必须配备儿童临时保护设施。

第十二条之五

除本法律规定的情况外，儿童咨询所管辖的区域及有关儿童咨询所的必要事项依据命令予以规定。

第十二条之六

1. 保健所围绕本法律的实施主要开展以下业务：

（1）致力于围绕儿童保健普及正确的卫生知识；

（2）接受有关儿童健康的咨询，或开展健康调查，根据必要进行保健指导；

（3）就身体有残疾的儿童和因病需长期疗养的儿童的治疗和养育方法提供指导。

（4）对儿童福利机构，在改善营养和其他卫生条件方面给予必要的建议。

2. 儿童咨询所所长，可以为接受咨询的儿童、保护人或孕产妇要求保健所提供保健指导等必要的协助。

第四节 儿童福利士

第十三条

1. 都、道、府、县在设立的儿童咨询所里须配备儿童福利士。

2. 儿童福利士属于事务官员或技术官员，从符合下述任一条件者之中任用：

（1）毕业于厚生劳动大臣指定的、专门培养儿童福利士或儿童福利机构的职员的学校，或修满厚生劳动大臣指定的讲学会的课程者。

（2）在符合《学校教育法》的大学或根据旧大学令设立的大学专攻心理学、教育学或社会学学科，或修完相当于上述学科的课程，已经毕业，并在厚生劳动省认定的机构里从事过一年以上有关儿童福利的咨询、建议、指导及其他援助业务者。

（3a）医生。

（3b）社会福利员。

（4）担任社会福利事务主管，从事儿童福利事业两年以上者。

（5）与上述各款列举的人员具有同等以上能力，且得到认定，并符合厚生劳动省的有关规定者。

3. 儿童福利士接受儿童咨询所所长的指令，就儿童保护及其他有关儿童福利的事项接受咨询，并依据专门性技术提供必要的指导等，致力于促进儿童的福利。

4. 儿童福利士依据政令规定的内容，在儿童咨询所所长指定的负责区域行使前项职务，并可以要求所负责区域内的市、町、村长提供协助。

第十四条

1. 市、町、村长围绕前条第三项规定的事项，可以要求儿童福利士提供必要的情况通报和资料，并给予必要的援助。

2. 儿童福利士须向管辖其负责区域的儿童咨询所所长或市、町、村长，围绕负责区域内的儿童问题就必要的事项通告有关情况，并提出具体意见。

第十五条

除了本法律所规定的事项，儿童福利士的任用和定级以及其他有关儿童福利士的事项，均根据行政命令确定。

第五节 儿 童 委 员

第十六条

1. 在市、町、村所辖区域内设儿童委员。

2. 依据《民生委员法》（昭和 23 年法律第 198 号）产生的民生委员担任儿童委员。

3. 厚生劳动大臣从儿童委员中提名主任儿童委员。

4. 前项规定的厚生劳动大臣的提名，依据《民生委员法》第五条的规定推荐实施。

第十七条

1. 儿童委员履行下列职务：

（1）恰当把握儿童和孕产妇的生活及环境状况；

（2）向儿童和孕产妇，就其保护、保健及其他福利，为他们恰当利用有关服务提供必要的情报以及其他援助、指导；

（3）密切协调从事儿童和孕产妇的社会福利事业或从事与健康育儿相关的活动的人士之间的关系，对其事业或活动提供支援；

（4）协助儿童福利士或福利事务所的社会福利主管员行使职务；

（5）致力于形成健康育儿的社会风气；

（6）除上述各款列举的内容，根据必要开展促进儿童和孕产妇福利的活动。

2. 关于前项各款列举的儿童委员的职务，主任儿童委员须跟儿童福利的有关机构以及儿童委员（主任儿童委员除外，以下同）进行联络和协调，与此同时，对儿童委员的活动提供援助和支持。

3. 根据前项规定，主任儿童委员不妨碍履行第一项各款所列举的儿童委员的职务。

第十八条之一

1. 关于前条第一项或第二项规定的事项，市、町、村长可以要求儿童委员作出必要的情况通报，提供相关的资料，并对其作出必要的指示。

2. 儿童委员围绕所负责区域内的儿童或孕产妇的问题，就必要的事项必须向管辖其负责区域的儿童咨询所所长或市、町、村长通告有关情况，并提出具体意见。

3. 儿童委员在向儿童咨询所所长发出前项通知时，除非认为情况紧急，否则需经过市、町、村长。

4. 儿童咨询所所长可以委托其管辖区域内的儿童委员进行必要的

调查。

第十八条之二

都、道、府、县知事必须依据厚生劳动大臣制定的标准，就儿童委员的培训作出计划，并予以实施。

第十八条之三

除本法律规定的情况外，儿童福利士的任用和定级，以及有关儿童福利士和儿童委员的必要事项通过行政命令加以规定。

第六节 保 育 士

第十八条之四

本法律所规定的保育士，是指接受第十八条之一第一项的登记，使用保育员的名称，拥有专门知识和技术，对儿童的保育及儿童保护者的保育活动进行指导，并以此为职业者。

第十八条之五

属于下列任一情况者，不得成为保育士：

1. 已成年的被监护者或被保护者。

2. 被处以拘留以上刑期，自执行期结束或接受执行终止之日起计算未满两年者。

3. 根据本法律和其他有关儿童福利的法律的规定，以及政令的规定，被处以罚金，自执行结束或接受执行终止之日起计算未满两年者。

4. 依据第十八条之十九第一项第二款或第二项的规定被取消登记，自取消之日起计算未满两年者。

第十八条之六

符合下列任一条件者，拥有成为保育士的资格：

1. 在厚生劳动大臣指定的培养保育士的学校等机构（以下称指定保育士培养机构）毕业者。

2. 参加保育士考试合格者。

第十八条之七

1. 为确保保育士的培养工作的进行，在认为有必要时，并在必要的限度内，厚生劳动大臣可以要求指定保育士培养机构的负责人就教育方法、设备等事项提出报告，或对其加以指导，或者要求有关职员对其账本等文件进行检查。

2. 依据前项的规定进行检查时，有关职员须携带能表明其身份的证明文件，在相关者提出要求时出示。

3. 第一项规定的权限不得解释为用作犯罪搜查。

第十八条之八

1. 保育士的考试依据厚生劳动大臣规定的标准，对保育士应具有的必要的知识和技能进行测试。

2. 保育士考试每年举办一次以上，由都、道、府、县知事负责。

3. 为了对保育士是否具有必要的知识和技能进行鉴定，都、道、府、县可为此设立保育士考试委员会，但是依据第十八条之九第一项的规定责成指定的人从事该项事务的情况，不在此限。

4. 考试委员或曾经担任考试委员者，不得泄漏关于前项事务所知道的秘密。

第十八条之九

1. 依据厚生劳动省令的规定，都、道、府、县知事可以责成依据《民法》（明治29年法律第89号）第三十四条的规定设立的法人，以及能正确、扎实地举办保育士考试者，且系该都、道、府、县知事指定者（以下称指定考试机构）负责全部或一部分考试事务。

2. 依据前项的规定，都、道、府、县知事责成指定考试机构承办全部或一部分考试事务时，也可以停止其承办全部或一部分考试事务。

3. 都、道、府、县可以依据《地方自治法》（昭和22年法律第67号）第二百二十七条的规定，在征收保育士考试手续费时，依据第一项的规定，让参加指定考试机构举办的保育士考试者将全部或部分考试手续费缴纳给指定考试机构，由该机构作为其收入处置。

第十八条之十

1. 指定考试机构的管理人员的选任和解聘，在得不到都、道、府、县知事认可的情况下不能生效。

2. 在指定考试机构的管理人员发生违反本法律（含依据本法律作出的命令或处分）或第十八条之十三第一项规定的考试事务规程的行为，或在考试事务上做出了明显不适当的行为时，都、道、府、县知事可以发出解除该指定考试机构的管理人员职务的命令。

第十八条之十一

1. 指定考试机构在举行有关考试事务时，关于鉴定保育士是否具有必要的知识和技能方面的事务，须委托保育士考试委员（下一项及下一条第一项称考试委员）处理。

2. 前条第一项的规定，适用于考试委员的选任和解职；同条第二项的规定适用于考试委员的解职。

第十八条之十二

1. 指定考试机构的管理人员或职员（含考试委员，下一项同），或曾经担任过此类职务的人员，不得泄漏所知晓的有关考试事务的秘密。

2. 负责考试事务的指定考试机构的管理人员或职员，在《刑法》（明治40年法律第45号）等罚则的适用范围内，视为依据法令从事公务的职员。

第十八条之十三

1. 指定考试机构在举办考试之前须制定举办考试的相关规程（以下称考试事务规程），并获得都、道、府、县知事的认可。

2. 在发现获得前项认可的考试事务规程不符合举办考试的适当和准确的条件时，都、道、府、县知事可以命令指定考试机构作出变更。

第十八条之十四

指定考试机构在每一事业年度制定事业计划和收支预算时，在有关事业年度开始前（接受指定的日期属于该事业年度时，接受指定之后不得延迟）须获得都、道、府、县知事的认可。在作出变更时，也照此处理。

第十八条之十五

为确保考试事务的适当和准确举办，都、道、府、县知事在认为有必要时，可以就考试事务的监督向指定考试机构发出必要的命令。

第十八条之十六

1. 为确保考试事务的适当和准确举办，都、道、府、县知事在认为有必要时，在必要的限度内，可以要求指定考试机构提出报告，或责成有关职员对相关人进行质询，或进入指定考试机构的事务所检查其账目等物品。

2. 依据前项规定进行质询或入内检查时，有关职员须携带能表明其身份的证明文件，在相关人要求时出示有关证明文件。

3. 第一项所规定的权限，不得解释为适用于犯罪检查。

第十八条之十七

对与指定的考试机构举办的考试相关的处分或不作为裁决，若有不服者，可以向都、道、府、县知事提出依据《行政不服审查法》（昭和37 年法律第 160 号）进行复审的请求。

第十八条之十八

1. 拥有成为保育士资格者在成为保育士时，须在保育士登记簿里登记姓名、出生年月，及其他厚生劳动省令所规定的事项。

2. 保育士登记簿由都、道、府、县准备。

3. 在保育士登记后，都、道、府、县知事须向申请者交付记载第一项规定事项的保育士登记证。

第十八条之十九

1. 在保育士出现以下各项中任一情况时，都、道、府、县知事须取消其登记：

（1）出现第十八条之五各款（除第四款）所涉及的任一情形；

（2）基于虚假或不公正的事实接受登记的情况。

2. 在保育士违反第十八条之二十一或第十八条之二十二的规定时，都、道、府、县知事可以取消其登记，或者在规定的期间内命令其停止使用保育士的名称。

第十八条之二十

在保育士的登记失效时，都、道、府、县知事须取消其登记。

第十八条之二十一

保育士不得从事有损于保育士信用的行为。

第十八条之二十二

保育士在无正当理由时不得泄漏在业务上所知道的他人的秘密。

第十八条之二十三

非保育士者不得使用保育士名称，或与此混同的名称。

第十八条之二十四

除本法律规定的情况外，有关指定保育士培养机构、保育士考试、指定考试机构、保育士的登记，以及其他有关保育士的必要事项通过政令加以规定。

第二章　福利的保障

第一节　治疗性养育的指导等

第十九条

1. 对于身体残疾的儿童，保健所所长必须进行诊查，或接受咨询，就有关必要的治疗性养育给予指导。

2. 对于因患病需长期疗养的儿童，保健所所长可以进行诊查，或接受咨询，给予必要的治疗性养育方面的指导。

3. 对于依据《身体残疾者福利法》（昭和 24 年法律第 283 号）第十五条第四项的规定领取身体残疾证的儿童（身体残疾但未满 15 周岁的儿童，其身体残疾证由保护人领取，下同），保健所所长认为出现该法律第十六条第二项第一款或第二款所列举的事由时，须向都、道、府、县知事报告其关键情况。

第二十条　（原有条款新版本法律已删除）

第二十一条之一　（原有条款新版本法律已删除）

第二十一条之二　（原有条款新版本法律已删除）

第二十一条之三　（原有条款新版本法律已删除）

第二十一条之四　（原有条款新版本法律已删除）

第二十一条之五　（原有条款新版本法律已删除）

第二十一条之六

1. 对于领取身体残疾证的儿童，市、町、村可以提供或修理盲人安全拐杖、助听器、假肢、用具、轮椅及其他厚生劳动大臣规定的辅助器具，或代付辅助器具的购买或修理的费用。

2. 前项规定支付的费用可以仅限于提供或修理辅助器具困难的场合。

3. 第一项规定的辅助器具的提供或修理，可以委托辅助器具的制作商或修理人完成，也可以由市、町、村独自承担完成。

第二十一条之七

根据前条第三项的规定，接受辅助器具的提供或修理委托业务的业者，向市、町、村提出的相关费用的报价基准，由厚生劳动大臣裁定。

第二十一条之八

依据第二十一条之六第一项的规定支付费用的额度，系根据前条规定在业者合理报价的额度内，本人及其义务抚养人（称为《民法》所规定的义务抚养人，下同）被认定为无力负担的部分。

第二十一条之九 （一）

1. 都、道、府、县给予患有骨关节结核及其他结核病的儿童学习援助时，为了和疗养相结合，可以让患者住院，并支付治疗性养育的费用。

2. 治疗性养育费用的支付，界定为医疗、学习及疗养生活所必须的物品费用的支付。

3. 前项所规定的医疗费用的支付，包括以下项目：

（1）诊断；

（2）药剂或治疗用品；

（3）医学处置、手术及其他治疗；

（4）入住医院或诊疗所，以及与疗养关联的护理等；

（5）移送。

4. 与第二项的医疗相关的治疗性养育费用，由厚生劳动大臣或都、道、府、县知事委托依据下面第五项的规定指定的医院（以下称为指定疗育机构）支付。

5. 对于国立医院，经过分管大臣的同意，厚生劳动大臣可以指定其为承担第二项医疗的机构；对于其他类型的医院，经过设立者的同意，都、道、府、县知事可以指定其为承担第二项医疗的机构。

6. 前项的指定，限定在符合政令规定标准的医院范围内进行。

7. 指定疗育机构，设定30天以上的预告期限，医院方可以辞退有关指定。

8. 指定疗育机构如果不符合依据第六项规定由政令设定的标准，或违反以下第二十一条之九（二）的规定，或责成其他医疗机构承担第二项的医疗明显不适当，且具有相应理由，那么对于这些指定的医疗机构，厚生劳动大臣，都、道、府、县知事可以取消有关指定。

第二十一条之九（二）

指定疗育机构，根据厚生劳动大臣的规定，必须担当前条第二项的医疗工作。

第二十一条之九（三）

1. 指定疗育机构的诊疗方针和诊疗收费，依据健康保险的诊疗方针和诊疗报酬的标准执行。

2. 在前项规定的诊疗方针和诊疗报酬无法执行，或依据这一标准不适当的情况下，诊疗方针和诊疗报酬依据厚生劳动大臣的规定执行。

第二十一条之九（四）

1. 都、道、府、县知事可以对指定疗育机构的诊疗内容和诊疗费用的报价随时进行审查，并对指定疗育机构根据前条规定索要的诊疗费用的金额作出裁决。

2. 指定疗育机构必须服从都、道、府、县知事作出的前项有关决定。

3. 在对指定疗育机构依据第一项规定提出的诊疗费用金额作出裁决时，都、道、府、县知事必须听取依据《社会保险诊疗报酬支付基金法》（昭和23年法律第129号）设立的审查委员会，依据《国民健康保险法》（昭和33年法律第192号）设立的国民健康保险诊疗报酬审查委员会，以及依据其他政令设立的医疗审查机关的意见。

4. 关于向指定疗育机构支付诊疗报酬的相关事务，都、道、府、县可以委托社会保险诊疗报酬支付基金会、国民健康保险团体联合会，以及其他依据厚生劳动省政令设立的机构办理。

5. 根据第一项规定作出的有关诊断报酬金额的决定，不得根据《行政不服从审查法》进行抗辩。

第二十一条之九（五）

1. 都、道、府、县知事（在厚生劳动大臣指定的疗育机构，为厚生劳动大臣或都、道、府、县知事，下同）在认为有必要调查指定疗育机构的诊疗费用报价是否适当的情况下，可以要求指定疗育机构的管理者提交必要的报告，或责成相关职员在征得指定疗育机构的管理者同意的情况下检查其相关的诊疗记录、财务账本及其他物品。

2. 指定疗育机构的管理者在无正当理由的情况下对于前项报告的

要求不作回应，或提供虚假报告，或拒绝同意该项的规定，都、道、府、县知事可以指示暂时中止或完全中止对该疗育机构的诊疗费用的支付。

3. 关于前项规定的属于都、道、府、县知事的权限的事务（仅限于同都、道、府、县知事指定的疗育机构相关的事务），为保护儿童利益，厚生劳动大臣在认为紧急的情况下，可以指示都、道、府、县知事履行该项规定的职责。

第二十一条之九（六）

对于患厚生劳动大臣所界定的慢性病而需要长期疗养的儿童，或儿童以外未满20周岁者（仅限于政令所规定的情况），根据有关患者的不同疾病状况，为了达到厚生劳动大臣所规定的健康养育和成长的标准，都、道、府、县可以开展以下事业：有关该患者治疗方法的研究，支付有助于该研究的医疗费用，及其他政令所规定的事业。

第二节　居家生活的支援

第一部分（原有条款新版本法律已删除）

第二十一条之十　（原有条款新版本法律已删除）

第二十一条之十一　（原有条款新版本法律已删除）

第二十一条之十二　（原有条款新版本法律已删除）

第二十一条之十三　（原有条款新版本法律已删除）

第二十一条之十四　（原有条款新版本法律已删除）

第二十一条之十五　（原有条款新版本法律已删除）

第二十一条之十六　（原有条款新版本法律已删除）

第二十一条之十七　（原有条款新版本法律已删除）

第二十一条之十八　（原有条款新版本法律已删除）

第二十一条之十九　（原有条款新版本法律已删除）

第二十一条之二十　（原有条款新版本法律已删除）

第二十一条之二十一　（原有条款新版本法律已删除）

第二十一条之二十二　（原有条款新版本法律已删除）

第二十一条之二十三　（原有条款新版本法律已删除）

第二十一条之二十四　（原有条款新版本法律已删除）

第二部分　残疾儿童福利服务的措施等

第二十一条之二十五（一）

1. 对于符合《残疾人自立支援法》第五条第一项规定的残疾福利服务的残疾儿童的保护人出于不得已的理由领取该法律所规定的照料给付费或特别照料给付费特别困难的情况，市、町、村可以依据政令规定的标准，直接向有关残疾儿童提供残疾福利服务，或委托该市、町、村以外的人员提供残疾福利服务。

2. 对于日常生活有困难的残疾儿童，市、町、村在认为有必要增进其福利的情况下，可以根据厚生劳动大臣规定的标准，支付辅助日常生活的器具的费用，或借用有关器具；也可以委托该市、町、村以外者支付相关费用，或借贷有关器具。

第二十一条之二十五（二）

实施残疾福利服务事业者在接受前条第一项所规定的委托时，在无正当理由的情况下不得加以拒绝。

第二十一条之二十五（三）

1. 市、町、村在提供与残疾福利服务有关的情报的同时，必须就如何利用残疾福利服务接受咨询，并给予建议。

2. 在残疾儿童或残疾儿童的保护人提出请求的时候，市、町、村须就残疾福利的利用作出斡旋或调整，并在必要时责成残疾福利服务事业者的举办者或经营者为相关残疾儿童利用残疾福利服务提供方便。

3. 对于前项所提及的斡旋、调整以及请求，举办或经营残疾福利服务事业者必须尽最大努力提供帮助。

第三部分　育儿支援事业

第二十一条之二十六

市、町、村须致力于福利提供者或参加者开展活动的联动和协调，并根据地域的实际情况完善相应的体制。上述努力的目的在于：围绕下条规定的与育儿支援事业相关的福利服务，以及其他针对地域实情提供的积极、周到的福利服务，根据儿童及保护者的身心状况和所处的环境使保护人获得养育该儿童所需要的最合适的综合支援。

第二十一条之二十七

为儿童的健康养育和成长，市、町、村在其区域内，为保证放学后儿童的健全养育和成长事业、育儿短期支援事业，以及下述事业能按照主管省的政令扎实从事，必须努力采取必要的措施。

1. 对儿童及其保护人或其他类型人员在家里养育保护人的儿童的支援事业。

2. 在保育所及其他机构里养育保护人的儿童的支援事业。

3. 围绕与儿童养育有关的各种问题，接受保护者方面的咨询，提供必要的情报和建议的事业。

第二十一条之二十八

为保证儿童的健康养育和成长，市、町、村在根据地域实情从事放学后儿童健全养育和成长事业的同时，通过与市、町、村以外从事放学后儿童健全养育和成长事业者的合作努力促进儿童对放学后儿童健全养育和成长事业的利用。

第二十一条之二十九

1. 市、町、村在提供与育儿支援事业相关的必要情报的同时，在保护者有所请求的时候，仔细了解有关保护人的需求、有关儿童的养育状况，以及对有关儿童必须支援的内容等，为有关保护人利用最合适的育儿支援事业，接受咨询，提出必要的建议。

2. 在接受前项建议的保护者提出请求的场合下，市、町、村可在必要时就育儿支援事业的利用展开斡旋和协调，并要求举办育儿支援事业者方便有关保护人的利用。

3. 市、町、村可以委托该市、町、村以外者开展第一项提及的情报提供、咨询及建议，以及前项提及的斡旋、协调、要求等业务。

4. 对于根据前面第二项的规定进行的斡旋、协调及提出的要求，举办育儿支援事业者必须最大限度予以协助。

第二十一条之三十

根据前条第三项的规定开展情报提供、咨询及建议、斡旋、协调及要求等业务者或曾经从事过相关业务者，不得泄漏所了解的有关该业务的秘密。

第二十一条之三十一

为了确保根据第二十一条之二十九的规定妥善开展有关协调业务，市、町、村长在认为有必要的时候，对于有关业务的受委托人可以发出关于该业务的监督命令。

第二十一条之三十二

1. 为了确保依据第二十一条之二十九第三项的规定妥善开展协调等业务，市、町、村长在认为有必要的时候，并保持在必要限度内，可以责成相关业务的受委托人提出报告，或要求有关职员接受相关人员的质询，或者派遣相关人员进驻有关业务的受委托人的事务所，对账目文件等物品进行检查。

2. 第十八条之十六第二项和第三项的规定也适用于前项的情况。

第二十一条之三十三

国家、都、道、府、县以及市、町、村以外的育儿支援事业的举办者，依据厚生劳动省的政令的规定，可以就其事业的关联事项向市、町、村长提出申请。

第二十一条之三十四

对于举办育儿支援事业者，国家以及地方公共团体须致力于情报的提供、咨询，以及其他合理的援助。

第二十一条之三十五

国家及都、道、府、县须致力于支援以帮助育儿支援事业举办者提高福利服务质量为目的的研究活动，推进以支援保护者的儿童养育、增进儿童的福祉为目的的必要的调查研究工作。

第三节　助产机构、母子生活支援机构以及
保育所的入住

第二十二条

1. 都、道、府、县、市，以及设置福利事务所的町、村（以下简称都、道、府、县等），在各自设置的福利事务所管辖的区域内，凡孕产妇出于保健需要，但由于经济理由而无法入院助产，有关孕产妇又提出申请时，必须帮助有关孕产妇在助产机构里助产；但是附近没有助产机构，出于不得已事由的情况不在此限。

2. 根据前项规定希望在助产机构施行助产的孕产妇（以下称助产的施行），依据厚生劳动省的有关规定，必须向都、道、府、县等提交载有希望入住的助产机构及厚生劳动大臣所规定事项的申请书。在这种

情况下，助产施行方也可以依据厚生劳动省政令的规定，接受该孕产妇的委托，代为提出申请。

3. 对于接受了依据第二十五条之七第二项第三款、第二十五条之八第三款或第二十六条第一项第四款提出报告或通知的孕产妇，都、道、府、县等在认为有必要的情况下，对于该孕产妇，必须就其提出施行助产的申请给以奖励。

4. 对于第一项规定的助产妇对助产机构的选择，为了保证助产机构的合理运营，根据厚生劳动省令的规定，都、道、府、县等必须提供在相关都、道、府、县等设置的福利事务所管辖区域内的助产机构的设立者、设备、运营状况，以及厚生劳动省令所规定事项的相关情报。

第二十三条

1. 都、道、府、县等在各自设置的福利事务所管辖的区域内，对于保护者中无配偶的妇女或相当于该情况的妇女，在其应监护的儿童缺乏福利保障的情况下，如果该保护者提出申请，必须在母子生活支援机构中对该保护者和儿童进行保护；但在不得已的情况下，还必须对入住合适的机构进行斡旋，依据《生活保护法》的适用范围对其加以适当的保护。

2. 前项规定的保护者希望在母子生活支援机构获得保护时，须根据厚生劳动省令的有关规定，向都、道、府、县等提交载有希望入住的母子生活支援机构等厚生劳动省令规定的事项的申请书。在这种情况下，母子生活支援机构可以根据厚生劳动省令的有关规定，接受该保护者的委托，代为提交申请书。

3. 在前项所规定的保护者出于特别情况申请入住都、道、府、县等设置的福利事务所管辖区域以外的母子生活支援机构时，都、道、府、县等须就入住该机构进行必要的联络和协调。

4. 都、道、府、县等依据第二十五条之七第二项第三款、第二十五条之八第三款或第二十六条第一项第四款的规定提出相应的报告和通知，对于接受有关报告或通知的保护者及儿童，在必要的时候，鼓励该保护者申请实施母子保护。

5. 为确保保护者依据第一项规定对母子生活支援机构能够进行选

择，以及母子生活支援机构能够妥善运营，都、道、府、县等须根据厚生劳动省的相关规定，提供关于母子生活支援机构的设立者、设备，以及运营状况等厚生劳动省所规定的事项的情报。

第二十四条

1. 因保护者工作或患病以及根据政令所规定的标准成立的理由，对于应该监护的婴儿、幼儿或根据第三十九条第二项规定缺少保育的儿童，如果保护者提出申请，那么市、町、村必须在保育所保育这些儿童；但是，如果因附近没有保育所等不得已的理由，则必须采取其他合适的保护措施。

2. 根据前项的规定希望在保育所对儿童进行保育的保护者，须向市、町、村提出记载希望入住的保育所及其他厚生劳动省令所规定事项的申请书。在这种场合下，依据厚生劳动省令的规定，保育所接受该保护者的委托，可以代为提出申请书。

3. 在申请入住某一保育所的儿童过于集中，要对所有申请的儿童采取适当的保育措施有困难等不得已的情况下，市、町、村可以采取公正的方法筛选入住该保育所的儿童。

4. 对于接受了依据第二十五条之八第三款或第二十六条第一项第四款提出的报告或通知的儿童，市、町、村在认为有必要的时候，须对提出保育申请的有关保护者给以奖励。

5. 为确保第一项规定的儿童保护者对于保育所的选择和保育所的合理运营，根据厚生劳动省的规定，市、町、村须提供在其管辖区域内的保育所的设置、设备及运营状况等厚生劳动省所规定事项的有关情报。

第四节　需保护之儿童的保护措施等

第二十五条之一

发现需保护的儿童，须将有关情况报告给市、町、村、都、道、府、县设置的福利事务所或儿童咨询所，或者通过儿童委员通知市、町、村、都、道、府、县设置的福利事务所或儿童咨询所；但有犯罪行为，并且年龄已满 14 周岁的儿童不在此限。针对这种情况，须将有关情报告给家庭法庭。

第二十五条之二

1. 为对需保护的儿童提供合适的保护，地方公共团体可以单独或与其他团体一起，设立由相关机关、相关团体以及儿童福利工作者等（以下称相关机关）组成的需保护的儿童对策地域协议会（以下称协议会）。

2. 协议会的职能是：交换有关需保护的儿童及其保护者（以下统称为需保护的儿童等）的情报，以及为实现需保护的儿童的适当保护交换必要的情报；同时就有关需保护的儿童等的支援内容进行协商。

3. 地方公共团体的负责人在设置协议会之际，依据厚生劳动省令的规定公示其主要内容。

4. 设置协议会的地方公共团体的负责人，从协议会的成员机构中指定一家为需保护之儿童的协调机关。

5. 需保护之儿童的对策调整机关在统管协议会事务的同时，为妥善支援需保护的儿童等，须确切把握对需保护之儿童支援的状况，并在必要时与儿童咨询所等相关机关进行联络和协调。

第二十五条之三

协议会在认为需要对前条第二项规定的情报进行交换和协商的时候，可以要求有关机关协助提供相关资料或情报，或提出具体意见等。

第二十五条之四

除前两条规定的情况外，协议会可指定与协议会的组织和运营相关的必要事项。

第二十五条之五

依据以下各款列举的有关协议会的相关成员机构的分类，符合各款规定者在无正当理由的情况下不得泄漏有关协议会职务的秘密。

1. 国家或地方公共团体机关：有关机关的职员或曾经任职者。

2. 法人：相关法人的理事或职员，或者曾经担任该类职务者。

3. 除前两款列举的情况外，协议会的成员或曾经任此职者。

第二十五条之六

市、町、村、都、道、府、县设置的福利事务所或儿童咨询所，在接到依据第二十五条规定的通告的情况下，在认为有必要的时候，须迅速把握相关儿童的情况。

第二十五条之七

1. 市、町、村（下一项规定的町、村除外）须准确把握对需保护的儿童给予支援的情况，对于依据第二十五条的规定接受通告的儿童和接受咨询的儿童或其保护者（以下称通告儿童），在认为有必要的时候，须采取以下各款涉及的任一措施：

（1）认为需要采取第二十七条措施者，以及认为需要进行医学、心理学、教育学、社会学及精神保健方面的鉴定者，须送交儿童咨询所处理。

（2）对于通告儿童，须责成有关市、町、村的福利事务所依据《智力残疾者福利法》的规定配备残疾者福利员（以下称智力残疾者福利员）或社会福利主管给予指导。

2. 未设福利事务所的町、村，在准确把握对需保护儿童给予支援的实际情况的基础上，对于通告儿童或孕产妇，在认为必要的时候采取下列各款规定的任一措施：

（1）对于需要采取第二十七条措施者以及认为需要进行医学、心理学、教育学、社会学及精神保健鉴定者，须送至儿童咨询所处理。

（2）对于适用下一条第二款措施者，须将其送至该町、村所属，由都、道、府、县设置的福利事务所处理。

（3）对于适用施行助产或母子保护者，须将有关情况报告给相关的都、道、府、县知事。

第二十五条之八

都、道、府、县设置的福利事务所所长，对于根据第二十五条的规定接受通告或根据前条第二项第二款或下一条第一项第三款的规定接受移交的儿童，以及接受咨询的儿童和其保护者或孕产妇，在认为必要时须采取以下各款中的任一措施：

1. 认为需要采取第二十七条的措施者，以及认为需要进行医学、心理学、教育学、社会学及精神保健鉴定者，须送至儿童咨询所处理。

2. 责成福利事务所的智力残疾福利员或社会福利主管对儿童或其保护者加以指导。

3. 符合施行助产、母子保护或保育条件者，须将有关情况分别报告或通知相关的都、道、府、县知事或市、町、村长。

4. 依据第二十一条之二十五的规定采取的措施符合实际情况者，须将有关情况报告或通知市、町、村长。

第二十六条

1. 对于根据第二十五条的规定接受通告的儿童，或根据第二十五条之七第一项第一款或第二项第一款，或依据前条第一款或《少年法》（昭和23年法律第168号）第十八条第一项的规定接受移交和咨询的儿童，包括其保护人或孕产妇，儿童咨询所所长在认为必要的时候须采取以下各款中的任一措施：

（1）认为需要采取下一条措施者，须将有关情况向都、道、府、县知事报告。

（2）责成儿童福利士或儿童委员对儿童或其保护人进行指导，或委托都、道、府、县以外者设立的儿童家庭支援中心或都、道、府、县以外的举办残疾儿童咨询支援事业者进行指导。

（3）认为适合第二十五条之七第一项第二款或前条第二款措施者，须移交福利事务所处理。

（4）符合实施保育的条件者，须将有关情况分别报告或通知相关的市、町、村长。

（5）符合第二十一条之二十五规定的措施者，须将有关情况报告或通知相关的市、町、村长。

2. 根据前项第一款规定编写的报告书里须记载儿童的住所、姓名、年龄、履历、性别、健康状况及家庭环境，以及适合同款所规定措施的相关儿童及其保护者的意向等有利于增进儿童福利的参考事项。

第二十七条之一

1. 对于依据前条第一项第一款的规定，有关情况被报告的儿童，或依据《少年法》第十八条第二项的规定被移交的儿童，都、道、府、县须采取以下各款中的任一措施：

（1）对儿童或其保护者进行训诫，或使之提交宣誓书。

（2）责成儿童福利士、智力残疾者福利员、社会福利主管、儿童委员，或有关都、道、府、县设立的儿童家庭支援中心，或有关都、道、府、县以外者设立的儿童家庭支援中心，或有关都、道、府、县以外的举办残疾儿童咨询支援事业者，对儿童或其保护者进行指导。

（3）将儿童委托亲戚抚养，或帮助其入住婴儿院、儿童养护机构、智力残疾儿童机构、智力残疾儿童就学机构、盲聋哑儿童机构、肢体残疾儿童机构、重度心身残疾儿童机构、情绪障碍儿童短期治疗机构，或儿童自立支援机构。

（4）对于认定为适合交由家庭法庭裁决的儿童，须移交给家庭法庭处理。

2. 对于第四十三条之三或第四十三条之四规定的儿童，也可代替前项第三款的措施，由都、道、府、县委托高度专门的国立医疗中心，以及由独立行政法人国立医院设置，且由厚生劳动大臣指定的医疗机构（以下称指定医疗机构）接受这类儿童住院，实施和肢体残疾儿童机构或重症心身障碍机构同样的治疗措施。

3. 对于依据《少年法》第十八条第二项的规定移交的儿童，都、道、府、县知事在采取第一项规定的措施时，须遵守家庭法庭判决的结果。

4. 在行使儿童父母权者（依据第四十七条第一项的规定行使父母权的儿童福利机构的负责人除外，下同），或未成年人的监护人健在的情况下，不得违反行使儿童父母权者或未成年人监护人的意见，实施第一项第三款或第二项的措施。

5. 都、道、府、县知事在解除、停止第一项第二款或第三款，或第二项涉及的措施，或将其变更为其他措施的情况下，须听取儿童咨询所所长的意见。

6. 都、道、府、县知事依据政令的规定，在采取自第一项第一款至第三款的措施或第二项措施（依据第三项的规定采取的措施，以及依据第二十八条第一项第二款或第二款补充条款的规定采取的措施）的情况下，或者在解除、停止第一项第二款或第三款措施，或第二项措施，或将其变更为其他措施的情况下，须听取都、道、府、县儿童福利审议会的意见。

7. 对于完成了义务教育，且解除了第一项第三款所规定的处置中政令规定的部分，以及其他政令所规定的处置的儿童，为促进该儿童的自立，都、道、府、县须根据政令规定的标准，对其共同生活所必需的居所给予咨询，并给予日常生活上的援助、生活指导和就业支援，也可以委托该都、道、府、县以外者在其居住地给予日常生活的援助、生活指导和就业支援。

第二十七条之二

1. 对于依据《少年法》第二十四条第一项第二款受到保护处分决定的儿童，都、道、府、县须服从该决定，采取措施将有关儿童移交儿童自立支援机构（在保护人监管下往返该机构的情况除外），或者移交儿童养护机构。

2. 前项规定的措施，就本法律的适用情况而言，视为入住前条第一项第三款规定的儿童自立支援机构或儿童养护机构的措施；但是同条第四项、第六项（解除、停止有关处置或变更为其他措施的情况除外），以及第二十八条规定的适用情况，不在此限。

第二十七条之三

都、道、府、县知事在认为有必要限制儿童的行动自由，或采取剥夺其自由的强制措施时，除依据第三十三条及第四十七条的规定得到承认的情况外，均应将有关事件送交家庭法庭处理。

第二十八条

1. 在发生保护者虐待儿童、明显疏于监护、将儿童委托他人监护等明显有损于该儿童的福祉的情况时，如果采取第二十七条之一第一项第三款的措施违背行使儿童父母权者或未成年人监护人的意志，则都、道、府、县可以采取下列各款所规定的措施：

（1）在保护者系拥有父母权者或未成年人的监护人时，在得到家庭法庭认可的前提下，采取第二十七条之一第一项第三款规定的措施。

（2）在保护者非父母权拥有者或未成年人监护人的情况下，须将该儿童移交给行使父母权者或未成年人的监护人。

2. 依据前项第一款和第二款补充条款的规定进行处置的期限，从该处置开始之日起计算不得超过两年；但是，根据对有关的保护者采取的指导措施（第二十七条之一第一项第二款的处置，以下同）的效果，如果不继续采取有关处置，则保护者仍虐待该儿童、明显疏于监护，或仍有其他明显有害于该儿童的福祉的行为，在此情况下，都、道、府、县可以在获得家庭法庭的认可的前提下更新处置期限。

3. 第一项及前项的认可（以下称作有关处置的认可）在涉及《家

庭事务审判法》的适用与否时，视为该法律第九条第一项甲类所列举的事项。

4. 在提议许可依据第二项的规定更新期限的情况下，如果出于不得已的情形，在有关处置期限结束之后，直至该提议获得裁决为止，都、道、府、县可以继续采取有关处置措施；但是有关提议被驳回时，仅限于尽管考虑到有关审判结果，但仍有必要采取有关处置措施的情况。

5. 在对有关处置的许可存在异议的情况下，家庭法庭可以要求都、道、府、县在一定期限内就异议所涉及的保护者的指导措施提出报告和意见，或要求其就异议所涉及的儿童及其保护者提出相关的必要资料。

6. 在对有关处置的许可进行判决时，为了在有关处置终止后调整家庭环境而需要对该保护者采取指导措施的时候，家庭法庭可以就针对该保护者的指导措施向都、道、府、县提出劝告。

第二十九条

在都、道、府、县知事认为有必要依据前条的规定采取必要措施时，作为儿童委员或从事儿童福利事务的干部，可以进入儿童的住所或居住地，或儿童从业的场所，进行必要的调查或询问。在此场合，须携带能证明其身份的证件。

第三十条之一

1. 将四代亲以外的儿童从拥有父母权者或未成年人的监护人那里分离开来，使其居住于自己的家庭（含单身家庭）累计超过三个月（哺乳期婴儿的情况下为一个月）者，或连续超过两个月以上（哺乳期婴儿二十天以上）使其与自己一起居住者（依据法令的规定，受委托者及仅仅让儿童寄宿者除外），从一起居住之日起计算三个月内（哺乳期婴儿一个月以内），须经由市、町、村长向都、道、府、县知事递交申请；但是在提出申请期限内不再使儿童留宿时，不受此限。

2. 依据前项规定提出申请者不再使儿童留宿时，须在停止留宿之日起一个月之内，经由市、町、村长向都、道、府、县知事提出申请。

3. 保护者因经济理由将儿童留在身边养育有困难时，须向市、町、村和都、道、府、县设置的福利事务所、儿童咨询所、儿童福利士或儿童委员进行咨询。

第三十条之二

都、道、府、县知事对于儿童寄养人、儿童福利机构的负责人以及前条第一项规定者，就儿童的保护给予必要的指示，或使之作出必要的报告。

第三十一条

1. 依据第二十三条第一项的规定，对于入住母子生活支援机构的儿童，在其保护者提出申请，并且在视为有必要的时候，都、道、府、县等可以在母子生活支援机构里将有关儿童保护到满二十岁为止。

2. 依据第二十七条之一第一项第三款的规定，对于寄养的儿童，或入住儿童养护机构、智力障碍儿童机构（国家设立的智力障碍儿童机构除外）、盲聋哑儿童机构、情绪障碍儿童短期治疗机构或儿童自立支援机构的儿童，直至其满二十岁为止，以及依据同款规定入住由国家设置的智力障碍儿童机构的儿童，直至其适应社会生活为止，都、道、府、县可以继续按照同款的规定进行寄养，或继续采取使其入住儿童福利机构的措施。

3. 对于依据第二十七条之一第一项第三款的规定入住肢体残疾儿童机构的儿童，或依据同条第二项规定以委托的方式在指定的医疗机构住院，且符合第四十三条之三规定的儿童，直至其满二十岁为止，以及依据第二十七条之一第一项第三款的规定入住重症心身障碍儿童机构的儿童，或依据同条第二项的规定在委托的指定医疗机构住院，且符合第四十三条之四规定的儿童，直至其适应社会生活为止，都、道、府、县可以继续使其入住儿童福利机构，或延续第二十七条之一第二项规定的委托，或相互间变更此类处置。

4. 对于采取第二十七条之一第七项处置的儿童，直至其满二十岁为止，都、道、府、县可以继续给其援助，或依据同项的规定采取继续委托的措施。

5. 上述各项规定的保护或处置，就法律的适用而言，视为母子保护的实施或依据第二十七条之一第一项第三款及第二项或第七项规定采取的措施。

6. 在第二项或第三项规定的情况下，都、道、府、县知事须听取儿童咨询所所长的意见。

第三十二条

1. 都、道、府、县知事可以将采取第二十七条之一第一项、第二项或第七项措施的权限的全部或一部分委托给儿童咨询所所长。

2. 都、道、府、县知事或市、町、村长，可以将以下权限的全部或一部分分别委托给管理相关事务的福利事务所所长：第二十一条之六第一项规定的权限、采取第二十一条之二十五规定的处置的权限，或实施助产或母子保护的权限，以及第二十三条第一项补充条款规定的保护的权限。

3. 市、町、村长可以将实施保育的权限，以及第二十三条第一项补充条款规定的保护权限的全部或其中一部分委托给管理相关事务的福利事务所所长或该市、町、村所设置的教育委员会。

第三十三条之一

1. 儿童咨询所所长在采取第二十六条第一项的处置之前，必要时可以对儿童加以临时保护，或委托适当的人对其加以临时保护。

2. 儿童咨询所所长，在认为有必要的时候，直至采取第二十七条之一第一项或第二项的措施为止，可以敦促都、道、府、县知事对儿童采取临时保护措施，或委托合适的人进行临时保护。

3. 依据前两项的规定进行临时保护的期限，从有关临时保护开始之日起计算不超过两个月。

4. 尽管有前项的规定，儿童咨询所所长或都、道、府、县知事在认为有必要的时候，可以依据第一项或第二项的规定继续实施临时保护。

第三十三条之二

1. 对于处于临时保护下的儿童，其所持物品如果在临时保护期间有损于儿童的福祉，儿童咨询所所长可以给予保管。

2. 依据前项的规定保管的物品，如果可能腐烂或消失，或者保管特别不便，儿童咨询所所长可以出售之后保管其钱款。

3. 对于依据前两项的规定保管的物品，有关儿童以外者如果确定拥有返回请求权，那么儿童咨询所所长须向拥有所有权者返还相关物品。

4. 依据前项的规定，在不知晓拥有返还权者的情况下，或不知道其居住地时，儿童咨询所所长须发布公告，敦促返还权拥有者在六个月内提出申请。

5. 在前项规定的期限内未出现申请时，须将有关物品上交设立有关儿童咨询所的都、道、府、县。

6. 在解除临时保护措施时，除依据第三项的规定返还的物品外，所保管的物品须返还给有关儿童。在这种情况下，儿童咨询所所长认为将保管的物品交给有关儿童不利于儿童的福祉时，可以交给其保护者。

7. 依据第一项的规定实施的保管，依据第二项的规定实施的变卖，以及依据第四项的规定发布的公告，由此发生的费用，在有人接受返还物品的情况下，由接受者负担。

第三十三条之三

1. 在实施临时保护措施期间发生儿童逃走或死亡的情况时，如有遗留物，除加以保管，且依据前条第三项的规定必须返还权利人的物品外，儿童咨询所所长须将有关遗留物移交给该儿童的保护人或其亲戚，或其继承人。

2. 前条第二项、第四项、第五项及第七项的规定在适用于前项时，照此应用。

第三十三条之四

都、道、府、县知事，市、町、村长，福利事务所所长，或儿童咨询所所长，在解除以下各款所列措施或解除所实施的保育状态时，应对有关各条款规定的对象事先说明解除有关措施或所实施的保育的理由，并听取其意见；但是相关条款所规定的对象提出解除有关处置或解除保育状态等厚生劳动省令规定的情况不在此限。

1. 第二十一条之二十五、第二十五条之七第一项第二款、第二十五条之八第二款、第二十六条第一项第二款及第二十七条之一第一项第二款及第七项的措施：与相关措施有关的儿童的保护者。

2. 助产的施行：与助产的施行有关的孕产妇。

3. 母子保护的实施及保育的实施：与母子保护的实施或保育的实施有关的儿童的保护者。

4. 第二十七条第一项第三款及第二项的措施：与相关措施有关的儿童父母权的行使者或未成年人的监护人。

第三十三条之五

关于解除第二十一条之二十五、第二十五条之七第一项第二款、第二十五条之八第二款、第二十六条第一项第二款或第二十七条第一项第二款或第三款、第二项或第七项规定的处置或解除保育状态，《行政程序法》（平成 5 年法律第 88 号）第三章（第十二条及第十四条除外）的规定，不适用本条款。

第三十三条之六

拥有儿童或儿童以外未满 20 岁者（下条及第三十三条之八称为儿童等）的父母权者，滥用父母权，或明显虐待儿童者，依据《民法》第八百三十四条的规定宣告其丧失父母权，除同条所规定者之外，儿童咨询所所长也可以提出相关请求。

第三十三条之七

对于无行使父母权者以及无监护人的儿童，为增进其福祉，儿童咨询所所长须请求家庭法庭推选未成年人监护人。

第三十三条之八

儿童等的未成年监护人如果发生不合适的行为，以及明显虐待儿童等不符合监护人职能的行为，依据《民法》第八百四十六条的规定解除其监护人资格的请求，除同条所规定者外，也可由儿童咨询所所长提出。

第五节 杂 则

第三十四条之一

1. 任何人均不得做出下列行为：

（1）将身体有残疾或外形异常的儿童供公众观览的行为；

（2）唆使儿童行乞或利用儿童行乞的行为；

（3）以公众娱乐为目的，让年龄未满十五周岁的儿童从事冒险杂技和马戏表演的行为；

（4a）让年龄未满十五周岁的儿童挨家挨户，或在路边等场所从事歌唱、游艺等表演活动的行为；

（4b）从下午十点至上午三点期间，让儿童挨家挨户，或在道路等场所进行物品的贩卖、散发、展示或收集，或提供具有工作性质的业务的行为；

（4c）让未满十五周岁的儿童挨家挨户，或在道路等场所进行物品的贩卖、散发、展示或收集，或提供具有工作性质的业务时，为业务便利，让其进入《关于风俗营业等的规制及业务适当化等的法律》（昭和

23 年法律第 122 号）第二条第四项涉及的从事接待饮食的营业场所、同条第六项涉及的店铺型性风俗特殊营业场所，以及同条第九项涉及的店铺型电话异性介绍营业场所的行为；

（5）让未满十五周岁的儿童从事陪酒业务的行为；

（6）让儿童从事淫秽活动的行为；

（7）对于有从事前述各款行为嫌疑的儿童，在知情的情况下，仍将该儿童介绍给从事违法行为的嫌疑人，以及对该介绍行为的危害知情，仍然把该儿童介绍给他人的行为；

（8）为成人和儿童利益介绍正当职业的机构以外者，以盈利为目的斡旋儿童扶养的行为；

（9）以对儿童身心产生有害影响为目的，而将儿童置于自己支配下的行为。

2. 在儿童养护机构、智力障碍儿童机构、智力障碍儿童就学机构、盲聋哑儿童机构、肢体残疾儿童机构，或儿童自立支援机构里，不得违反自第四十一条至第四十三条之三，以及第四十四条规定的目的，残酷使用入住儿童。

第三十四条之二

除本法律规定的情况外，有关福利保障的必要事项依照政令加以规定。

第三章 事业及机构

第三十四条之三 （一）

1. 国家和都、道、府、县以外者，依据厚生劳动省令的有关规定，可以事先就厚生劳动省令规定的事项向都、道、府、县知事提出申请，举办残疾儿童咨询支援事业，以及儿童自立生活援助事业（以下称为残疾儿童咨询支援事业等）。

2. 国家及都、道、府、县以外者，在依据前项规定申请的事项发生变更的时候，自变更之日起一个月内须将其主要情况向都、道、府、县知事报告。

3. 国家及都、道、府、县以外者，在取消或中止残疾儿童咨询支援事业等的时候须就厚生劳动省令规定的事项提前向都、道、府、县知事提出申请。

第三十四条之三（二）

从事残疾儿童咨询支援事业的职员，在履行职务的时候须保守个人的人身秘密。

第三十四条之四

1. 都、道、府、县知事在认为有助于增进儿童福利的时候，可以要求举办残疾儿童咨询支援事业者报告必要的事项，或要求有关职员及相关人员接受质询，或者进入其事务所或机构检查设备、账本等物件。

2. 第十八条之十六第二项及第三项的规定，适用于前项的情况。

第三十四条之五

在举办残疾儿童咨询支援事业者违反本法，或违反依据本法作出的命令，或不服从以此为依据的处分，或者通过其事业牟取不当利益，或对待相关儿童采取不当行为的时候，对于相关人，都、道、府、县知事可以作出限制或停止其事业的命令。

第三十四条之六

举办残疾儿童咨询支援事业者，在依据第二十六条第一项第二款或第二十七条之一第一项第二款或第七项的规定接受业务委托时，在无正当理由的情况下不得拒绝。

第三十四条之七

市、町、村、社会福利法人等，可以依据《社会福利法》的规定举办放学后儿童健全育成事业。

第三十四条之八

市、町、村可以依据厚生劳动省令的规定举办育儿短期支援事业。

第三十五条

1. 国家依据政令的规定设置儿童福利机构（助产机构、母子生活支援机构及保育所除外）。

2. 都、道、府、县须依据政令的规定设置儿童福利机构。

3. 市、町、村可以依据厚生劳动省令的规定，事先向都、道、府、县知事就厚生劳动省令规定的事项提出申请，设立儿童福利机构。

4. 国家、都、道、府、县、市、町、村以外者，依据厚生劳动省令的规定，可以在获得都、道、府、县知事许可的前提下设立儿童福利机构。

5. 在儿童福利机构里可以附设儿童福利机构的职员培养机构。

6. 市、町、村在计划取消或中止儿童福利机构的时候，在取消或中止之日前一个月内，须就厚生劳动省令规定的有关事项向都、道、府、县知事报告。

7. 国家、都、道、府、县、市、町、村以外者，在计划取消或中止儿童福利机构时，须依据厚生劳动省令的规定获得都、道、府、县知事的同意。

第三十六条

助产机构，是以帮助具有保健上的需要，但因经济理由不能承受入院助产费用的孕产妇入住为目的的机构。

第三十七条

婴儿院，是以婴儿（为确保保健所需的安定的生活环境等，在特别有需要的情况下，包含幼儿）入住、养育以及退院等方面的咨询及援助为目的的机构。

第三十八条

母子生活支援机构，是在接受无配偶女子或相当于该情况的女子及其监护的儿童入住，并给予其保护的同时，为促进其自立，对其生活进行支援，并对退出该机构者提供咨询等援助的机构。

第三十九条

1. 保育所，系接受日常保护者的委托，对缺少保育的婴儿或幼儿进行保育，并以此为目的的机构。

2. 尽管有前项的规定，但在特别有必要的时候，保育所可以接受日常保护者的委托，对于缺乏保育的儿童进行保育。

第四十条

儿童福利健康机构，是以为儿童提供健全的娱乐，促进其健康，或丰富其情操为目的的机构，包括游园、儿童馆等。

第四十一条

儿童养护机构，目的在于让无保护人的儿童（婴幼儿除外；但是出于确保安定的生活环境等理由，在特别有必要的场合可以包括婴幼儿）、受虐待的儿童，以及其他因环境需要养护的儿童得以入住和养护，并对退出者提供咨询，以及为其自立而实施援助。

第四十二条

智力障碍机构，目的在于让智力障碍儿童入住，并对其实施保护，同时为其独立生活提供必要的知识和技能。

第四十三条之一

智力障碍者就学机构，目的在于让智力障碍儿童置于日常保护下上学，并对其实施保护，同时，为其独立生活，向其传授必要的知识和技能。

第四十三条之二

盲聋哑儿童机构，是以让盲儿童（含重度弱视儿童）或聋哑儿童（含重度重听儿童）入住，对其实施保护，同时为其独立生活提供必要的指导或援助为目的的机构。

第四十三条之三

肢体残疾儿童机构，旨在对有上肢、下肢或躯体障碍的儿童进行治疗，并为其独立生活传授必要的知识和技能。

第四十三条之四

重症心身障碍儿童机构，目的在于使智力障碍及重度肢体残疾的多重残疾儿童入住，并对其加以保护，同时对其进行治疗和给予日常生活指导。

第四十三条之五

情绪障碍儿童短期治疗机构，是以让具有轻度情绪障碍的儿童短期入住，或在保护者的监护下前往，治疗其情绪障碍，并为退出的儿童提供咨询等援助为目的的机构。

第四十四条之一

儿童自立支援机构，目的在于让有不良行为或有不良行为嫌疑的儿童，以及出于家庭环境等方面的理由需要给予生活指导的儿童入住，或在保护者的监护下前往，针对具体儿童的个别情况分别给予必要指导，支援其自立，并为退出的儿童提供咨询等援助。

第四十四条之二

1. 儿童家庭支援中心，目的在于围绕一定区域的儿童福利的各类问题，接受来自儿童、母子家庭、其他家庭以及区域居民等方面的咨询，给予必要的建议，同时依据第二十六条第一项第二款和第二十七条之一第一项第二款的规定进行指导，与儿童咨询所、儿童福利机构等进行联络和协调，综合实施其他厚生劳动省所规定的援助活动。

2. 儿童家庭支援中心附属于厚生劳动省令所规定的儿童福利机构。

3. 儿童家庭支援中心的职员在执行其职务时须严守个人的人身秘密。

第四十五条

1. 对于儿童福利机构的设备和运营，以及寄养儿童的养育，厚生劳动大臣须制定最低标准，最低标准须确保儿童在身体、精神及社会适应性的发展上所必要的生活水准。

2. 儿童福利机构的设立者和寄养者须遵守前项规定的最低标准。

3. 儿童福利机构的设立者须致力于提高儿童福利机构的设备及运营水准。

第四十六条之一

1. 为维持前条的最低标准，对于儿童福利机构的设立者、负责人，以及儿童的寄养人，都、道、府、县知事可以要求其提交必要的报告，并责成从事儿童福利事务的职员对相关人员提出质询，或者进入有关机构，检查设备、账本等物品。

2. 第十八条之十六第二项及第三项的规定适用于前项的情况。

3. 在儿童福利机构的设备和运营未达到前条规定的最低标准时，都、道、府、县知事可以劝告有关机构的设立者作出必要的改善，或者在有关机构的设立者不听从有关劝告，且对儿童的福利产生危害时，命令其作出必要的改善。

4. 在儿童福利机构的设备或运营未达到前条规定的最低标准，且对儿童福利构成显著损害时，都、道、府、县知事可以在听取都、道、府、县儿童福利审议会的意见的基础上命令有关机构的设立者停业。

第四十六条之二

儿童福利机构的负责人，当都、道、府、县知事或市、町、村长（根据第三十二条第三项的规定实施保育的权限如果委托给有关市、町、村设立的教育委员会，则为该教育委员会）依据本法律的规定委托其采取措施或实施保育时，在无正当理由的情况下不得拒绝。

第四十七条

1. 儿童福利机构的负责人对父母权无人行使的入住儿童或没有监护人的未成年人行使父母权或监护权，直至其父母权行使者或未成年人监护人出现为止。

2. 儿童福利机构的负责人或寄养人对入住或寄养的儿童行使父母权或监护权时，为增进有关儿童的福祉，可以就监护、教育、惩戒采取必要的措施。

第四十八条之一

儿童养护机构、智力残疾儿童机构、盲聋哑儿童机构、肢体残疾儿童机构、情绪障碍儿童短期治疗机构，以及儿童自立支援机构的负责人及寄养人，须依据《学校教育法》所规定的对保护者的相关要求，使入住该机构或处于委托状态的儿童就学。

第四十八条之二

婴儿院、母子生活支援机构、儿童养护机构、情绪障碍儿童短期治疗机构，以及儿童自立支援机构的负责人，为了它们所在区域的居民顺利养护儿童，须努力为他们提供有关儿童养育的咨询和建议。

第四十八条之三

1. 保育所须努力向主要利用该保育所的地方居民提供有关儿童保育的情报，并为其顺利保育儿童而提供有关婴儿、幼儿的保育问题的咨询和建议。

2. 在保育所工作的保育士，为提供有关婴儿、幼儿保育的咨询和建议，须努力学习、保持和提高必要的知识和技能。

第四十九条之一

除本法律所规定的情况外，关于残疾儿童咨询支援事业、放学后儿童健全培养事业，以及儿童福利机构的职员等与儿童福利机构相关的事项，通过命令加以规定。

第四章　费　　用

第四十九条之二

都、道、府、县在依据第二十七条之一第一项第三款的规定采取措施，让有关儿童入住国家设置的儿童福利机构的情况下，其入住后的费用由国库支出。

第五十条

下列费用由都、道、府、县支付：

1. 都、道、府、县儿童福利审议会需要的费用；

2. 儿童福利士及儿童委员需要的费用；

3. 儿童咨询所需要的费用（第九款的费用除外）；

4. 删除；

5a. 采取第二十一条之九的措施需要的费用；

5b. 进行第二十一条之九（六）有关事业需要的费用；

6a. 市、町、村在都、道、府、县设立的助产机构或母子生活支援机构实施助产或母子保护需要的费用［即实施助产或母子保护时为维持第四十五条的最低标准所需要的费用，第六款（c）及下条第三款涉及的费用同此］；

6b. 都、道、府、县设立的保育所进行保育需要的费用（即进行保育时为维持第四十五条的最低标准所需要的费用，下一条第四款、第四款之二及第五十六条之一第三项同此）；

6c. 都、道、府、县实施助产或母子保护所需要的费用；

7a. 都、道、府、县在采取第二十七条之一第一项第三款规定的措施时，入住或委托所需要的费用，以及为维持第四十五条最低标准，入住保育所后的保护或委托后的养育所需要的费用（入住国家设立的婴儿院、儿童养护机构、智力障碍儿童机构、智力障碍儿童就学机构、盲聋哑儿童机构、肢体残疾儿童机构、重症心身障碍儿童机构、情绪障碍儿童短期治疗机构或儿童自立支援机构的儿童，其入住之后所需要的费用除外）；

7b. 都、道、府、县在采取第二十七条之一第二项规定的措施时，委托期间或委托后治疗等所需要的费用；

8. 儿童临时保护所需要的费用；

9. 儿童咨询所的设备，都、道、府、县设立的儿童福利机构的设备，以及职员培养机构所需要的费用。

第五十一条

下列费用由市、町、村支付：

1. 第二十一条之六的处理所需要的费用；

2. 第二十一条之二十五之一的处理所需要的费用；

3. 市、町、村实施助产或母子保护所需要的费用（都、道、府、县设立的助产机构或母子生活支援机构发生的相关费用除外）；

4a. 在市、町、村设立的保育所里进行保育所需要的费用；

4b. 在都、道、府、县、市、町、村以外者设立的保育所里进行保育所需要的保育费用；

5. 从事育儿短期支援事业所需要的费用；

6. 市、町、村设立的儿童福利机构的设备及职员培养机构所需要的费用；

7. 市、町、村儿童福利审议会所需要的费用。

第五十二条 （新版本法律删除。）

第五十三条之一

国库对于第五十条（自第一款至第三款，第五款之二、第六款之二，以及第九款除外）以及第五十一条［第二款（仅限于和第二十一条之二十五第二项的处置相关的费用）、第四款及自第五款至第七款除外］规定的地方公共团体支付的费用，依据政令的规定，负担其中二分之一。

第五十三条之二

国库对于第五十条第五款（b）的费用，依据政令的规定，可补助其中二分之一以内的金额。

第五十三条之三

在第五十一条第一款的费用中，对于未设福利事务所的町、村所支付的费用，依据政令的规定，都、道、府、县须负担其中四分之一。

第五十四条 （新版本法律删除。）

第五十五条

对于第五十一条第二款的费用（第二十一条之二十五第二项的措施所涉及的费用除外），以及第五十一条第三款及第四款之二的费用，依据政令的规定，都、道、府、县须负担其中四分之一。

第五十六条之一

1. 第四十九条之二规定的费用由国库支付时，厚生劳动大臣可以根据都、道、府、县知事认定的负担能力，向其本人或其义务抚养人征收其全部或一部分费用。

2. 支付第五十条第五款、第六款以及自第六款（c）至第七款（b）规定的费用的都、道、府、县知事，或支付第五十一条第一款规定的费用（在未委托业者的情况下，限于辅助用具的提供或修理所需要的费用），以及同条第二款及第三款规定的费用的市、町、村长，可以根据其负担能力，向其本人或其义务抚养者征收全部或部分费用。

3. 支付了第五十条第六款（b）规定的保育费用的都、道、府、县知事，或支付了第五十一条第四款或第四款（b）规定的保育费用的市、町、村长，在从其本人或其义务抚养人处征收相关保育费时，可以在考虑对家计产生的影响的前提下，根据接受保育的儿童的年龄等因素确定征收的金额。

4. 关于前项规定的金额的征收事务，在确保其收入，以及促进其本人或其义务抚养人的利益的范围内，依据政令的有关规定，可以委托私人进行。

5. 在第二十一条之九（六）规定的医疗给付的情况下，应支付该处理所需要的费用的都、道、府、县知事，对于其本人或其义务抚养人，可以根据其负担能力，命令其向同条规定的实行医疗给付的医疗机构支付全部或部分费用。

6. 在委托业者提供辅助器具或进行修理的情况下，支付该措施所需要费用的市、町、村长，可以根据其负担能力，令其本人或其义务抚养人向业者支付全部或部分费用。

7. 根据前项的规定，本人或其义务抚养人将被命令支付的金额的全部或一部分支付给业者时，该医疗机构或业者对都、道、府、县或市、町、村拥有的该费用的支付请求权，在此限度内失效。

8. 在实施第五项或第六项规定的措施时，在本人或其义务抚养人按照此类规定无能力支付被命令支付的金额的全部或一部分的情况下，都、道、府、县或市、町、村在支付该费用时，都、道、府、县知事或市、町、村长可以向本人或其义务抚养人征收未支付部分的金额。

9. 都、道、府、县知事或市、町、村长认为有必要按照第一项规定对负担能力进行认定，按照第二项或第三项规定对费用进行征收，或者按照第五项或第六项的规定发出支付费用的命令时，可以要求官公署就其本人或其义务抚养人的收入状况提供必要的文件以供查阅，或提供相关的资料。

10. 按照自第一项至第三项或第八项的规定征收费用，可以委托其本人或其义务抚养人居住地或财产所在地的都、道、府、县或市、町、村进行。

11. 根据自第一项至第三项或第八项的规定征收的费用，如果在指定的期限内未能支付，对于第一项规定的费用可以仿照国税滞纳处分办法处置，对于第二项、第三项或第八项规定的费用可以仿照地方税滞纳处分办法处置。在此情况下，征收金的优先特权序位界定为次于国税和地方税。

第五十六条之二

1. 在下列情况下，依据第三十五条第四项的规定，都、道、府、县、市、町、村对于国家、都、道、府、县、市、町、村以外者设立的儿童福利机构可以补助其新建（仅限于依据《社会福利法》第三十一条第一项成立的社会福利法人所设立的儿童福利机构的新建）、修理、改造、扩张或完善（以下称开工新建等）所需费用的四分之三以内的金额；但是一个儿童福利机构获得的都、道、府、县、市、町、村补助金额的总额，不得超过该儿童福利机构开工新建等项目所需费用的四分之三。

（1）有关儿童福利机构，系根据《社会福利法》第三十一条第一项的规定成立的社会福利法人以及日本红十字社，或依据《民法》第三十四条的规定成立的法人所设立的机构。

（2）在利用有关儿童福利机构的主要地域，依据法律的规定，从有必要入住或保育的儿童、其保护人或孕产妇的分布状况判断，不管同类儿童福利机构是否有必要，只要国家、都、道、府、县或市、町、村设立的同类儿童福利机构尚付阙如，或即使有也不充足的情况。

2. 依据前项的规定，对儿童福利机构给予补助时，为确保有效达到补助的目的，厚生劳动大臣，都、道、府、县知事和市、町、村长对于该儿童福利机构，除第四十六条及第五十八条规定的情况外，具有下列权限：

（1）为提高补助的效果，在认为有关儿童福利机构的预算不适当的情况下，可以指示对其预算作出必要变更。

（2）有关儿童福利机构的职员违反本法律或依据本法律作出的命令

或以此为依据作出的处分时，可以指示解除该职员的职务。

3. 依据第一项的规定，都、道、府、县对智力障碍机构、智力障碍儿童就学机构、盲聋哑儿童机构、肢体残疾儿童机构，以及重症心身障碍儿童机构（第七十二条第一项称作智力障碍儿童机构）补助金额的三分之二以内的部分可由国库补助。

第五十六条之三

在下列情况下，对于接受补助金的儿童福利机构的设立者，都、道、府、县或市、町、村可以命令其返还全部或部分已经给付的补助金。

1. 违反补助金交付条件。

2. 以欺诈等不正当手段获取补助金。

3. 在儿童福利机构的经营上有盈利行为。

4. 儿童福利机构违反本法律或依据本法律作出的命令，以及以此为依据作出的处分。

第五十六条之四

在第五十条第二款规定的儿童委员所需要的费用中，涉及厚生劳动大臣所规定的事项时，国库可以在预算的范围内补助其中一部分费用。

第五十六条之五

《社会福利法》第五十八条第二项至第四项的规定，适用于依据《国有财产特别处置法》（昭和27年法律第219号）第二条第二项第二款的规定，或依据该法律第三条第一项第四款及同条第二项的规定接受普通财产的转让或借贷的儿童福利机构。

第五章 杂 则

第五十六条之六

1. 为增进儿童的福祉，保证照料给付费等费用的顺利支付，依据第二十一条之二十五或第二十七条之一第一项或第二项规定的处置，以及实施保育等福利保障措施，地方公共团体须相互进行联络和协调。

2. 举办残疾儿童咨询支援事业或放学后儿童健全培养事业者，以及儿童福利机构的设立者，在举办有关事业，或运营相关机构时，须相互合作，并致力于接受来自儿童及其家庭的咨询，以及根据地域的具体情况积极实施其他支援活动。

第五十六条之七

1. 在保育需求日益增大的市、町、村，须通过积极推行公有财产（即《地方自治法》第二百三十八条第一项规定的公有财产）的借贷等必要手段，充分发挥社会福利法人等多种事业者的活力，促进保育所的设立或运营，高效并有计划地增加与保育事业相关的供给。

2. 国家及都、道、府、县对于前项涉及的市、町、村的有关措施须提供必要的支援。

第五十六条之八

1. 在保育需求日益增大的市、町、村（限于符合厚生劳动省令规定的条件者；以下在本条中称特定市、町、村），为保证保育事业、主管省令规定的育儿支援事业，及其他有关儿童保育的事业的必要的供给体制，可制定相关的计划。

2. 特定市、町、村在打算制定前项的计划（以下称市、町、村保育计划），或准备作出变更时，为使之反映居民的意见，须事先采取必要的措施。

3. 特定市、町、村在已经制定了保育计划，或实施了变更时，须及时公布有关计划，并交给都、道、府、县知事。

4. 特定市、町、村须每年至少公布一次市、町、村保育计划中规划的有关事业的实施状况。

5. 对于市、町、村保育计划的编制，以及市、町、村保育计划中确定的有关事业的开展，特定市、町、村在认为特别有必要时，为进行调查，可以要求保育所的设立者、育儿支援事业的举办者，及其他相关者提供必要的协助。

第五十六条之九

1. 实行保育的需求日趋增大的都、道、府、县（仅限于符合厚生劳动省令所规定的条件者。以下该条称特定都、道、府、县），为达到市、町、村保育计划的目标，以及为确保市、町、村中的保育事业，及主管省令规定的育儿支援事业等有关儿童保育的事业，且属于特定都、道、府、县认为有必要者的供给体制，应从涵盖各市、町、村的广泛视角出发，制定确保该供给体制有效实施的相关计划。

2. 特定都、道、府、县制定前项的计划（以下称都、道、府、县保育计划），或准备作出变更时，应事先采取必要的措施，确保其反映居民的意见。

3. 特定都、道、府、县制定都、道、府、县保育计划，或已经作出变更时，应及时公布相关计划，并交给厚生劳动大臣。

4. 厚生劳动大臣，在获悉有人依据前项的规定提出都、道、府、县保育计划时，须及时通知其他分管第一项主管省令所规定的育儿支援事业的大臣。

5. 特定都、道、府、县应至少每年公布一次都、道、府、县保育计划中规定的事业的实施状况。

6. 关于都、道、府、县保育计划的编制，以及都、道、府、县保育计划中确定的有关事业的开展，特定都、道、府、县在认为特别有必要时，可以要求市、町、村长，保育所的设立者，育儿支援事业的从事者为进行调查提供必要的协助。

第五十六条之十

1. 在市、町、村保育计划编制的技术事项上，都、道、府、县须向市、町、村努力提供必要的建议及其他援助。

2. 在都、道、府、县保育计划的编制方法以及其他重要技术事项上，主管大臣须向都、道、府、县努力提供必要的建议及其他援助。

第五十六条之十一

对于有利于实现市、町、村保育计划或都、道、府、县保育计划的事业的举办者，为顺利从事相关事业，国家及地方公共团体须努力提供必要的援助。

第五十七条之一

都、道、府、县、市、町、村及其他公共团体对于下列类型的建筑及土地不得征收租金及其他公共税金，但是付费使用的场所不在此限。

1. 主要为儿童福利机构使用的建筑物。

2. 前款所列举建筑物的建筑用地，以及其他主要为儿童机构使用的土地。

第五十七条之二

1. 租金及其他公共课税，对于按照本法律支付的金钱和物品不得另行课税。

2. 根据本法律支付的金钱和物品，即使不属于接受支付者，也不得扣押。

第五十八条

按照第三十五条第四项的规定设立的儿童福利机构，违反本法律或在本法律基础上发布的命令，或以此为依据实施的处分时，都、道、府、县知事可以取消对该项的认可。

第五十九条之一

1. 为增进儿童福祉，都、道、府、县知事在认为有必要时，对于以第三十六条至第四十四条各条规定的业务为目的，但未提交第三十五条第三项规定的申请，或未能获得同条第四项的许可（包括依据前条的规定被取消儿童福利机构的许可者）的机构，可以要求有关机构的设立者或管理者提交必要事项的报告，或责成有关职员进入其事务所或机构，对其机构的设备或运营进行必要的调查或质询。在此情况下，须责成该有关职员携带能证明其身份的证件。

2. 第十八条之十六第三项的规定适用于前项。

3. 为增进儿童的福祉，都、道、府、县知事在认为有必要时，对于第一项规定的机构的设立者，可以就改善该机构的设备或运营等提出劝告。

4. 受到前项劝告的机构的设立者不服从有关劝告时，都、道、府、县知事可以公布有关劝告的内容。

5. 对于第一项规定的机构，为增进儿童的福祉，都、道、府、县知事在认为有必要时可听取都、道、府、县儿童福利审议会的意见，命令停止有关事业或关闭其机构。

6. 为确保儿童的生命或身体安全，在紧急情况下，在事先无暇听取都、道、府、县儿童福利审议会的意见的时候，都、道、府、县知事可不经过相关手续，发出前项的命令。

7. 都、道、府、县知事在提出第三项的劝告或发出第五项的命令的情况下，须将其主要内容通知该机构所在地的市、町、村长。

第五十九条之二（一）

1. 对于以第三十九条第一项规定的业务为目的的机构（少数以婴

儿或幼儿为对象者除外),但未获得第三十五条第四项的许可者(包括依据第五十八条的规定被取消儿童福利机构的许可者),有关机构的设立者自事业开始之日起(依据同条的规定被取消儿童福利机构的许可者,自取消之日起)一个月内,须向都、道、府、县知事提交包含下列内容的申请:

(1)机构的名称及所在地;

(2)设立者的姓名及住所,或名称及所在地;

(3)建筑物及其他设备的规模及结构;

(4)事业开始的年、月、日;

(5)机构管理者的姓名及住所;

(6)其他由厚生劳动省令规定的事项。

2.前项规定的机构的设立者,在依据同项的规定提交的申请事项里,对厚生劳动省令规定的事项作出变更时,自变更之日起一个月之内,须向都、道、府、县知事提交相关内容的申请;停止或中止有关事业时,同此。

3.都、道、府、县知事在接到依据前两项的规定提交的申请时,须就该申请所涉及的事项通知该机构所在地的市、町、村长。

第五十九条之二(二)

前条第一项规定的机构的设立者,须将下列事项发布于该机构所提供服务的利用者容易看到的场所:

1.设立者的姓名或名称,以及机构管理者的姓名;

2.建筑物及其他设备的规模和结构;

3.其他厚生劳动省令规定的事项。

第五十九条之二(三)

第五十九条之二第一项规定的机构的设立者在有人申请利用该机构提供的服务时,须向该利用者尽力说明为利用有关服务所订立契约的内容及履行合约的相关事项。

第五十九条之二(四)

第五十九条之二第一项规定的机构的设立者在利用该机构提供的服务的合同成立时,须及时交给利用者记载下述事项的说明书:

1.设立者的姓名及住所或名称与所在地;

2. 对于该服务的提供，利用者须支付金额的相关事项；

3. 其他由厚生劳动省令规定的事项。

第五十九条之二（五）

1. 第五十九条之二第一项所规定的机构的设立者，每年须依据厚生劳动省令规定的要求，向都、道、府、县知事报告该机构的运营状况。

2. 为增进儿童的福祉，都、道、府、县知事每年须将前项报告所涉及的机构的运营状况，以及关于第五十九条之二第一项所规定的机构的必要事项整理汇总，通知各机构所在地的市、町、村长，并加以公布。

第五十九条之二（六）

都、道、府、县知事可以就第五十九条之一、第五十九条之二及前条所规定事务的执行情况和权限的行使事宜，要求市、町、村长提供必要的协助。

第五十九条之二（七）

町、村在建立局部事务协会或广泛的联盟，并设立福利事务所时，在本法律的适用范围内，界定为设立局部事务协会或广泛联盟及福利事务所的町、村。

第五十九条之三

由于町、村福利事务所的设立或取消，都、道、府、县或市、町、村在实施助产或母子保护方面发生变更时，依据本法律或以本法律为依据发布的命令，都、道、府、县知事或市、町、村长在变更前为实施助产或母子保护而采取的行动，界定为都、道、府、县知事或市、町、村长在变更后为实施助产或母子保护而采取的行动；但是关于变更前实施或应该实施的助产或母子保护的相关费用的支付和负担界定为无变更事项。

第五十九条之四

1. 本法律所规定的由都、道、府、县处理，且依据政令确定的事务，指《地方自治法》第二百五十二条之十九第一项的指定都市（以下称指定都市）、同法律第二百五十二条之二十二第一项的核心城市（以下称核心城市），以及设置了儿童咨询所，且通过政令确定的市，依据政令的规定，以指定都市或核心都市或儿童咨询所设置市（以下称指定都市）的名义处理的事务。在此情况下，本法律中有关都、道、府、县的规定可作为有关指定都市的规定，适用于指定都市等。

2. 根据前项的规定，对于指定都市市长实施的处分提出审查请求，而对都、道、府、县知事的有关裁决不服者，可以向厚生劳动大臣提出复核的请求。

3. 为确保有关儿童咨询所的圆满运营，都、道、府、县知事可以对儿童咨询所所长给予必要的劝告、建议或援助。

4. 除本法律规定的情况外，关于儿童咨询所设置市的必要事项通过政令加以确定。

第五十九条之五

1. 依据第二十一条之九（五）第一项、第三十四条之四第一项、第三十四条之五、第四十六条及第五十九条的规定，属于都、道、府、县知事权限的事务，在厚生劳动大臣认为具有保护儿童利益的急迫必要时，可以由厚生劳动大臣或都、道、府、县知事行使。

2. 在前项的情况下，本法律所涉及的有关都、道、府、县知事的规定（仅限于与有关事务相关的部分）也可作为对厚生劳动大臣的相关规定，适用于厚生劳动大臣。在此情况下，第四十六条之一第四项中"听取都、道、府、县儿童福利审议会的意见的基础上命令有关机构"的相关行文中的"有关机构"，统一为第五十九条之五中"听取都、道、府、县儿童福利审议会的意见，有关事业"行文中的"有关事业"。

3. 在第一项的情况下，厚生劳动大臣或都、道、府、县知事在办理相关事务时须在密切合作的前提下进行。

第五十九条之六

依据第五十六条之一第一项的规定由都、道、府、县处理的事务，界定为《地方自治法》第二条第九项第一款所规定的第一号法定受托事务。

第五十九条之七

1. 第五十六条之十第二项中的主管大臣，界定为厚生劳动大臣；但是在同项所规定的援助中，与其他大臣所管辖的育儿支援事业（限于第五十六条之九第一项主管省令所规定的情况）相关的事项，界定为厚生劳动大臣及主管相关事业的大臣。

2. 本法律中的主管省令，界定为厚生劳动省令；但在符合第二十一条之二十七各款所列举条件的事业中和厚生劳动大臣管辖权限中的有关事项，界定为厚生劳动大臣及主管相关事业之大臣发布的命令。

第五十九条之八

1. 本法律所规定的厚生劳动大臣的权限，依据厚生劳动省令的规定，可以委托给地方厚生局局长。

2. 依据前项的规定委托给地方厚生局长的权限，根据厚生劳动省令的规定，可以委托给地方厚生支局长。

第六章　罚　　则

第六十条

1. 对于违反第三十四条之一第一项第六款的规定者，处以 10 年以下的刑期或罚款 300 万日元以下的处罚，或两者并处。

2. 对违反第三十四条之一第一项自第一款至第五款，或自第七款至第九款的规定者，处以 3 年以下的刑期或 100 万日元罚款的处罚，或两者并罚。

3. 违反第三十四条之一第二项规定者，处以 1 年以下的刑期或 50 万日元罚款。

4. 雇用儿童者，不得以不知道儿童年龄为理由免除前三项规定的处罚；但是无过失的情况不在此限。

5. 法人代表或法人，或者代理人、使用者，以及其他从业人员，涉及其法人或相关人的业务，在发生自第一项至第三项的违法行为时，除对行为者进行处罚外，还要对法人或相关人处以相关各项的罚金。

6. 第二项（仅限于违反第三十四条之一第一项第七款及第九款规定者）罪行依据《刑法》第四条之二的规定论处。

第六十一条之一

在儿童咨询所从事咨询、调查及鉴定的人员在无正当理由的情况下泄漏工作过程中所知晓的他人秘密时，处以 1 年以下的刑期或 50 万日元以下的罚金。

第六十一条之二

1. 违反第十八条之二十二的规定者，处以 1 年以下的刑期或 50 万日元以下的罚金。

2. 对前项的罪行，在无控告的情况下不得提起公诉。

第六十一条之三

违反第八条之八第四项、第十八条之十二第一项、第二十一条之三十或第二十五条之五的规定者，处以 1 年以下的刑期或 50 万日元以下的罚金。

第六十一条之四

违反依据第四十六条之一第四项或第五十九条之一第五项作出的停业或关闭机构的命令者，处以 6 个月以下的惩役或拘禁，或 50 万日元以下的罚金。

第六十一条之五

在无正当理由而不提交第十八条之十六第一项规定的报告或提交虚假报告，且对于同项规定的质询不作答辩或作虚伪答辩，或者拒绝、妨碍或回避依据同项的规定入内检查的情况下，对于有此类违法行为的指定测试机构的干部或职员处以 30 万日元以下的罚金。

第六十二条之一

对于下列各款规定的行为中任一情况者，处以 30 万日元以下的罚金：

1. 依据第十八条之十九第二项的规定，被命令停止使用保育员名称者，在被命令停止期间仍使用保育员名称者。

2. 违反第十八条之二十三的规定者。

3. 在无正当理由的情况下，不依据第二十一条之三十二第一项的规定提交报告或提交虚伪报告，以及不对同项规定的质询进行答辩或作虚假答辩，或者拒绝、妨碍或回避依据同项的规定入内检查者。

4. 无正当理由而拒绝、妨碍或回避儿童委员或从事儿童福利工作的官员依据第二十九条的规定行使职权，或者对其质询不作答辩或作虚假答辩，或者唆使儿童不作答辩或作虚假答辩者；不及时依据第三十条之一第一项规定提出申请者。

5. 无正当理由而不依据第五十九条之一第一项的规定提交报告或提交虚假报告，并且拒绝、妨碍或回避依据同项规定入内调查者，或不对同项规定的质询作答辩或作虚假答辩者。

第六十二条之二

不依照第五十九条之二第一项或第二项的规定提出申请，或提出虚假申请者，处以 50 万元以下的罚款。

（附则略）

中国青年政治学院青年发展研究院文库

中国弱势儿童群体：问题与对策

著　　者／卢德平

出 版 人／谢寿光
出 版 者／社会科学文献出版社
地　　址／北京市东城区先晓胡同 10 号
邮政编码／100005
网　　址／http：//www. ssap. com. cn
网站支持／(010) 65269967
责任部门／皮书出版中心 (010) 85117872
电子信箱／pishubu@ ssap. cn
项目经理／范广伟
责任编辑／陶　云
责任校对／张冬妮
责任印制／盖永东

总 经 销／社会科学文献出版社发行部
　　　　　(010) 65139961　65139963
经　　销／各地书店
读者服务／市场部 (010) 65285539
排　　版／北京鑫联必升文化发展有限公司
印　　刷／北京季蜂印刷有限公司

开　　本／787×1092 毫米　1/16
印　　张／18.5
字　　数／272 千字
版　　次／2007 年 11 月第 1 版
印　　次／2007 年 11 月第 1 次印刷

书　　号／ISBN 978 - 7 - 80230 - 852 - 7/D·265
定　　价／39.00 元

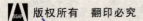